REALIEN ZUR LITERATUR
ABT. D:
LITERATURGESCHICHTE

WOLFGANG KAEMPFER

Ernst Jünger

MCMLXXXI

J. B. METZLERSCHE VERLAGSBUCHHANDLUNG

STUTTGART

CIP-Kurztitelaufnahme der Deutschen Bibliothek

Kaempfer, Wolfgang
Ernst Jünger / Wolfgang Kaempfer. –
Stuttgart: Metzler, 1981
  (Sammlung Metzler; M 201: Abt. D:
  Literaturgeschichte)
  ISBN 3-476-10201-7

ISBN 3 476 10201 7

M 201

© J. B. Metzlersche Verlagsbuchhandlung und Carl Ernst Poeschel Verlag GmbH
in Stuttgart 1981. Satz und Druck: Gulde-Druck, Tübingen
Printed in Germany

INHALTSÜBERSICHT

Viertes Kapitel
Symbolismus, Dandysmus, Momentanismus
Zu den Untersuchungen von Gisbert Kranz,
Rainer Gruenter und Karl Heinz Bohrer

Anhang

Ernst Jüngers Name wird bis heute – und zu recht – mit dem todesmutigen Leutnant und Stoßtruppführer des Ersten Weltkriegs und mit jenen teils autobiographischen, teils präfaschistisch-dezisionistischen Selbstzeugnissen in Zusammenhang gebracht, die von den vier Kriegsbüchern »In Stahlgewittern« (1920), »Der Kampf als inneres Erlebnis« (1922), »Das Wäldchen 125« und »Feuer und Blut« (beide 1925) bis hin zum »Abenteuerlichen Herzen« (1929), »Die totale Mobilmachung (1931) und »Der Arbeiter« (1932) reichen. Eine Konversion soll dieser Schriftsteller einer »archaischen Rückwendung« und zugleich des überwachen Bewußtseins der Moderne (Bohrer)* schon mit dem Rückzug in die *Innerlichkeit* des »Abenteuerlichen Herzens« – so etwa Gerhard Nebel – erfahren haben (Nebel 22). Andere verlegen Jüngers *Wandel* auf seine beiden ersten entschiedenen Versuche, die persönliche Disposition des »Kriegers« in den objektiven Tendenzen seiner Zeit wiederzuerkennen. In der Schrift »Die totale Mobilmachung« wird die subjektive Radikalität und Aggressivität von den objektiven Trends der Epoche – und von der Forderung des Neuen Nationalismus – überlagert, die Gesellschaft einer Kriegsvorbereitung ohne Rest zuzuführen. Das Buch »Der Arbeiter« sucht den engen, aber unzweideutigen Begriff des »Kriegers« in den weiteren und unbestimmteren eines Arbeitersoldaten aufzulösen. Beide Schriften machen den Versuch, einen Prozeß zu konstruieren, in dem die subjektive Disposition des ›Frontoffiziers‹ als die objektive des Zeitgeists wiederkehrt. »Das Täter-Ich ist nicht hinter der Tat, sondern hinter einem historischen Zerstörungsprozeß verschwunden. Endlich hat das anarchische, sozial-ungefestigte Ich seine Identität gefunden. Es löst sich auf im elementaren ›Prozeß‹« (Bohrer 321).

Nach Alfred Andersch und wohl auch Karl O. Paetel, der Anderschs Äußerungen zitiert, wäre die Konversion teils mit dem recht Verschiedenes vereinigenden Bändchen »Blätter und Steine« (1934 – auch »Die totale Mobilmachung« hat darin Aufnahme gefunden), teils mit der Erzählung »Auf den Marmorklippen« (1939), spätestens jedoch mit den Aufzeichnungen aus dem Frankreich-Feldzug, »Gärten und Straßen« (1940) anzusetzen (Paetel

---

* Die Abkürzungen im Text beziehen sich auf das Verzeichnis der benutzten Literatur, S. 174–177.

1949, 187 f.). Alfred von Martin endlich nimmt keine biographisch fixierbare *Wandlung,* keine »bio-, sondern ideographisch zu verstehende« Stufen an, die Jüngers »Möglichkeiten« charakterisieren und das ganze Werk durchziehen (v. Martin 258). Aber auch er ist der Überzeugung: »Jünger ist wieder eingebogen in die zweitausendjährige geistige Überlieferung des Abendlandes, von der er (mit Nietzsche) sich so radikal losgerissen hatte« (S. 224).

Die Frage stellt sich, ob aus dem dezisionistisch motivierten Repräsentanten eines Neuen Nationalismus der Jahre 1920 bis etwa 1930, der noch die leiseste Andeutung eines »Parteiprogramms« als *bürgerlich* verdächtigte, nicht nur geworden ist, was bei so viel unverbindlich-allgemeiner Radikalität zu erwarten stand: ein nicht minder gehorsamer Bürger als schon der gehorsame Soldat und Offizier des Großen Krieges. Ohnehin steht die dezisionistische Revolte paradox dem »Ordnungsdenken« nahe. Die These, »daß die vom Dezisionismus so übersteigerte Geste der Entschiedenheit im Grunde nur den Sinn hat, jeder ›eigentlichen‹, das heißt inhaltsbezogenen und damit verantwortungsvollen Entscheidung auszuweichen« (v. Krokow 91), impliziert paradox die ›Antithese‹, welche in Carl Schmitts Romantik-Analyse vorweggenommen ist: Die Überlegenheit des Romantikers (dessen ›Enthaltsamkeit‹ in praktischen Fragen der dezisionistischen nicht nachsteht) »erleidet eine höchst ironische Umkehrung: ... die Erhabenheit über Definition und Entscheidung verwandelt sich in ein dienstbares Begleiten fremder Kraft und fremder Entscheidung« (v. Krockow 92).

Christian v. Krockow zitiert eine Erzählung Jüngers, die nach den Befürwortern einer flagranten *Wandlung* weit nach dessen Konversion entstanden ist: »Besuch auf Godenholm« (1952). Die Zentralfigur dieser Erzählung, ein gewisser Herr von Schwarzenberg, besitzt, so läßt uns Jünger wissen, »die Gabe unmittelbarer geistiger Macht... Doch handelt es sich nicht nur um Durchdachtes, sondern um substantielle, ererbte Macht...« (B 96 f.). – v. Krockow kommentiert:

»Es ist deutlich, daß Jünger sich in seinen metaphysischen Abenteuern (nach der ›Wandlung‹) nicht entfernt hat vom Problem der Macht, von dem er einst ausgegangen war. Im Gegenteil, auf Macht, nur auf eine höhere und geistig gesteigerte Art von Macht bleibt das ganze Bestreben gerichtet. Wenn der absolut gesetzte Funktionalismus (wie in der Schrift »Der Arbeiter« entwickelt) nun als subaltern, als nur technische Macht erkannt und ihm ›ererbte, substantielle‹ Macht entgegengestellt wird, dann zeigt diese Kehre vom dezisionistischen zum wesentlichen Denken im Umschlag nur eine Steigerung dessen, was als treibende Kraft schon im Anfang da war« (S. 112).

2

Jüngers Anstrengungen, das zentrale Fascinosum der *Macht* gegen alle historische Diskreditierung zu retten, indem er zunächst – wie in »Heliopolis« – gute und böse Mächte trivialliterarisch voneinander abhebt, dann – wie in »Besuch auf Godenholm« – eine »geistige Macht« konstruiert, haben Gisbert Kranz dazu veranlaßt, eine »magische Epoche« Jüngers von einer späteren abzuheben und neuerdings einen »Wandel« zu konstatieren, nämlich einen »Wandel in Jüngers Einstellung zur Magie« (Kranz 1950/453). Die magische Beziehung zur Welt, die »Alchimie« des Wortzaubers, der »unsichtbare Einfluß auf Kräfte und Dinge durch Zaubersprüche« (S. 456) verraten auch nach Kranz ein Machtverhältnis. »Vor allem im ›Arbeiter‹ und in den mit ihm ideologisch verbundenen Schriften tritt der Machtcharakter der magischen Bemühungen Jüngers hervor« (S. 455), schreibt er und belegt Jüngers »Wandel« an einem Zitat aus dem Vorwort zu den »Strahlungen«:

»Magie wird ... immer beim Worte bleiben müssen, wenn es wirken soll. Nur muß sie in die Tiefe, unter die Krypta versenkt werden. Auf ihr erhebt sich das Gewölbe der Sprache wie Dome auf dem antiken Heroon. Dort teilt sich dem Worte die höhere Verwandlung mit, der nur die Liebe fähig ist« (STR 12).

Zwischen Jüngers überraschender Berufung auf die Liebe und seinem gewandelten Machtverhältnis dürfte ein Zusammenhang bestehen. Daß »sich dem Worte die höhere Verwandlung der Liebe mitteilt«, setzt ein liebendes Verhältnis zur Welt voraus. Es hätte sich dem Wort so »mitzuteilen«, daß dieses sich der Welt nicht mehr allein magisch-unmittelbar *bemächtigen* müßte. Wie nun aber eine Welt beschaffen wäre, die Jünger liebenswert erschiene und ob diese Welt nicht wiederum nur jene »Gewölbe« und »Dome« – die mittelalterlichen Macht-Symbole – zum Mittelpunkt habe, die der Sprachbaumeister Jünger zu erschaffen wünscht, das zeigt ein Blick auf das Nachkriegswerk »Heliopolis«. Der gewalttätigen Macht des *Landvogts,* mit der die Hitler-Macht visiert ist, wird dort die ›höhere‹ des *Fürsten* und dieser wiederum die divinatorische des sogenannten Weltregenten konfrontiert. *Macht* besitzen offensichtlich alle drei, *Macht* ist Zentrum der Welt und zentrales Fascinosum ihres Autors. Aber im Gegensatz zum Landvogt, der einen realhistorischen Hintergrund verrät, stehen die beiden anderen Herren beziehungslos im Raum einer Phantasietätigkeit, die sich die gute bis divinatorische Macht nur mehr *erträumt.* Erst solcher Traum erlaubt es, Macht zugleich zu *lieben,* d.h. ihr nicht allein in Hörigkeit zu *dienen.* Aber gleichgültig, wie das neue Verhältnis zur Macht nun auch beschaffen sein möge – am alten Fascinosum kann so auf alle Fälle festgehalten werden.

Daß über »Heliopolis« das »Motto« stehen könnte »Stärker als die Macht ist die Liebe«, wie Kranz versichert (1950, 456), entspricht allenfalls einer Wunschvorstellung Jüngers. Nicht die Alternative *Macht* oder *Liebe* ist das Problem des Romans, sondern gerade die Frage, ob *Macht* nicht auch *Liebe* beanspruchen könne, ob also dem höheren Vermögen des Menschen nicht eine ›höhere‹ als die profane und bösartige *Macht* entspreche, die wir geschichtlich kennen. Die Frage hat bekanntlich nicht nur Jünger auf träumerische Art und Weise zu lösen versucht. Derselbe Traum ist ein altes Märchenmotiv ebenso wie das zentrale Motiv einer Presse, die einer kleinbürgerlichen Majorität die Figuren überlebter aristokratischer *Hoheiten* präsentiert.

Kranz hat sich später selbst korrigiert. »Das sind keine lebendigen Menschen«, schreibt er achtzehn Jahre später über das Liebespaar aus »Heliopolis«, »...sondern Wesen, die einem sehr fern gerückt sind, Puppen eines Marionettentheaters, deren gleich stilisierte Texte von einem und demselben Sprecher gesprochen werden. Sie lassen einen kalt« (Kranz 1968, 252). Die Liebesszene, auf die sich Kranz beruft, ist zwar nicht prototypisch für das ganze Werk, aber auffällig ist immerhin ein Moment von *Anonymität*, so als ginge die spezifische Gewalt der Liebe nicht mehr von konkreten Personen, sondern allein vom abstrakten Geschlecht aus.

»Der Mond schien Ingrids Züge zu verlöschen; er wandelte sie zu einer Maske mit Augenhöhlen, die auf mich gerichtet waren in mächtiger Stunde, in zwingender Konstellation. Wie war die Gefährtin so ganz verändert, wie schmolz ihr Eigentümliches [!] dahin...« (H 100f.).

Der Vielzahl der Annahmen über Jüngers Wandel steht die Einzahl eines Wandels gegenüber, wie er sich z.B. für Thomas Mann feststellen läßt. Der »Gedankendienst mit der Waffe«, den Mann seit 1915 mit den »Betrachtungen eines Unpolitischen« zu leisten versuchte, gilt nicht minder als die Nachkriegsschriften Jüngers der »Ausdeutung, Verherrlichung, Vertiefung der Geschehnisse« (des Weltkriegs – Mörchen 36), ist aber durch eine Kluft geschieden von der soziopolitischen Perspektive Manns nach 1918. Während Manns Wandlung eindeutig ist und entsprechend nachvollziehbar – das neue demokratische Bekenntnis ist vom alten »aristokratischen« schroff abgesetzt –, läßt die vieldeutig-vage Wandlung Jüngers eher auf jenen sprichwörtlichen Verwandlungskünstler schließen, der stets zugleich für alles und für nichts verantwortlich zu sein bestrebt ist.

Jüngers uneingeschränktes Weltkriegs-Engagement ist zudem eher die Regel als die Ausnahme gewesen. Es gab kaum einen Schriftsteller, der den Großen Krieg nicht als Erlösung vom dumpfen Druck des bürgerlichen *ennui* begrüßt hätte. Für viele war die Explosion von 1914 in der Tat, wie Stollmann schreibt, »logische Konsequenz bei der Wiederaneignung der (entfremdeten) Welt« (Stollmann 25). Die »Ästhetisierung des Todes«, der im losgelassenen Aktivismus endlich zu sich selber gelangende »aktive Nihilismus« Nietzsches dürfen als der heimliche Tendenzenhintergrund für eine ›Begeisterung‹ betrachtet werden, die sich im Allgemeinen mit der bekannten Vaterländerei drapierte. Der bürgerliche Kosmos, die »advokatischen« Zustände der Vorkriegszeit, die etablierte kapitalistische Gesellschaft waren ja spätestens von der sogenannten Jugendbewegung als ›Reich der Entfremdung‹ ausgemacht und zum heimlichen Angriffsziel erkoren worden.

Es ist von höchstem Interesse, daß Jünger die offiziellen Rationalisierungen nur sehr bedingt geteilt hat. Im Unterschied zu den meisten seiner Zeitgenossen stand für ihn weniger die »Erhaltung der nationalen Eigentümlichkeit« (Mann) im Vordergrund als vielmehr das spezifisch Mörderische des Großen Krieges selbst. »Er rechtfertigte«, sagte Liebchen, »die Lust am eigenen Tod« mit »Vaterlandsliebe« (Liebchen 37). Noch daß er den »Landsknecht« ins Zentrum einer Psychologie des »Kriegers« stellte, gibt einen Hinweis auf den sprichwörtlich gewordenen »vaterlandslosen Gesellen«. Offensichtlich war dieser nicht allein, wie Wilhelm II. wollte, in der Arbeiterklasse, sondern ebenso in der bürgerlichen Klasse zu Hause. Der Landsknecht, schreibt Jünger, »war zum Kriege geboren und hatte in ihm den Zustand gefunden, in dem allein er sich auszuleben vermochte« (K 56).

Jüngers unzweideutige ›Triebdisposition‹ dürfte schlechterdings *nicht* wandlungsfähig sein, und sie könnte erklären, warum die Sympathie, die der »Landsknecht« für den radikalen Nachkriegs-Nationalismus entwickelte, ebenso durch die extremsten wie durch die unbestimmtesten Standpunkte gekennzeichnet war. Beide schließen einander ja nicht aus. Eher dürften sie in einem Bedingungsverhältnis zueinander stehen. Der »unbedingte Vorrang der Idee vor allen Gütern der Welt«, der »Mut zur Verantwortung, die Kameradschaft, die Kühnheit, die Ordnung und die Disziplin« (P/ St. 3. 6. 1926) sind ebenso abstrakt-konventionelle wie absolute Forderungen. ›Das Vaterland‹ kommt in ihnen überhaupt nicht vor. Jüngers ›Ideal‹ des permanenten Kriegszustands und dessen soziales Komplement, die noch im »Arbeiter« uneingeschränkt gepriesene paramilitärische Hierarchie, sind letzten Endes austauschbar, fungibel. Eine Art von militärischem *Formalismus* ersetzt, was der Militarismus zur Not visieren – wozu er gut – sein könnte.

Zugleich allerdings sieht Jünger – hierhin eben der gehorsame Bürger, gegen den ›der Anarchist‹ so radikal wie vergeblich opponierte – den ›Kriegszustand‹ stets eingebettet in einen Rahmen allgemeiner bürgerlicher Billigung. Die Radikalität bedarf des objektiven Komplements, sie bedarf der quasi-öffentlichen Anerkennung, damit der Anarchist sie ungehemmt ausleben kann. »Ordnung und Disziplin« sind Werte *innerhalb*, nicht *gegen* ein gesellschaftliches Wertsystem. Gemäß dem Werteverfall seit der Romantik, den Nietzsche signalisiert hatte, waren die bürgerlichen Werte zwar in letzter Linie auf den ästhetischen Wert zusammengeschrumpft; aber gerade weil in diesem auch die ›moralischen‹ Werte aufgehoben waren, konnte der ästhetische Wertmaßstab im Notfall – und dieser Notfall trat spätestens mit der Naziherrschaft ein – den moralischen Wertmaßstab ersetzen.

Die unzweideutig mörderische Praxis des NS-Regimes ließ nicht die leiseste Hoffnung ästhetischer oder gar moralischer Aneignung mehr zu. Dagegen konnte z. B. der kriegsgeschichtlich »völlig neue«, der »grausige Gedanke«, den Gegner »auszubluten« (Wallach 251), wie ihn der deutsche Generalstabchef v. Falkenhayn 1916 für Verdun projektierte, der Form nach noch als sog. *kriegerische Auseinandersetzung* gelten (als englische Version des »Gedankens« ließe sich die Forderung bezeichnen: »to kill as many Germans as possible« [Wallach 252]). De facto wurde er natürlich seinerseits schon zur mörderischen Praxis: 320000 Gefallene auf französischer und 336000 Gefallene auf deutscher Seite. Formale Legitimität und ästhetischer Formalismus scheinen einander wechselseitig zu bedingen. Auch der erste Weltkrieg war schon kein »blutiges Fest« mehr, wie Jünger glauben machen wollte; *feiern*, d. h. zum ästhetischen Genuß sublimieren, ließ sich der Große Krieg allein durch Projektion vereinfachender und vergangenheitsorientierter Wunschbilder in eine nur noch mörderische Gegenwart. Die »Orgien der Wut« (K 29), oder das »Lechzen, sich im Kampfe völlig zu entfesseln« (K 9), die nicht nur der Essay »Der Kampf als inneres Erlebnis« festhält, verraten das unfreiwillig. Aber selbst wo sie genießerisch erlebt oder mittels schwungvoller rhetorisch-metaphorischer Figuren fürs Nacherleben aufbereitet wurden, bleiben sie Sensationen, die in letzter Linie privativ und narzißtisch und damit im besten Falle der subjektive Anteil an einem *Kriegserlebnis* sind, das sich auch über die schändlichsten Umstände hinweg durchzuhalten strebte.

Ein »Stoßtruppführer« ist auch noch der Held des Romans »Heliopolis« von 1949. Auch Lucius de Geer wird von »ungeahnter Lust durchzückt«, als er eine sog. Schinderhütte in die Luft jagt

(H 379). Zwar kann sich Jünger in »Heliopolis« die Umstände für solche Sensationen selbst herstellen, aber auch hier visiert er nicht die autonome Heldentat, vielmehr handelt de Geer ganz ebenso im Auftrag und auf Befehl wie einst der Leutnant Jünger.

»...er brauchte den Befehl«, heißt es in der Erzählung »Die Zwille« (1973) über den empfindsamen Knaben Clamor (Z 53). Und wenn der Held des im Jahre 1977 erschienenen Romans »Eumeswil« mit seinem regierenden »Dienstherrn«, dem sog. Condor, auf ein schlechthin unbestimmtes, nur noch gefährliches Jagdabenteuer zieht, von dem er nicht zurückkehrt, so setzt der Zweiundachtzigjährige nur einen Akzent mehr und keineswegs einen Punkt unter eine Karriere, deren frühe und fixe Disposition den Wandel – die Entwicklung – im wesentlichen ausgeschlossen hatte. Konservativ, ein gehorsamer Soldat und Bürger, ist er sein Leben lang geblieben. Autonomie blieb ihm fremd, Heteronomie das Natürliche. Die langen Abhandlungen des letzten Werks über den Unterschied zwischen den beiden Typen des »Anarchen« und des »Anarchisten« täuschen nicht darüber hinweg (E 346 ff.). Programmatisch ist vielmehr die Feststellung des Anfangs: »Obwohl Anarch, bin ich deshalb nicht antiautoritär. Ich bin im Gegenteil autoritätsbedürftig, wenn auch nicht autoritätsgläubig« (E 73).

Man darf das als Wahrheit nehmen. Es ist eins der konzentriertesten Jüngerschen Bekenntnisse. Jünger ist wesentlich *loyal.* Das hat im Raum der Gesellschaft auch seine positiven Seiten. Was der Schriftsteller objektiv nicht leistete: die subjektive Re-Barbarisierung ins *Werk* zurückzunehmen und sie derart abzuheben von ihren objektiven Rationalisierungen, das leistete nichtsdestoweniger der Bürger und Privatmann Jünger. Dafür spricht nicht nur seine Weigerung, 1933 in die neue Dichterakademie einzutreten und für die publizistischen Organe des Regimes tätig zu sein. Auch die »Marmorklippen« sind in dieser Perspektive der Versuch, eine Distanzierung einzuleiten, die in dem Maße als gut bürgerliche – will sagen: private – aufzufassen ist, wie sie zwar kaum im objektiven Werkzusammenhang, wohl aber in der subjektiven guten Absicht des Autors manifest geworden ist. Jünger wie seine bürgerlichen Leser durften sich in der Imagerie der »Marmorklippen« einigermaßen vorbehaltlos als *edel* und damit ohne erkennbare Verantwortung an einer Entwicklung wiedererkennen, zu der nicht nur der Bürger Jünger aktive Vorarbeit geleistet hatte.

1. Kindheit, Jugend, Krieg

Ernst Jünger ist 1895 in Heidelberg geboren. Der Vater stammte aus Niedersachsen, wohin die Familie schon bald nach der Geburt des ersten Kindes, Ernst, übersiedelte. Von den sechs jüngeren Geschwistern fühlte sich Ernst zeitlebens am meisten dem Bruder Friedrich Georg zugetan. Der Vater, Dr. Ernst Jünger, war Chemiker und Apotheker. Er war eine Zeitlang Gerichts- und Handelschemiker, Assistent des bekannten Chemikers Victor Meyer in Heidelberg, arbeitete im Kalibergbau, in der Nahrungsmittelindustrie und leitete Apotheken. In vieler Hinsicht scheint dieser Mann, von dem der Bruder Friedrich Georg einmal meinte, er sei stets »auf der Hut« und sinne »auf Angriff und Verteidigung« (Paetel 1962, 8), Ernst Jüngers wesentliches Vorbild geworden zu sein. Identifizierungen sind jedenfalls nicht auszuschließen. »Heftig, schroff, auch verletzend«, wie Friedrich Georg über den Vater urteilt, war Ernst zwar mit Gewißheit nie; aber die »Kälte«, die in der »Ironie steckt«, die »entwaffnenden Repliquen«, die »dem Betroffenen den Atem« verschlugen (Paetel 1962, 7), solche und verwandte Eigentümlichkeiten könnten sehr wohl in ein Verhaltensmuster eingegangen sein, das sie als Tendenz zu einer aggressiven Form des Sadomasochismus reproduziert hat. Ohnehin ist der Erstgeborene meist in der schwächsten Position und der väterlichen Autorität (und Eifersucht) um so schutzloser preisgegeben, je rascher die primäre Zuwendung der Mutter von den jüngeren Geschwistern absorbiert wird.

Früh bildet sich bei Ernst, vielleicht aufgrund derselben Ausgangslage, ein Hang zum Rückzug und zur Träumerei. »Ich hatte eine Art des Unbeteiligtseins erfunden«, vermerkt das »Abenteuerliche Herz«, »die mich wie eine Spinne nur durch einen unsichtbaren Faden mit der Wirklichkeit verband« (WA 7,46). Noch der Siebzigjährige fürchtet rückblickend, daß er damals vielleicht »überhaupt den Faden« hätte »verlieren« können, und meint vom Fremdenlegionär, in dessen Uniform der Achtzehnjährige die frühen Afrika-Träume im Ernst verwirklichen wollte, daß er den Eindruck »vollkommener geistiger Abwesenheit« gemacht zu haben scheine (SJ 116). Gepaart damit ist in der Kindheit offenbar eine gewisse fundamentale Ängstlichkeit, die sichtlich auf Einschüchterung beruht. »Die Nacht war mein Reich«, schreibt der Siebzigjährige über seinen Pensionsaufenthalt in Braunschweig ums Jahr 1908; »am Morgen erwachte ich mit ängstlichem Unbehagen – der Tag schien mir lang wie eine Treibjagd, bei der man die Rolle des Hasen spielt und sich möglichst gut verstecken muß« (SJ 120). In der späten Erzählung »Die Zwille«, die den Pensionsaufenthalt zur Erzählung ausweitet, wird das »ängstliche Unbehagen« zur Grundstimmung des »zeichnerisch begabten« Knaben Clamor.

Früh schon unternimmt Ernst mit dem Bruder Friedrich Georg weite Streifzüge in die Landschaft bei Hannover und entwickelt die spezifischen Fluchtphantasien, die am Beginn einer anderen Rückerinnerung wiederkehren, in den »Afrikanischen Spielen« von 1936. Eine Zeitlang fesselt Ernst die Gestalt des Landstreichers, die größte Attraktion ist jedoch das ferne Afrika, das ihm zum Inbegriff eines »unabhängigen« Lebens fern aller Zivilisation inmitten fieberschwüler Sümpfe und Urwälder wird. Das Fieber, die Todesgefahr scheinen dabei die Hauptrolle gespielt zu haben. »Mit grimmiger Freude las ich, daß Schwarzwasserfieber und Schlafkrankheit den Ankommenden schon an der Küste erwarteten und hohe Opfer forderten. Es schien mir billig, daß der Tod seinen Gürtel zog um ein nur für Männer geschaffenes Land und schon an seinen Pforten jeden zurückschreckte, der nicht ganz entschlossen war« (AH 1/WA 7,43 f.).

Zentral ist aber nicht nur die drohende Todesgefahr, sondern ist auch schon die Preisung eines Lebens, das die »alten arabischen Sklavenhändler« nicht ausnimmt. »Dörfer zu verbrennen, Sklaven zu jagen und Köpfe auf den Sand rollen zu lassen – war denn das nicht ihr gutes Recht« (WA 7,45)?

Anfang November 1913 unterzeichnete der Achtzehnjährige – der sich in den »Afrikanischen Spielen« dann zum Sechzehnjährigen stilisieren wird – einen Fünfjahresvertrag mit der Französischen Fremdenlegion. Der Ausflug nach Afrika dauert jedoch nur ein paar Wochen, da der Vater über das deutsche Auswärtige Amt interveniert. Am 20. Dezember schon ist Jünger in Verdun zurück, verspricht und hält am Ende, daß er ein guter Schüler sein wird und macht schon ein knappes Jahr später als Kriegsfreiwilliger das Notabitur.

Der ersten kleinen Probe eines Abenteuers, das er autonom beschlossen und unternommen hatte, folgt jene große Probe, die zu bestehen er zwar immer noch relativ autonom beschließt, die aber die ursprünglich projektierte Unabhängigkeit aufs äußerste einschränken sollte. Daß sie dennoch mit *Lust* begrüßt, erfahren und buchstäblich bis in die letzten Augenblicke durchgehalten wird, kennzeichnet den immanenten Wiederspruch zu einer

»Unabhängigkeit«, die essentiell und apriorisch den brennenden Wunsch nach absoluter Abhängigkeit enthalten haben muß. Sie läßt sich bis in die »objektiven« Zwangs- und Abhängigkeitsphantasien der Studie »Der Arbeiter« verfolgen.

Eine Zeitlang ersetzt der große, wie ein Naturgeschehen angeschaute Krieg alles andere ›Anschauungsmaterial‹. Was ihn daran persönlich anzog und befriedigte, wird in den vier Kriegsbüchern zum objektiven *Vorgang* stilisiert. Solche Objektivierung einer Obsession, die ihn aller erwünschten Unabhängigkeit berauben mußte, transzendierte und verklärte wohl nur den Gestus individueller Unterwerfungswünsche selbst. Zwanghaft nahm Jünger das Thema des Krieges immer wieder auf; er war einer der wenigen Autoren, die sich mehr als einmal dazu äußerten, und es ist mehr als wahrscheinlich, daß ihn die Inkongruenz von persönlicher Befriedigung und objektivem Massenschlachten dabei leiteten. Ein Grundmotiv für die Schreibanstrengung bleibt über Jahre, für das schier nihilistische Geschehen einen *Sinn* aufzufinden, der mehr und »objektiver« war als noch die zwingendste subjektive Triebbefriedigung.

Mit solcher ›Sinnfindung‹ war Jünger natürlich nicht allein. Aber während die durchschnittlichen Apologeten des Neuen Nationalismus es sich leicht machten mit der endlosen Wiederholung jener chauvinistischen Parolen, die bereits unmittelbar nach dem Kriege und noch vor den Jüngerschen Einlassungen zum Thema das Niveau des heraufziehenden Faschismus erreichten, konzentrierte sich Jünger – hierin sehr viel ehrlicher und realistischer – im wesentlichen auf das Geschehen selbst und arbeitete erst im »Wäldchen 125« den faschistoid-präfaschistischen Motivationskomplex heraus.

»Viehisch« nennt er die Revolution von 1918 (Wä 184). In derselben Passage stehen die Sätze: »Den Deserteuren scheint sich in sicherer Entfernung ein geistiges Zuhältertum und geschäftsmäßiges Literatenpack zuzugesellen, für das sofort die Prügelstrafe wiedereingeführt werden müßte.« Eindeutig dezisionistisch-faschistisch ist schließlich die folgende Forderung: »Der behördlich wohlgeregelte Patriotismus ebensowohl wie die Kräfte, die sich ihm gegenüberstellen, müssen von einem dämonisch aus allen Schichten auflodernden Glauben an Volk und Vaterland verschlungen, jeder anders Fühlende muß mit dem Brandmal des Ketzers behaftet und ausgerottet werden.« (Wä 185).

Findet sich in den frühen Fassungen der »Stahlgewitter« noch kaum ein ernsthaftes nationalistisches Engagement, wird im »Kampf als inneres Erlebnis« der Krieg auf jene subjektiven Sensationen reduziert, die Jünger freilich ihrerseits als objektiv, nämlich als »archaischen Rückgang« (Bohrer) interpretiert, und hat das »Wäldchen 125« dem die rüden und dezisionistischen Parolen jenes »Neuen Nationalismus« hinzugefügt, dessen intellektuelle Vertreter sich den internen »Nihilismus« mehr oder weniger eingestanden (»nihilistisch« nennt ihn Armin Mohler selbst), so nimmt »Feuer und Blut«, das vierte und letzte Kriegsbuch, die nationalistischen Ausfälle halbwegs schon wieder zurück, indem es sich einer phänomenologischen Betrachtungsweise nähert. Diese berührt sich in gewisser Weise wieder mit den Anfängen des Kriegserzählers Jünger.

Schon in den »Stahlgewittern« erscheint ja der Krieg als ein nicht weiter problematisierter Prozeß, welcher mehr oder weniger die Stelle des Bewußtseins selbst einnimmt. An keiner Stelle wird er ernsthaft reflektiert, allenfalls verzeichnet der Erzähler so etwas wie ein »kriegerisches Empfinden« und stellt dessen »Umschichtung« fest (ST 277), als er gegen das unvermeidliche Ende hin bemerken muß, »daß der Sinn, mit dem man ausgezogen war, sich verzehrt hatte und nicht mehr zureichte« (ST 278) – (in der Tat kann nicht mehr »zureichen«, was sich »verzehrt« hat).

So viel Beschränkung *auf die Sache selbst* – um es zu wiederholen: die offiziellen Rationalisierungen werden stets nur sekundär und ausnahmsweise evoziert – ließe theoretisch die Erklärung zu, daß der Krieger von der ›Sache‹ schier überwältigt wurde. Die nahezu ununterbrochene Ereigniskette der »Stahlgewitter« scheint einer Logik zu gehorchen, die nicht mehr von Menschen – oder doch nicht von gewöhnlichen Soldaten und Offizieren – sondern von einem unbekannten Kriegsgott arrangiert ist. Dafür spricht schon die konstatierte *Rätselhaftigkeit*. Das obige Zitat endet nämlich mit den Sätzen: »Der Krieg warf seine tieferen Rätsel auf. Es war eine seltsame Zeit« (ebd.).

Daß der Leutnant Jünger mit dem unbekannten Kriegsgott, den er beschwört, ohne ihn zu nennen, mehr oder weniger identifiziert ist, zumal er nicht nur Befehle auszuführen, sondern auch zu erteilen hatte, ist sicherlich einleuchtend. Gewagter wäre die These, daß er sich – eben als Erzähler, als der Homer einer Kriegs-Odyssee – an dessen Stelle setzte. Dann wären seine Kriegsbücher im wesentlichen freie Konstruktionen. Dem würde zwar widersprechen, daß er sich ausnahmslos auf Tagebuchnotizen stützte, aber nicht, daß er diese Notizen ausführte, ordnete und in geschlossene Ereignisfolgen überführte mit dem Endergebnis, daß sie sich entsprechend fließend lesen und dazu verführen, die ›schöne Form‹ – ganz wie der Erzähler selbst – auch schon als *Sinn* des blutigen Geschehens zu lesen. Weil alle Sinn-Suche letzten

11

Endes vergeblich und weil folglich nur das je schon zum *Erlebnis* geronnene Geschehen selber übrig bleibt, erschöpft sich der *Sinn* in der *Erscheinung,* oder mit anderen Worten: Ästhetisierung und Sinn werden unschuldig-terroristisch in eins gesetzt.

Mit dieser Radikalität ebenso wie mit der eloquenten Radikalisierung des Neuen Nationalismus unterscheidet sich Jünger eindeutig genug von der Masse seiner Gesinnungsgenossen. Kaum einer geht so weit wie er. Kaum irgendwo wird das ausgesprochene oder unausgesprochene Vergnügen am unaufhaltsamen »Mahlgang« des Maschinenkrieges so nahtlos in den Schönen Schein übersetzt wie bei ihm. Josef Magnus Wehner (»Sieben vor Verdun«, 1930) läßt gelegentlich unfreiwillig die »Triebdisposition« durchblicken, die solchen Schein ermöglichte. Die »Ergebung« ins Schicksal, von der er berichtet, ist deutlich masochistisch eingefärbt. Eine »glückliche Zeit« nennt er die drei Tage, die er schwer verwundet im Trichter zubringt (Ke 235). Werner Beumelburg (»Gruppe Bosemüller«, »Sperrfeuer um Deutschland«, beide 1930) gehört wie Wehner oder Jünger zu den Apologeten des Krieges, wie diese ist er am trivialliterarischen Heroismus-Schema orientiert. Dennoch sind ihm die Resignation, die Müdigkeit, die Indifferenz nicht unbekannt geblieben, die selbst ein positives Verhältnis zur »Vaterlandsverteidigung« mit sich bringen mußte. Auch ist ihm nicht entgangen, daß eine zentrale Erfahrung des Maschinenkrieges die *Schockerfahrung* war.

»Dann geschah alles blitzschnell. Ich weiß nicht mal, was ich zuerst vernahm... Und dann war es naß und warm zwischen meinen Händen und an meinem Gesicht, das sprudelte nur so. Und dann war es wieder dunkel. – War ich denn das, der da so schrie? Und das Nasse und Warme? Wie war denn das alles?« (Ke 20).

Edgar Maaß assoziiert die »Bildfetzen«, die er noch wahrnehmen kann und »die in keinem ursächlichen Zusammenhang mehr stehen«, mit einem »in Unordnung geratenen Projektionsapparat«. – »Der marokkanische Offizier fiel aus der Sonne über mein Gewehr«, berichtet er lakonisch (Ke 181). Edwin Erich Dwinger (»Die Armee hinter Stacheldraht«, 1929) läßt einen seiner Mitgefangenen bekennen: Die meisten Fronttagebücher »bestehen entweder aus geschminkten Heldentaten oder privaten In-die-Hose-Machereien! Im Gefecht selbst kann niemand etwas schreiben, hat niemand Zeit dazu. Nachher erscheint einem alles anders... Haben Sie zum Beispiel mal bemerkt, auf welche Art jemand fiel? Ich hatte nie Zeit dazu – er fiel einfach, fertig« (Ke 59). – Ludwig Renn endlich, der den Krieg nicht mehr verteidigt, ihn aber auch nicht »anklagt« wie Erich Maria Remarque, kommt auf das Schockerlebnis selbst zu sprechen. »Bei jedem Schreck wird irgendein Eindruck vors Bewußtsein gebannt. Man starrt den Eindruck an. Aber der ist gerade unwesentlich« (Renn 299).

Offensichtlich läßt sich das Ereignis des Schocks mit der klassischen Erlebnis-Kategorie, die ja die alte epische Distanz von heroischer Persönlichkeit hier und objektivem Schlachtgeschehen dort bewahren müßte, nicht vereinbaren. Bohrers Anwendung der Freud-Benjaminschen Schock-Kategorie auf Jünger (Bohrer 190 ff.) ist sicher sehr verführerisch, aber gerade für Jüngers Kriegsbücher nicht zu halten. Einige Zeit vor der Veröffentlichung Bohrers habe ich meinerseits diese Kategorie verwandt und bin zu den umgekehrten Schlüssen gelangt (Kaempfer 1977. S. auch das Erste Kap. dieser Schrift.).

Darüber hinaus sagt schon ein Blick auf die zahllosen Dokumente aus dem Ersten Weltkrieg, daß Jünger den hervorstechendsten Aspekt des Großen Krieges nur sehr distanziert behandelt hat. Ich meine den Aspekt des Grauens und der Scheußlichkeit, die in der Tat – wie Hans Peter Schwarz abwertend schreibt – die »Dimensionen eines zivilisatorischen Verkehrsunfalls größten Stils« bezeugen (Schwarz 67). Daß sich Jünger ihnen programmatisch entzogen haben könnte, würde eine Bemerkung aus dem »Wäldchen 125« nahelegen: »...es ist etwa so, als ob ich einen nahen Gegenstand (nämlich z. B. »sinnlos verrenkte Körper und ganze Felder von Leichen«) nicht deutlich sehen möchte und die Augen auf die Ferne einstelle, während ich auf ihn blicke« (Wä 140). Was Jünger gern voranstellt: den Kampf Mann gegen Mann, den er faktisch übrigens oft erst provozieren mußte, ist noch in seinem eigenen Kriegskalender die Ausnahme geblieben. Die moderne Bewaffnung, insbesondere mit Handgranaten, machte den Nahkampf außerdem kaum weniger abscheulich als schon das Massenschlachten der rein anonym arbeitenden Vernichtungsmaschinerie selbst. Solchen Massenmord ohne alle Einschränkung gutzuheißen, war in der Tat, wie Liebchen schreibt, nicht anders möglich als durch eine »Sinnverkehrung, die die Formalisierung des Persönlichkeitsbegriffs zur Folge hatte« (Liebchen 79). Jünger, subjektiv in einer sadomasochistischen Triebdisposition wurzelnd, bietet in seinen Kriegserzählungen die »Entwicklung seines Helden zum gefügigen Menschenmaterial« als die »natürliche Entfaltung einer Persönlichkeit« an (ebd.). Eben weil der ›Held‹ der Held des tradierten Entwicklungsromans geblieben ist, führt er diesen unfreiwillig ad absurdum. Was im einzelnen die Inkompatibilität von Erlebnis und Formel sein mag, das ist im ganzen die von Gehalt und (tradierter) ›Form‹.

Die durchwegs aufgehende Kongruenz von Schlachtgeschehen und Erlebnis, Draufgängertum und Pflichterfüllung, Heroismus und »Blutdurst« (der im »Kampf als inneres Erlebnis« zu einem förmlichen Programmpunkt gemacht wird – vgl. K. 9ff.), dürfte zum Teil einer gewissen Abenteurerliteratur verpflichtet sein. Die »Afrikanischen Spiele« erwähnen u. a. Sherlock Holmes, das »Wäldchen 125« Herman Löns, und noch die »Jahre der Okkupation« berichten von der »ungemeinen Spannung« (die natürlich gerade das Gegenteil ist: »gemeine Spannung«), mit der der Sechzehnjährige die »Kolportageromane« von Karl May las (17. 10. 1945. JO 196).

Solche Literatur verschweigt zwar nicht die *Lust* am Abenteuer, kann aber die subjektive Re-Barbarisierung stets neutralisieren und verdunkeln mit den bekannten konfektionierten Werten der Selbstlosigkeit, der Opferbereitschaft und des Mannesmutes. Essentieller Sadomasochismus gerinnt zum Schema der *heroischen Erzählung*, das Massensterben auf dem Schlachtfeld zum unzugänglich-rätselvollen Tableau einer *Naturkatastrophe*. Solche Verdinglichung primärer Erlebnisschichten entlastete zwar von der Einsicht in die subjektive Rearchaisierung, scheint den Autor aber auch dazu veranlaßt zu haben, eine allein dem »inneren« Aspekt des »Kampfes« gewidmete Studie zu schreiben. Daß »Der Kampf als inneres Erlebnis« dann freilich seinerseits – mit dem Rückgriff auf Nietzsche, auf einen Ur- und Vorzeitmenschen, auf die ›Unmittelbarkeit‹ der Lebensphilosophie, auf den Sozialdarwinismus usf. – mehr oder weniger nur Rechtfertigungen beizuschaffen suchte, macht ein Unternehmen, bei dem man irgendwo dem »Kämpfer« selber zu begegnen hoffte, besonders enttäuschend. Jünger kann sich auch hier nicht entschließen, die subjektive Re-Barbarisierung – wie doch die großen Vorläufer – ganz auf das eigene Konto zu übernehmen. Mit der Berufung auf Bekanntes, wenn nicht Anerkanntes wünscht er sich persönlich – wünscht er die faktischen subjektiven Regungen – offenbar nur wiederum »so gut wie möglich zu verstecken«.

Umgekehrt wird die Re-Barbarisierung in der kritischen Kriegsliteratur häufig unmittelbar thematisch. Der Franzose Louis-Ferdinand Céline, der sich später zum Faschismus bekennen sollte, entwirft in wenigen Sätzen das historische Panorama, welches durch die »Dialektik der Aufklärung« gekennzeichnet ist, und kommentiert Goethes Überraschung während der Schlacht von Valmy mit den lapidaren Worten:

»Le soldat gratuit ça c'était du nouveau... Tellement nouveau, daß Goethe, und zwar ganz der Goethe, den wir kennen, davon in Valmy ein überzeu-

14

gendes Bild gewinnen konnte. Angesichts dieser zerlumpten und besessenen Kohorten, die sich für die Verteidigung einer geschichtlich ganz neuartigen Erfindung, nämlich des Patriotismus, vom König von Preußen hin chlachten ließen, mußte er sich sagen, daß er noch manches zu lernen haben werde« (Céline 93). »Daß man einfach aufeinander schoß, selbst ohne sich zu kennen, es war also nicht verboten«, bemerkt er an anderer Stelle. »Es gehörte zu den Dingen, die man tun durfte, ohne sich auch nur einen Anschiß dafür einzuhandeln. Ja es wurde sogar anerkannt, ohne allen Zweifel wurde es ermutigt von ernsthaften Leuten, ganz wie das Lotteriespiel, die Verlobung oder eine Treibjagd...« Und er resümiert: »Mit einem Schlage erkannte ich das ganze Ausmaß des Geschehens. Zwischen uns und den Leuten auf der anderen Seite hatte man den Krieg angezündet und nun brannte er. Er brannte wie der elektrische Strom zwischen den beiden Kohlestäben einer Bogenlampe« (S. 25). Dieselbe Sachlichkeit kehrt wieder, als eine Granate seinen Regimentskommandeur buchstäblich zerfetzt. »... nichts als nur noch Feuer und dazu der Lärm. Es war ein Lärm, den man nicht mal für möglich gehalten hätte. Er stopfte mir die Nase, den Mund, die Augen, die Ohren, so daß ich sicher war, es sei mit mir zuende und ich sei selbst in Lärm und Feuer aufgegangen« (S. 28).

Der Krieg erscheint als kollektiver Massenwahn, dem nur noch *ein* Verhalten angemessen ist: sich ihm wenn möglich zu entziehen. Konsequent landet sein Antiheld in einer psychiatrischen Anstalt.

Wie Jünger ein Geschehen verarbeitete, das im Grunde genommen mit wenigen Beobachtungen erschöpft ist und das daher bei Céline wie bei Barbusse (»Le Feu«, 1918) nur einen Bruchteil der Erzählzeit umfaßt, wird bei der Entwicklung der »Ästhetik der Gewalt« (s. d.) des Näheren zu untersuchen sein. Dabei wird sich herausstellen, daß die Kriegserzählung für Jünger überwiegend die sekundäre Illustration eines primären »inneren Erlebnisses« gewesen ist.

2. Die Nachkriegszeit

Der Mangel an unverstellter Einsicht in die eigenen Voraussetzungen, die Neigung, diese unmittelbar in der »Wirklichkeit« wiederzuerkennen, führte den schreibgewandten Kriegsbuchverfasser, der sich noch im »Wäldchen 125« auf insgesamt sechs Seiten zu Hermann Löns bekannte (S. 155–162), schon bald nach dem Kriege jenen Gruppen, Grüppchen und Parteien zu, die für einen Neuen (und verschärften) Nationalismus eintraten. Aber zunächst bleibt er noch beim Heer in Hannover. Er arbeitet an Dienstvorschriften mit (wozu er kurzfristig nach Berlin berufen wird), hat im väterlichen Hause eine zwiespältige Begegnung mit revolutionären Truppen und als Wachthabender zwei weitere – kaum weniger »ärgerliche« – mit Demonstranten. Neben den Kriegsbüchern veröffentlicht er in den Jahren 1920, 1921 und 1923 je einen Aufsatz im Militär-Wochenblatt. Die Beförderungsaussichten im 100 000-Mann-Heer sind mäßig, Jünger zählt zu den jüngeren Offizieren, und im Frieden ist die Karriere wieder vom Dienstalter abhängig. Ohnehin sind seine Beziehungen zur Armee widersprüchlich. In dem »verworrenen Zustande, in dem sich die Dinge bewegen«, ziehe er das Heer noch vor, schreibt er am 22. November 1921 an Friedrich Georg. Andererseits, so heißt es im gleichen Brief, »fehlen mir zur geistigen Übung vierundzwanzig Stunden am Tag« (Paetel 1962, 26).

1923 nimmt er den Abschied. Eine Verbindung zum Freicorps Roßbach wird gesucht und schon nach vier Wochen wieder aufgegeben. »Die Leute machen nicht den Eindruck von Lützower Jägern oder Mitgliedern des Tugendbundes«, notiert er unter Anspielung auf die Freiheitskriege (Paetel 1962, 25 f.). 1923 ist zugleich das Jahr, wo er nach Leipzig (und kurzfristig auch nach Neapel) geht, um Zoologie zu studieren und Philosophie zu hören. Tintenfische und Insekten bilden seine beiden wichtigsten Interessengebiete. Das letztere wird ihm sein Leben lang erhalten bleiben, einige Insektenarten sind von ihm selbst entdeckt worden und tragen seinen Namen. In Leipzig lernt er auch seine Frau, Greta von Jeinsen, kennen. 1927 übersiedelt er mit ihr nach Berlin, um dort als freier Schriftsteller zu leben.

Aber Jünger war nicht nur wie viele andere ein *Autor*, er war auch ein *Held* des Großen Krieges. Vierzehnmal verwundet und mit dem höchsten Tapferkeitsorden, mit dem *Pour le Mérite*, ausgezeichnet, bedurfte er wohl nur geringer Eigeninitiativen, um bald auch als Mitherausgeber von »rechten« Zeitschriften zu figurieren (Schwarz 309). Die emphatische Apologie des Neuen Nationalismus, der er sich von 1925 bis ca. 1930 in zahlreichen Zeitschriften-Artikeln widmete, teilte er zwar mit vielen seiner Kameraden, aber kaum einer wußte sie mit einer vergleichbaren Rhetorik vorzutragen. Hans-Peter Schwarz zitiert:

»*Wir*, die Krieger von gestern, von heute und morgen..., *Wir* Nationalisten glauben an keine allgemeinen Wahrheiten. *Wir* glauben an keine allgemeine Moral. Wir glauben an keine Menschheit... *Wir* Nationalisten haben uns entschlossen, das Notwendige zu wollen, das, was das Schicksal will...« (Schwarz 45).

Wie so viele andere hofft auch der »Krieger von heute und von morgen«, daß das »Schicksal« nichts anderes »will« als neuerdings den Krieg. Am Krieg »wird alles gemessen, und an der Einstellung zu ihm scheiden sich die Geister«, bemerkt Armin Mohler (Mohler 44), und Jünger selbst wünscht den in seinen Artikeln vertretenen »Staat« auf vier »Pfeilern« zu errichten: auf dem »nationalen«, auf dem »sozialen«, auf dem »kriegerischen« und auf dem »diktatorischen« (Schwarz 74). – Schwer zu entscheiden, welcher der zahllosen Gruppen, die nach Mohler die »Konservative Revolution« konstituieren, Jünger zuzurechnen wäre. Allein die »Richtungsbezeichnungen«, die Mohler einer »zufällig herausgegriffenen Reihe von Veröffentlichungen« entnimmt, ergeben eine Liste von fast hundert Namen (Mohler 88 f.). Als Angehöriger der »Frontgeneration« stand Jünger nichtsdestoweniger den »Nationalrevolutionären« nahe. »Die Nationalrevolutionäre sind nicht mehr in der früheren Welt verankert und werden so zu den eigentlichen Trägern dessen, was wir als den deutschen Nihilismus umschrieben haben« (Mohler 177). Wichtigstes Zeugnis dieses Nihilismus ist nach Mohler »Das Abenteuerliche Herz« von 1929. Daß Jünger für einen »Typus des Nihilisten« stehe, der »den Durchgang durch die Zerstörung« gläubig bejahe (S. 126), demonstriert er u. a. an den Sätzen: »In den Zeiten der Krankheit, der Niederlage werden die Gifte zum Medikament...« (S. 127).

Auch die *Landvolkbewegung,* die aus der Auflehnung schleswig-holsteinischer Bauern gegen die Zwangseintreibung von Steuerschulden (im Jahre 1928) hervorgegangen war, reklamiert Mohler für die konservative Revolution. Jünger stand ihr eine Zeitlang nahe. Zugleich stand er über mehrere Jahre den Nationalsozialisten nahe, die wiederum die Landvolkbewegung unterstützten. Es war dann freilich gerade die Landvolkbewegung mit ihrem konkret revolutionären Anspruch, die zum ersten Zerwürfnis Jüngers mit den Nationalsozialisten Anlaß gab. Er nahm öffentlich für sie Partei, als sich die Nationalsozialisten, vom Parteiverbot bedroht, von ihr distanzierten und dann gar einen Kopfpreis auf ihren Führer, Claus Heim, aussetzten. Andererseits wünschte er noch in dem Artikel, der gegen die scheinheilige NS-Politik gerichtet war, dem »Nationalsozialismus von Herzen den Sieg« (P/W 10. 10. 1929). Daß dieser Artikel in der Zeitschrift »Widerstand« erschien, die Ernst Niekisch herausgab, ist wiederum bezeichnend. Jünger war dem Sozialisten Niekisch, der damals einen »nationalbolschewistischen« Standpunkt vertrat, freundschaftlich verbunden, er veröffentlichte im »Widerstand« von 1927 bis 1933 allein achtzehn Artikel und nahm nach der Verhaftung Niekischs im Jahre 1933 dessen Familie bei sich auf. Aber obwohl zeitweise Mitglied der »Gesellschaft zum Studium der russischen Planwirtschaft«, ist Jünger den »Nationalbolschewisten« so wenig zuzurechnen wie – ab 1932 – den Nationalsozialisten. Ernst Niekisch berichtet:

»Der Auftrag Hitlers an Goebbels, der Bewegung Intellektuelle zuzuführen, hatte es vornehmlich auf Jünger abgesehen. Es kam zu mehreren Zusammenkünften zwischen Jünger und Goebbels, die aber nicht den von Goebbels gewünschten Verlauf nahmen. Goebbels war auf Jünger eifersüchtig, er mißgönnte Jünger den literarischen Ruhm« (Paetel 1962, 43).

Ernst Niekisch war es auch, der erstmals das »Fluchtmotiv« hervorgehoben hat, das hinter Jüngers Ungreifbarkeit und Vieldeutigkeit versteckt scheint. »Er, der Verfasser der *Stahlgewitter*, der bewunderte Pour-le-Mérite-Träger, stellt sich nur ungern auf dem geistigen Schlachtfeld zum Kampf; ihn treibt es, den unmittelbaren Entscheidungen auszuweichen...« (Paetel 1962, 62).

Das Komplement einer Entscheidungsschwäche, die Jünger dazu verhalten haben mag, sich stets »so gut wie möglich zu verstekken«, ist nun aber jene radikalisierte Entschiedenheit, die dem sogenannten Dezisionismus eigentümlich ist. Nach wie vor ist sie das bestimmende Merkmal in seinem politischen und essayistischen Schrifttum. Auch die mit dem »Abenteuerlichen Herzen« von 1929 unternommene *Verinnerlichung* eines Affektes, welcher den »Durchgang durch die Zerstörung« gläubig bejaht, bedeutet keine essentielle Wende. Der Krieg und was er mit sich gebracht hatte: die Befreiung von den »advokatischen« Zuständen der Vorkriegszeit, oder die Einbindung in die geschlossenen »Befehlszusammenhänge« der soldatischen Gemeinschaft: sie waren ja für Jünger stets ihrerseits ein »inneres Erlebnis« gewesen. Allerdings: indem er nun vom allgemeinen Kriegs-Erlebnis Abstand nimmt und sich persönlicheren Erlebnisbereichen zuwendet, gelangt er mitunter zu jener anderen und wahren Allgemeinheit, die nur über eine entschiedene *Selbsterfahrung* – und das ist keineswegs allein die Traumerfahrung – erreicht werden kann. Das »Abenteuerliche Herz« ist insofern in der Tat die Ausnahme in jenen Jahren. Jünger isoliert hier erstmals – und in gewisser Hinsicht auch zum letzten Mal – den sehr persönlichen Affekt gegen die »Ordnung der Futtertröge«, gegen die »Herrschaft der Gemütlichkeit«, oder auch allgemeiner: gegen die »Welt der Formen« und bekennt sich unzweideutig zu einer »Zerstörung«, welche »des *Sprengstoffes* bedarf, damit der Lebensraum leergefegt werde für eine neue Hierarchie« (WA 7,153).

Zwar steckt in der Hoffnung auf »eine neue Hierarchie« der alte Ordnungsgedanke, dessen gerade der entschiedenste Anarchismus – als seines *wahren* Gegners – nicht entraten kann; aber der Affekt findet immerhin den ihm gemäßen Ausdruck, er ist

»die kalte, niemals zu sättigende Wut, ein sehr modernes Gefühl, das im Spiel mit der Materie schon den Reiz gefährlicherer Spiele ahnt und der ich wünsche, daß sie noch recht lange nach ihren eigentlichen Symbolen auf der Suche sei. Denn sie als die sicherste Zerstörerin der Idylle, der Landschaften alten Stils, der Gemütlichkeit und der historischen Biedermeierei wird diese Aufgabe um so gründlicher erfüllen, je später sie sich von einer neuen Welt der Werte auffangen und in sie einbauen läßt« (WA 7,154).

In der Tat mußte nicht nur Jünger auf der Hut sein, solche »Wut« nicht sogleich wieder »einbauen« zu lassen. Trotzdem verläßt ihn seine Vorsicht bald. Zu tief sitzen die Hoffnung auf einen neuen »Durchgang durch die Zerstörung« und auf den endlich »leergefegten« Lebensraum. Drei Jahre später schon nimmt die »neue Hierarchie« in der Schrift »Der Arbeiter« Gestalt an. Eindeutig genug visiert dort Jünger jene politischen Tendenzen, die sich zugleich als ihre eigene Ideologie anboten – und damit als neue falsche Allgemeinheit – und nimmt bedingungslos für sie Partei.

Aber seine Parteinahme bleibt nichtsdestoweniger unverbindlich. Sie zielt allein aufs Zwangsverhältnis selbst. Wie sehr der dezisionistischen Revolte aller Inhalt sekundär wird, das kann daher gerade manche *politische* Schrift bezeugen. Die Lust am Aktionismus, an einem nihilistisch-leeren Heroismus, an den tödlichen Risiken der ›Schlacht‹ können die politische Mission so aushöhlen, daß von ihr nahezu nichts übrig bleibt.

In der »Kampfzeitschrift für deutsche Nationalisten« *Arminius* spricht Jünger am 20. Februar 1927 symbolisch vom modernen Schlachtschiff, das eine Lieblingsvorstellung von ihm ist, und besingt entzückt

»Diese Verkörperung eines eisigen Willens, ganz Kohle und Stahl, Öl, Sprengstoff und Elektrizität, bemannt mit spezialisierten Menschen vom Admiral bis zum Kesselheizer, Gebilde der letzten Präzisionsmechanik…, ›Millionenobjekte‹ – und doch auf der anderen Seite in Sekunden geopfert für Dinge, die man nicht wissen, sondern an die man nur glauben kann, glühend, zerschossen, mit wehenden Flaggen versinkend, eingehend in den ewigen Sinn in Augenblicken, in denen das Schicksal selbst das Blut zu berauschen scheint, unter dem Hurra von Sterbenden, in fernstem Meere einem Vaterlande dargebracht, das vielleicht schon morgen der Geschichte angehören wird, aber doch unter einem Hurra, das jeden, wo er auch stehen möge, bis in das tiefste Herz erschüttern muß, weil sich in ihm die ganze Spannung zwischen zwei Welten wie in einem reißenden Blitzschlag erhellt« (Mörchen 82f.).

Das subjektive Engagement schmiegt sich so eng den objektiven Rationalisierungen an, daß es mit diesen förmlich eins wird. Gleichzeitig höhlt der Triebanteil, das persönliche Interesse das Propagierte – die Propaganda – auch wieder aus. Der Text beläßt dem propagierten »Vaterland« nur mehr den unbestimmten Artikel, er tut es mit dem Hinweis ab, daß es »vielleicht schon morgen« der Geschichte angehöre, und ins Blickfeld rückt das ominöse Schlachtschiff, das eigentliche fascinosum einer Phantasie, welche sich mit Genuß den »eisigen« Sachzwang ausmalt, dem der Einzelne auf einem solchen Superschiff – das Raumschiff der zeitgenössischen science-fiction-Literatur scheint gar nicht mehr so fern – unterworfen ist. Mit dem Stichwort «Opfer» wird das Schiff dann gar zum Inbegriff der *Ausweglosigkeit*. Die Phantasie scheint ihrem Triebziel nahe und zielt mit der Metapher vom »reißenden Blitzschlag« gar auf so etwas wie einen übertragenen Orgasmus.

3. Der Phänomenologe

Die Frage stellt sich, ob Jünger – von Ausnahmen abgesehen – den eigenen subjektiven Regungen überhaupt den ihnen gemäßen Ausdruck zu verschaffen wußte. Noch wo er ihnen unmittelbar auf der Spur ist wie in »Der Kampf als inneres Erlebnis« macht er sie sogleich an einem quasi-objektiven, allgemeinen Archaismus fest. Wo die Literatur einer »archaischen Rückwendung« in den ernst zu nehmenden Fällen den Charakter des – wie immer transponierten – *Bekenntnisses* hat, das aus den Gesängen Lautréamonts spricht – aus der Gegenwart wäre etwa Jean Genet zu nennen – da erscheint bei Jünger die subjektive Re-Barbarisierung umstandslos zurückgebunden an ein allgemeines und allgemein gebilligtes *retour à la nature*. Das hat Entlastungscharakter. ›Das Bekenntnis‹ selbst kann dabei entfallen. Es ist schon ›objektiv‹, bevor es sich subjektiv überhaupt entäußern konnte. Nur ausnahmsweise läßt uns Jünger – z. B. in der »Atlantischen Fahrt« beim Anblick der »Schädeltrophäen« – an jenem »ersten Eindruck« teilhaben, welcher hier nun in der Tat der des höchstpersönlichen »Entzückens ist wie vor einem jener Weihnachtsgeschenke, bei denen man sich sagte: ›Das ist kein Spielzeug mehr, das ist eine richtige kleine Eisenbahn‹« (WA 4,150). – Wobei die Berufung auf die Kindheit die *Unschuld* evoziert, die ja höchst nachhaltig verloren ist – was den Zynismus auf die Spitze treibt. Nicht nur ist das »Entzücken« nicht unschuldig, es ist vielmehr die präzis benannte Gefühlssensation eines »richtigen kleinen Mörders«.

Nach Auskunft mancher Beobachter gehören solche Bekenntnisse in den Umkreis des sogenannten »provokativen« Stils (Just 1961). Aber dann wäre das Bekenntnis eine *»Stilfrage«*, es bliebe auf den Witz, auf die Gelegenheit beschränkt und wäre nicht Ergebnis konsequenter Selbsterfahrung und -erforschung (Gruenter 1952). Auch kann der Jüngersche Zynismus auf die ungeteilte

Zustimmung gerade jener Leser hoffen, die von der »décadence« des 19. Jh.s, von Lebensphilosophie und Jugendstil, vom allenthalben propagierten Nationalismus, Rassismus und Sozialdarwinismus auf den ›zoologischen Standpunkt‹ – denn um einen solchen handelt es sich wesentlich – längst vorbereitet waren. Die »provokatorische« Absicht bleibe dabei unbestritten.

Nicht das politische oder gar moralische Urteil kann uns weiterhelfen. Der Privatmann Jünger gibt uns kaum sehr viel Anlaß, an seiner *Moral* – und selbst an seinem politischen Instinkt – zu zweifeln. Das spezifische Problem seines Schrifttums läßt sich vielmehr erst erkennen, wenn wir sein Verfahren den beiden wichtigsten zeitgenössischen Tendenzen konfrontieren, nämlich der schriftstellerischen Selbstreflektion, die mit dem Beginn der Moderne einsetzt und prinzipiell schon die Reflektionen einschließt, die Friedrich Schiller in den Briefen zur »Ästhetischen Erziehung des Menschen« niedergelegt hat, und der Tendenz zu einer neuen *Unmittelbarkeit,* die mit der Romantik einsetzt und deren allgemeinste Verbindungslinie über den Voluntarismus (Schopenhauer, Nietzsche), die Lebensphilosophie (Bergson, Dilthey), die Phänomenologie (Husserl) bis hin zum modernen Dezisionismus (Carl Schmitt) und zur Existentialphilosophie (Heidegger) reichen dürfte (s. u. S. 109–119).

Ich nenne die ›schriftstellerische Selbstreflexion‹ die *Zweite Reflexion* im Unterschied von der Ersten des Schreibverfahrens selbst. Sie beruht auf jener durchgehenden und konsequenten Selbsterfahrung, die sich nicht darüber täuscht, daß der Schreibakt stets die Welt ins Subjekt zurücknimmt, daß er als *Subjektivität* rekonstruiert, was als innere oder äußere ›Welt‹ theoretische ›Objektivität‹ beanspruchen mag. Daß die Kunst – und nicht allein die Kunst, sondern etwa auch das philosophische Konstrukt – nur *Schein* sei, ein Zweites gegenüber dem Ersten von Welt, und daß sie der Wahrheit um so näher komme, je entschiedener sie es sei, weil nur der Schein – und das Bewußtsein von ihm – autonom sein kann und damit abgegrenzt gegen alle Heteronomie, hat als erster Schiller bemerkt, und es kam ihm dabei bereits die Beobachtung zu Hilfe, daß die ›Welt‹ stets selbst schon am Schein teilhat, oder mit anderen Worten: daß die warenproduzierende Gesellschaft stets auch ihren ›Schein‹, ihr Selbstverständnis, ihre Ideologie produziert und daß sie damit tendenziell auf jene Ästhetisierung ihrer selbst ausgeht, welche die tradierte und gleichsam unschuldige Ästhetik – mit ihrem selbstverständlichen Anspruch auf Wahrhaftigkeit – bereits zu Schillers Zeiten auf den Kopf zu stellen drohte. »Denn er [der Künstler] kann den Schein [des Kunstwerks] nicht von der Wirklichkeit reinigen, ohne zugleich die Wirklichkeit von dem Schein freizumachen« (Schiller V,398). Schon Schiller unterscheidet daher den »aufrichtigen und selbständigen Schein« des autonomen Kunstwerks vom »falschen und bedürftigen Schein« einer ›Ästhetisierung‹, welche entweder »der Realität durch den

Schein oder dem (ästhetischen) Schein durch Realität« nachhilft (ebd.). ›Ästhetik‹ und ›Ästhetisierung‹ sind in diesem Sinne nicht allein zweierlei, sondern entsprechen zwei einander ausschließenden Impulsen, von denen einer die Wirklichkeit in ›Wahrheit‹ zu überführen, der andere die Wirklichkeit nur mehr zu ›ästhetisieren‹ trachtet. Der Umschlag vom Schönen Schein in die bewußte *Schönfärberei* ist bekanntlich romantischen Ursprungs. Aber im Unterschied zum romantischen Bewußtsein ist das aus ihm hervorgegangene Trivialbewußtsein in der schon Schiller bekannten Gefahr, Wirklichkeit und Schönen Schein entweder zu verwechseln oder böswillig das objektiv Widerwärtige ins ›Reizende‹ und Wünschenswerte umzufälschen (Schiller V,338).

Dagegen setzt die ästhetische Autonomie sich ab. Sie läßt die Echowirkungen der Empirie durchs Filter einer ästhetischen *Konstruktion* passieren, in der, wie Schiller sagt, der »Stoff durch die Form vertilgt« ist (V,379). Wenn Theodor W. Adorno feststellt, daß die »Abdichtung des Kunstwerks gegen die empirische Realität... in der hermetischen Dichtung« [der Gegenwart] »zum ausdrücklichen Programm« erhoben worden sei und dafür Paul Celan benennt (Adorno 7,475), so wiederholt er für das zwanzigste Jahrhundert, was Schiller schon für das achtzehnte festgestellt hatte: daß den offiziellen Rationalisierungen allein jene subjektiven standhalten können, welche je die höchst persönlichen der Individuen sind.

Zweite Reflexion ist selbstverständlicher Bestandteil philosophischen Denkens. Philosophie sucht ihre eigenen Voraussetzungen stets mitzudenken. Wenn schon der Manierismus der Renaissance, so Shakespeare, Calderon, Cervantes, Ansätze zur Selbstreflexion erkennen läßt (Kaempfer 1977) und wenn der fortgeschrittenste Teil der Poesie des neunzehnten Jahrhunderts die Selbstreflexion zu einem ihrer Programmpunkte gemacht hat – so Poe, Baudelaire, Mallarmé, Valéry – so neigte umgekehrt die zeitgenössische Philosophie dazu, eine neue *Unmittelbarkeit* zu konstruieren. Auch die Phänomenologie Edmund Husserls hofft auf *Unmittelbarkeit* und hat nicht zufällig in Heideggers *Existentialontologie* eine Fortsetzung gefunden, die die tradierte Subjekt-Objekt-Vermittlung überhaupt aufzugeben trachtet.

Phänomenologie ist auch die Essayistik Jüngers. Allerdings geht der Poet, der Jünger *auch* ist, sichtlich unter das Niveau der ›Philosophie der Unmittelbarkeit‹, also der Lebensphilosophie oder der philosophischen Phänomenologie. Das Defizit an Zweiter Reflexion, in der Philosophie der Zeit immerhin auf den Begriff gebracht, wird bei Jünger schier notorisch. Ist seine korrespondierende Triebdisposition im Spiel, so hält er dem Ansturm der ›Phänomene‹ meist so wenig stand, daß er deren objektive Rationalisierungen schon übernommen hat, bevor er den Ort der subjektiven »Reizwirkung« überhaupt bestimmen konnte. Von Standflächen statt von Standpunkten spricht Jünger gelegentlich selbst. Gleichsam stehen Subjekt und Objekt im direkten – und weithin unkontrollierten – Wechselverhältnis der ›kommunizierenden

Röhren‹. Gerade die intimsten – die »geistigsten« – Erhebungen Jüngers registrieren oft nur blindlings, was ›draußen‹ als höchst handfeste Epocheströmung manifest war. Dabei sucht sich die subjektive ›Disposition‹ in den seit Nietzsche gängigen Rationalisierungen stets so wiederzuerkennen, daß sie zwar auf ihre Rechnung kommt, selbst aber möglichst wenig aufs eigene Konto übernehmen muß. Die gröbsten Rationalisierungen, so besonders die völkischen und nationalistischen, hat Nietzsche bekanntlich nicht geteilt. Sie liegen nur auf der Linie möglicher Ableitungen aus seiner Theorie des »Willens zur Macht«, und so wirken sie regelmäßig auch bei Jünger ›abgeleitet‹.

Es ist nun freilich kaum ein Zweifel möglich, daß der spätestens mit der Romantik auftretende extreme Subjektivismus, der schon in den Fichteschen Kategorien virtuell die ›Welt‹ ins ›Ich‹ auflöst, alle Zielvorstellungen, Objekte usw. tendenziell zu ›Ableitungen‹ degradieren mußte. Nietzsche zieht daraus nur die Summe. Die ›Welt‹, und zwar die physische wie die ›moralische‹, ist aufs (romantische) Ich zusammengeschrumpft. Ihr Horizont, mit dem des Ich identisch, wird akzidentiell, occasionell und beliebig. Noch der von Nietzsche explizit gemachte *Nihilismus* ist implizite schon das Geheimnis der Fichteschen Kategorien. 1799 schreibt Friedrich Heinrich Jacobi an den Philosophen:

»Dadurch nämlich, daß ich auflösend, zergliedernd, zum Nichts-Außer-Ich gelangte, zeigte sich mir, daß Alles Nichts war, außer meiner, nur auf eine gewisse Weise eingeschränkten, freien Einbildungskraft. Aus dieser Einbildungskraft kann ich dann auch wieder hervorgehen lassen, alleintätig, alle Wesen, wie sie waren, ehe ich sie, als für sich bestehend, für Nichts erkannte« (Arendt 116).

Christian v. Krockow hat vom ›nihilistischen‹ Subjektivismus der Romantik die Verbindungslinie bis zum modernen Dezisionismus gezogen. Wo die Romantik der profanen Wirklichkeit das Füllhorn poetischer *Möglichkeiten* entgegenhält, da setzt der Dezisionismus, – die Entschiedenheit schlechthin – das Objekt profaner und alltäglicher Entscheidung zum bloß noch *möglichen* Objekt herab. Eben dadurch vermag er aller wirklichen Entscheidung auszuweichen. Kronzeuge ist für v. Krockow *Carl Schmitt*. In dessen Buch »Politische Romantik« läßt der Erfinder des *Dezisionismus* keinen Zweifel daran, von welchem Erbe die politische Romantik des Faschismus in letzter Konsequenz gezehrt hat. »Höher als die Wirklichkeit steht« – für die Romantik wie für den Dezisionismus – »die Möglichkeit«, schreibt Schmitt (v. Krockow 85).

»Es bedeutet dagegen keinen Widerspruch«, so kommentiert v. Krockow, »wenn Jünger im ›Arbeiter‹ die reine Sachlichkeit, die Einordnung in den berechenbaren Plan fordert. Denn diese Berechenbarkeit schlägt in ihrer Absolutsetzung gerade in ihr Gegenteil, ins reine Abenteuer um: Indem alles eingeebnet wird in die Dynamik als solche, in die bloße Instrumentalität, bleibt völlig offen, wofür das geschmiedete Instrument dann verwandt wird. Das Instrument ist seinem Wesen nach eben reine Möglichkeit, es kann in jeder ›occasio‹ nach Belieben eingesetzt werden« (v. Krockow 86).

Gleichsam wird im Dezisionismus die Willensbekundung als solche manifest. Das Objekt des Willens kann damit entfallen. Der »metaphysische« Voluntarismus Schopenhauers wurde schon bei Nietzsche der »psychologische« des solipsistisch abgespaltenen Subjekts. Im Dezisionismus imponiert er als der leere Wille selbst. In seiner aktivistischen Form, wie ihn ›der Krieger‹ adoptierte, erinnert er nicht zufällig an das leere Imponiergebaren der Primaten. Er hat in der Tat etwas *Zoologisches*. Zwar möchte sich die radikalisierte Entschiedenheit die inhaltlich-politische Entscheidung programmatisch vorbehalten, weil sie sonst der Trivialität verfiele – das »Verfallen« an das »Man« in Heideggers Konzeption eines »eigentlichen« Existierens gehört in denselben Zusammenhang –, aber sie kann das ja nur bis zu dem Punkt, an dem sie ihr von den Instanzen (wenn nicht vom sogenannten Schicksal) abgenommen wird. Die Autonomie, die sie so demonstrativ herauskehrt, ist offenbar weithin nur scheinbar und könnte einer Überkompensation latenter Heteronomie entsprechen. Gerade die leere und abstrakte ›Imponierhaltung‹, die kein bestimmtes Ziel visiert, läuft Gefahr, in der Praxis den banalsten, den ›anschaulichsten‹ Rationalisierungen zum Opfer zu fallen. Denn in letzter Linie sind ja alle Rationalisierungen beliebig, und der *Entschiedenheit schlechthin* korrespondiert in der Praxis die *Einsatzbereitschaft schlechthin*. Das von Jünger so gern benutzte Stichwort *Landsknecht* gehört sichtlich in den Kontext solcher ›Einsatzbereitschaft‹. Noch Carl Schmitt oder Martin Heidegger bezeugten ihre ›Einsatzbereitschaft‹ im gegebenen historischen Augenblick.

Im Unterschied von dem Staatsrechtslehrer und dem Philosophen, die Hitler zeitweise als ihren *Führer* anerkannten, hat Jünger in dem Augenblick den ›Einsatz‹ auf den Schreibprozeß beschränkt, als sich die Nationalsozialisten zur Machtübernahme anschickten. Er tat dies zudem in der verschlüsselten Form einer *Phänomenologie,* die von der politischen Tagesordnung fast restlos absehen konnte. Auch hier ist offenbar weithin das dem Bewußtsein nur unzureichend zugängliche System der ›kommunizierenden Röhren‹ am Werke gewesen. Jünger verzeichnet *positiv,* aber zugleich in den abstrakten termini, die den logos der Phänomene selbst herauszupräparieren unternehmen, was sich politisch vorbereitete oder schon der Fall war. Die drei Schriften »Die totale Mobilmachung« (1930), »Der Arbeiter« (1932) und »Über den Schmerz« (1934) sind drei Glanzleistungen einer Rhetorik, welche die politische Haupttendenz in Deutschland dadurch unfreiwillig rechts überholt, daß sie sie auf ihren eigenen Begriff bringt. Das war um so leichter – und für den entsprechend ›disponierten‹ Jünger um so naheliegender – als der Zentralbegriff längst vorbereitet war und sozusagen nur beim Wort genommen werden mußte. Das Modell einer »total« auf Leistung und aggressive Selbsterhaltung hin angelegten Gesellschaft ist inhaltlich nichts anders als eine überaus autoritäre, überaus repressive »neue Hierarchie« und es gehorcht damit eindeutig genug dem vorgegebenen Denkmodell des »Willens zur Macht«.

Mit Recht hat Heidegger an Jüngers Schrift »Der Arbeiter« hervorgehoben, daß sie »eine Erfahrung des Seienden und dessen, wie es ist, im Lichte von Nietzsches Entwurf des Seienden als Wille zur Macht« vermittle (Heidegger 1955). Zugleich hat Heidegger den eigentümlichen Bewußtseinsschwund bemerkt, mit welchem solche unmittelbare »Seismographie« (Niekisch) erkauft war. »Nietzsches Metaphysik« – die für Heidegger gleich *Nihilismus* ist – sei »keineswegs denkerisch begriffen«, so fährt er fort; »...im Gegenteil: statt im echten Sinne fragwürdig, wird diese Metaphysik selbstverständlich und scheinbar überflüssig« (ebd.).

Der Nihilismus, die »selbstverständliche« und folglich nicht weiter hinterfragte Denkvoraussetzung Jüngers, ist wiederum nur der ›objektive‹ wie der ›subjektive Nihilismus‹ einer Korrespondenz, in welcher Introjektion (der objektiven Zeittendenzen) und Projektion (der subjektiven Zwangsvorstellungen) zusammenfallen. In der Tat läßt sich die ›Phänomenologie‹ des »Arbeiters« und der beiden anderen Schriften ebensogut als subjektive Obsession des Autors wie als Bestandsaufnahme der Verhältnisse lesen. Beides ist aus ihnen denn auch herausgelesen worden. Das persönliche Engagement für den neuen »Weltgeist« ist so offenkundig wie dessen schier überwältigender Einfluß auf eine Phantasietätigkeit, die nur noch die immanente Logik dieses »Weltgeists« nachzubuchstabieren trachtet. Es ist freilich dieser *Ungeist* – und nicht etwa die sogenannten wirklichen Verhältnisse – welche sich in Jüngers Schriften niederschlagen. Denn die relative ›Bewußtlosigkeit‹ seiner Seismographie bringt es u. a. mit sich, daß er nicht mehr auseinanderhalten kann, was *faktisch* der Fall – und was ›offiziell‹ bloß *wünschbar* war. Er kann die Phänomene nicht von ihrer

Ideologieförmigkeit unterscheiden und läuft daher Gefahr, die Logik – nicht die *Sprache* – der Ideologen zu seiner eigenen zu machen. Schon der Untertitel zum »Arbeiter«: *Herrschaft* und *Gestalt* wiederholt unfreiwillig ein demagogisches Moment. Mit der *Herrschaft* (des Arbeiters) ist nämlich unverhohlen dessen faktische Versklavung und mit der *Gestalt* jener *Begriff* des Arbeiters mitgesetzt, welchen erst die faschistische Demagogie geboren hatte: der scheinbar *autonome,* in Wirklichkeit *heteronome* Funktionär eines *Arbeitsprozesses,* über dessen Ziele schon die Schrift von 1930, »Die totale Mobilmachung«, keinen Zweifel gelassen hatte: »– es ist eine Rüstung bis ins innerste Mark, bis in den feinsten Lebensnerv erforderlich« (WA 5,130).

Faktisch beschwört Jünger nur den blind den »unmittelbaren Auftrag« (WA 6,47) entgegennehmenden Arbeitersoldaten der beiden Weltkriege. Es ist ein »Menschenschlag, der sich mit Lust in die Luft zu sprengen vermag . . .« (WA 6,42). Zwar ist nach Jünger der Arbeiter durch nichts anderes als durch seine Arbeit bestimmt, aber weil Jünger ihn zugleich als das Subjekt der Arbeit vorstellt, kann er ihn andererseits als ihr Bestimmendes, als ›Auftraggeber‹ figurieren lassen, und der Auftrag kann mit dem Auftraggeber gleichsam zusammenfallen.

Ähnlich wie die nationalsozialistische Ideologie mit den beiden Drehmomenten der sogenannten *Volksgemeinschaft* und des *Führerstaats* bloß den bestehenden sozialen Widerspruch mythologisierte, verklammert Jünger Subjekt und Objekt des kapitalistischen Produktionsprozesses zum Subjekt–Objekt einer Autonomie, welche das heteronome Kommando als das je eigene vernimmt, um derart »nicht nur Material, sondern zugleich Träger des Schicksals zu sein . . .« (WA 6,72).

Schon »Die totale Mobilmachung« hatte zwischen *Arbeit* und *Rüstung,* Mobilisierung der Industrie und Mobilmachung aller verfügbaren Kräfte für die Kriegsvorbereitung keinen prinzipiellen Unterschied gemacht und damit Vorarbeit für eine Auffassung geleistet, die den Frieden nur noch als eine Atempause zwischen zwei Kriegen begriff. Auch in der »Totalen Mobilmachung« kann Jünger den objektiven Angriff auf den *Fortschritt,* welcher im Gange war, mit der privaten Animosität wider diesen koppeln und kann er »die zunehmende Beschneidung der ›individuellen Freiheit‹« als Beschneidung »eines Anspruchs« verbuchen, der für ihn ohnehin »von jeher fragwürdig war« (WA 5,131). Wenn wir am Ende gar von »Arten des Zwanges« hören, »die stärker als die Folter sind« und die »der Mensch... mit Jubel begrüßt« (WA 5,145f.), so ließe sich wiederum die Frage stellen, ob solche subjektive Freude an sozialer Knebelung nicht zugleich die *Witterung* für Verhältnisse begünstigte, die – wenigstens für Deutschland – noch in der Zukunft lagen.

Auch die Schrift »Über den Schmerz« bekennt nicht einfach die subjektive Sympathie mit der »schmerzlich« zunehmenden Disziplinierung der Menschen im neuen Deutschland Hitlers, sondern sie evoziert die edle Leidenschaft des Autors für die »hohe Leistung, daß das Leben sich von sich abzusetzen, oder mit anderen Worten, daß es sich zu opfern vermag« (WA 5,180). Ununterscheidbar rinnt die offizielle Heroismus-Propaganda mit der schier persönlichen Feststellung zusammen, daß das Leben nicht mehr der »maßgebende Wert« sei (ebd.). Schon daß der Schmerz, wie auch andere Beobachter bemerkten, vorweg (apriorisch) gesetzt, und damit nicht viel anders wie ein philosophisches Axiom behandelt wird, läßt aus der subjektiven *Disposition* wie durch Zauberschlag den objektiven *Wert* entstehen. Solcher *Wert* kann dann zwanglos als das ›logische‹ Korrelat der Einschränkungen und Zumutungen figurieren, die objektiv erwartet werden konnten, ja denen Jünger – 1934 – wohl gar zuvorzukommen hofft. Begierig fast streift eine Phantasie, welche auf jede Selbstreflektion verzichtet hat und welche folglich Außen und Innen nicht mehr unterscheidet, den neuen »Lebensraum« nach möglichen Schmerz-Erfahrungen ab und findet sie z.B. in den bemannten japanischen Torpedos, die mit jedem Einsatz auch schon ein Menschenleben forderten. »Hier erscheint mit mathematischer Sicherheit jede Möglichkeit des guten Glückes ausgeschlossen, vorausgesetzt, daß man vom Glück nicht eine ganz andere Vorstellung besitzt« (WA 5,167). Mit Sicherheit besitzt der Phänomenologe diese »ganz andere Vorstellung«. Er stellt den japanischen sogleich noch »Lufttorpedos« an die Seite und visiert das Bild »eines Menschenschlages, den man zu Beginn einer Auseinandersetzung wie aus Kanonenmündungen abfeuert« (ebd.).

Die besondere Witterungsfähigkeit des ›Seismographen‹ ist freilich auch die Garantie für Wahrnehmungen, die etwa der »wachsenden Versteinerung des Lebens« (WA 5,190), der zunehmenden Versachlichung, Verdinglichung (bei Jünger: Vergegenständlichung) oder dem »seltsamen und schwer zu beschreibenden Bestreben« gelten, »dem lebendigen Vorgang den Charakter des Präparats zu verleihen« (WA 5,189).

Die bewußtlos-sensuelle Konvergenz mit der faschistischen Realität bleibt nichtsdestoweniger dominant. »Die freie Forschung erübrigt sich… in demselben Augenblick, in dem man sich darüber klar ist, welche Dinge gewußt werden sollen und welche nicht« (WA 5,169). – »Die neue Richtung läuft darauf hinaus, im Dienst den das Leben bestimmenden Zustand zu sehen« (WA 5,168). – So viel plane Voreingenommenheit fürs schier ›Vorhandene‹ scheint allerdings auch Jünger selbst nicht ganz befriedigt zu haben. Kritisch merkt er das »dürftige Mittelmaß« der Akteure an (WA 5,196), den »Glauben ohne Inhalte«, die »Disziplin ohne Legitimation«, den »stellvertretenden Charakter der Ideen, Einrichtungen und Personen« und zieht einen »Nihilismus« jener »neuen Ordnungen« in Erwägung, deren »Werte noch nicht sichtbar geworden sind« (WA 5,197). Da freilich nichtsdestoweniger der *Schmerz* der »einzige Maßstab« und mithin der Wert der Werte ist, ergibt sich »für den Einzelnen die Notwendigkeit«, so lesen wir zum Schluß, »sich trotz allem an der Rüstung zu beteiligen« (ebd.).

Mit der Schrift »Über den Schmerz« ist die wichtigste essayistische Periode Jüngers abgeschlossen. Wahrscheinlich stellt sie überhaupt den Höhepunkt in seinem theoretischen Schrifttum dar. Vorbildlich bringt sie objektive Zeittendenz und subjektive Disposition auf den kleinsten gemeinsamen Nenner, und das war eben in der Tat der *Schmerz,* die Askese schlechthin, das Opfer ohne Sinn und ohne Ziel, wie es der losgelassene kapitalistische Arbeitsprozeß erforderte. Gleichsam hat die *Lust* den *Sinn* ersetzt. Denn für die masochistische Einstellung kann es den Lustgewinn nur steigern, wenn das Leiden *reines Leiden* und mithin von keinem Warum und Wozu mehr getrübt ist. Solche Triebentmischung, die Regression auf den Partialtrieb, wird sich um so weniger selbst wahrnehmen, je mehr sie sich durch die Verhältnisse unmittelbar bestätigt fühlt.

In der unfreiwillig-sensuellen Konvergenz von Subjekt und objektiver ›Lage‹ dürfte ein gut Teil der unbewußten Selbstpreisgabe des deutschen Bürgertums dokumentiert sein. Die spezifisch bürgerliche Subalternität, welche die Abhängigkeitsbedürfnisse nicht über den »Gefreiten« Hitler, wohl aber über den »Weltgeist« abzureagieren strebte, dessen »ausführendes Organ« er war, könnte mit dem Regime in einer ähnlich unfreiwilligen Korrespondenz gestanden haben. Schlecht aristokratische Ideologeme wie etwa der *Schmerz,* in dessen kostenlosen Sensationen zudem das schlechte Gewissen schlagen mochte, welches die bloß scheinbare Versöhnung mit der Arbeiterklasse hinterlassen hatte, bildeten das begriffliche Gelenk mit dem sogenannten Zeitgeist und könnten den eklatanten Mangel an Widerstand gegen ihn erklären helfen.

Gerade wo sich Jünger die freien Denkoperationen oder –wie mit den »Marmorklippen« – das freie Spiel der Phantasie gestattete, geriet er in die Nähe der offiziell geltenden Denk- und Vorstellungsklischees. Auch das bezeugt eine ›Freiheit‹ des bürgerlichen Denkens und Phantasierens, die wesentlich an Wunschvorstellungen orientiert geblieben war. Denn da die Konfrontation mit den Verhältnissen nach bürgerlichem Brauch so gut wie ausschließlich »im Geiste« stattfand, konnten die Verhältnisse dort leicht die charakteristische und moralisch entlastende Vereinfachung erfahren, wie sie z.B. von der trivialliterarischen Aufspaltung in *Edle* und *Verächtliche* geleistet wird. In den »Marmorklippen« konnte sich der bürgerliche Leser mühelos als ethisch unverantwortlich wiedererkennen und von jenem bösen Volk der kleinen Nazis Abstand nehmen, bei dessen ›Machtübernahme‹ die bürgerliche Indifferenz – man braucht bloß an Papen zu denken – eine entscheidende Rolle gespielt hat. Ich lasse dabei die Frage außer acht, wie weit sich auch die großen Nazis in den »Marmorklippen« wiederfanden. Die Gefahr war immerhin gegeben, und es besteht kaum ein Zweifel, daß Jünger sich ihrer bewußt war. Insofern sprechen gerade die »Marmorklippen« für die *private* Moral ihres Autors. Bürgerlich gesehen, war sie meist untadelig.

4. Der Erzähler

Es ist keineswegs überraschend, daß Jünger überall dort, wo er der Wirklichkeit selbst auf der Spur ist – und wo er folglich ihrer Ideologieförmigkeit entgeht – zu gelativ autonomen Leistungen gelangt. Die »Afrikanischen Spiele« von 1936 kennen weder *Edle* noch *Verächtliche*. Nur ausnahmsweise wandern dort die aristokratistischen Wunschvorstellungen ein, die Jünger mit so manchem seiner Zeitgenossen teilte (Mörchen 10f.). Das Bild der sozialen Verhältnisse, das ihm vom eigenen Erlebnis nahegelegt wurde, ist von der sozialen Dichotomie der »Marmorklippen« oder von »Heliopolis« ebenso weit entfernt wie der junge Fremdenlegionär vom Heldentyp des Frontoffiziers. Die »Afrikanischen Spiele« sind das erste geschlossene Zeugnis einer Position, welche die Spannung zur Faktizität der geschichtlichen Stunde – wahrscheinlich dem Autor unbewußt – auszutragen unternimmt. Daß dies unter der Form einer Jugenderinnerung geschieht, verharmlost den anspruchslosen Stoff nur scheinbar. Die Anlehnung an die wirkliche Erfahrung ebenso wie die parabelhafte Übernahme des Don-Quixote-Stoffes gestatteten es Jünger, den bis dahin unangefochtenen Traum von einem heroisch-abenteuerlichen Leben erstmals kritisch zu durchleuchten. Gewissermaßen war das Don-Quixote-Schema selbst schon Erste Reflektion, in die es die Zweite, die Selbstkritik und die Kritik der geschichtlichen Stunde, nur einzutragen galt. Nicht zufällig hat sich Jünger von Kind auf für den Don Quixote interessiert und zweifellos gehört dies Interesse zu jenem legitimen Selbstinteresse, das er sonst mit wahrem Bierernst als den unaufhebbaren Antagonismus von edler Opferbereitschaft und schnöder Niedrigkeit entfaltet hat.

Der sechzehnjährige Fremdenlegionär Berger, der nur wenige enttäuschende Wochen im fernen Afrika weilt, kämpft wie sein großes Vorbild vorwiegend mit seinen eigenen Phantasmen von einem heroisch-abenteuerlichen Leben. Noch die Figuren der Dulcinea (gleich der Traumgestalt der *Dorothea*) und des Sancho Pansa (gleich *Massary*) kehren wieder. Die ›Niedrigen‹, das Volk, die älteren Kameraden Bergers, sind hier kein Gegenstand des Hasses und der Verachtung wie in den phantastischen Erzählungen, sondern figurieren ebenbürtig neben jenem jugendlichen Schwärmer, dessen *Träume* der Korrektur der Wirklichkeit ebenso unerbittlich unterworfen werden wie in den phantastischen Erzählungen die *Wirklichkeit* dem schrillen Gegensatz von ›Hoch‹ und ›Nieder‹, Aristokratie und Plebs im trivialliterarischen Schwarzweiß. Überwiegend sind die proletarischen Begleiter Bergers wohlwollend und hilfsbereit, selbst väterlichen Schutz erfährt das greenhorn, und von der Bosheit des »Gelichters« aus den »Marmorklippen«, das der »Oberförster« kommandiert, findet sich nicht die Spur.

Auch die übrigen realistischen Erzählungen, so »Die Eberjagd« (1952), »Gläserne Bienen« (1957) oder »Die Zwille« (1973), versuchen die Spannung zu einer Realität zu halten, die gerade dadurch in kritischer Distanz gehalten werden kann, daß der Schreiber sie überhaupt zu Worte kommen läßt. Kennzeichen legitimen Erzählens, und zwar des ›hermetischen‹ nicht weniger als des ›realistischen‹ – letzten Endes lehrte das schon Friedrich Schiller – ist ein *dialektisches* Verhältnis von Wirklichkeit und Phantasietätigkeit. Noch der Hermetismus bewahrt als entschiedene Verweigerung realer Kontingenz eben diese Kontingenz als sein ›aufgehobenes Moment‹.

Hatten die Jahre um das Jahr 1933 ein Umdenken eingeleitet, das gerade in dem bescheidensten Ergebnis, in der Kritik des zeitgenössischen Abenteuertums und Heroismus, manifest geworden war, so scheint der Zweite Weltkrieg an Jüngers bis dahin unangefochtenem Verhältnis zur Paternität gerüttelt zu haben. Henri Plard läßt mit dem Symbol des erlegten und kastrierten Ebers aus der Erzählung von der »Eberjagd« gar eine neue Wandlung Jüngers – von einer patriarchalischen zu einer matriarchalischen Weltauffassung – beginnen und glaubt in den beiden Schriften »An der Zeitmauer« (1959) und »Der Weltstaat« (1960) das vorläufige Ende dieser Entwicklung feststellen zu können (Plard 1965). In der Tat nimmt der Held der Kurzgeschichte von der »Eberjagd« gegen die »Hetzer und Jäger« Partei, er empfindet »Trauer« für das tote (und kastrierte) Tier, und mit dem Traum von der Jagd und vom eigenen Gewehr – nach Plard ein Phallussymbol – scheint es vorbei zu sein.

Aber die »Gesetze über die Welt der Mütter« werden, wie Alfred von Martin bemerkte, schon in »Feuer und Blut« (1925) evoziert und sind auch Jünger nicht ganz fremd geblieben (v. Martin 258). Zudem wäre sein vorläufig letztes Buch, »Eumeswil« von 1977, dann wiederum als Rückkehr zu einer patriarchalischen Ansicht der Verhältnisse – übrigens mit Einschluß der obligaten Jagdsymbolik – aufzufassen.

Ich neige eher zu der Ansicht, daß sich die realistischen Erzählungen dem Autor im allgemeinen aufnötigen, wo sich bestimmte Aspekte der Erfahrung nicht mehr abwehren ließen. Als Jünger die »Afrikanischen Spiele« schrieb, war er einer der gefeiertsten Kriegsbuchautoren in Nazi-Deutschland. Keineswegs wies er allein den staatlich propagierten Heroismus von sich. Er relativierte ebenso den eigenen. Gleichsam suchte er ihn – wie immer auch verschlüsselt und zudem wesentlich vergeblich – vor dem permanenten Mißbrauch seitens der staatlichen Autorität zu retten.

Im Ansatz ist auch »Gläserne Bienen« (1957) ein von Erfahrung inspirierter Versuch der Korrektur am eigenen Wunschdenken. Die von der phantastischen Erzählung »Heliopolis« (1949) vorgetragene Zweiteilung der Macht in eine gute und in eine böse wird wieder aufgegeben. Im Spielzeugindustriellen Zapparoni ist jenes Doppelgesicht der Macht visiert, das sichtlich in die Landschaft der zweiten Nachkriegszeit gehört, als Westdeutschland eine der wichtigsten Einflußsphären der Vereinigten Staaten wurde. Freilich desavouiert die Erzählung zugleich die eigene Vision. Denn zwar läßt Jünger den abgemusterten Rittmeister, der um eine Anstellung bei Zapparoni nachsucht, auf so fragwürdige Requisiten wie abgeschnittene Ohren und gläserne Bienen stoßen – in einem Wutanfall zerschlägt er gar eins der teuren künstlichen Geschöpfe, in denen seiner fachmännischen Schätzung nach moderne elektronische Waffen versteckt sein könnten – aber am Ende erweisen sich diese Zeugnisse einer geheimnisvollen Supermacht buchstäblich als Spielzeug.

Sichtlich hat die Zweideutigkeit industrieller Macht, die von der frühen Amerikanisierung Westdeutschlands erneut ins Blickfeld gerückt worden war – das Buch wimmelt von anglophonen Namen – bei Jünger Betroffenheit ausgelöst. Aber er ist zu loyal, um das

Problem wie Dürrenmatt, der etwa zur gleichen Zeit den »Besuch der alten Dame« schrieb, zu radikalisieren. Ohnehin hatte die Loyalität bei ihm inzwischen die Oberhand gewonnen. Für die alte Radikalität fehlte es an objektiven Korrespondenzen, an Strömungen, an Zeittendenzen, die sie zu legitimieren gestattet hätten. Der Nationalismus, der alte wie der neue, war unwiderruflich dahin, und die demokratischen Autoritäten der neu sich etablierenden kapitalistischen Gesellschaft überboten einander an humanitären Parolen. *Resignation* ist Jüngers Antwort auf die zweite Nachkriegszeit, *Rückzug* schon die Antwort auf den amtlichen und öffentlichen Barbarismus Hitlers.

5. Rückzug

Eindeutig genug setzte sich Jünger 1933 von den Nationalsozialisten ab. Zwar bezeichnet er noch am 20. 4. 1943 (in den »Strahlungen«) die nationalsozialistische »Schule« als die »flachste« und bekennt damit – so als gäbe es kein Außerhalb von »Schulen«, die den Neuen Nationalismus propagierten – indirekt die einstige Affinität zu ihm. Aber die Aversion gegen alles ›Völkische‹ in nazistischer Version, gegen den quasi-amtlichen Rassismus, Antisemitismus usf. steht außer jedem Zweifel. Armin Mohler schreibt: »Mit seinem Bruder Friedrich Georg besuchte er damals systematisch alle großen öffentlichen Veranstaltungen... beobachtete die Schließung der jüdischen Geschäfte, nahm als Zuhörer am Reichstagsbrand-Prozeß teil« (Mohler 87).

Die Wahl in die neue Dichter-Akademie lehnt Jünger ab. Allerdings war sie offiziell noch gar nicht ausgesprochen worden, wie ihm Werner Beumelburg in seiner Antwort (vom 18. 11. 1933) versicherte. In seinem Schreiben (abgedruckt bei Liebchen 324) hatte Jünger den »wesentlich soldatischen Charakter« seiner Arbeit unterstrichen, die er durch »akademische Bindungen nicht beeinträchtigen« lassen wolle, und auf das 59. Kap. seines »Werkes über den Arbeiter« verwiesen. »Ich bitte Sie daher«, erklärt er, »meine Ablehnung als Opfer aufzufassen, das mir meine Teilnahme an der deutschen Mobilmachung auferlegt, in deren Dienst ich seit 1914 tätig bin.« Es ist sicherlich nicht leicht, diese Erklärung als ausschließliches Produkt der »Sklavensprache« aufzufassen, deren sich Jünger wie so viele andere bedient haben könnte, um die neuen Herren in Distanz zu sich zu halten. Mir scheint gerade ihre unfreiwillige Komik für eine solche Interpretation zu sprechen. Sie unterläuft Jünger sonst nicht leicht. Zweideutig ist allerdings auch sein zweites Schreiben an Beumelburg, doch spricht er nun von seiner »persönlichen Verärgerung« und weist auf die »Haussuchung« hin, die ihm seine Verbindung zu Niekisch eingetragen hatte. – Ich neige zu der Meinung, daß für Jünger der Wunsch nach Distanzierung trotz allem im Vordergrund gestanden hat. Dafür spräche auch seine Beschwerde über den unautorisierten Abdruck von Auszügen aus dem »Abenteuerlichen Herzen« in der Beilage des »Völkischen Beobachters« (»Die junge Mannschaft«, 6.–7. 5. 1934), in der er (am 14. 6. 1934) erklärt, daß er »seit Jahren vom Mittel der Presse überhaupt keinen Gebrauch macht« – was doch nur heißen kann, daß er auch künftig keinen Gebrauch von ihr zu machen wünscht. Im selben Brief beklagt er sich darüber, daß der »Abdruck meines Schreibens an die ›Dichter-Akademie‹ vom 18. November 1933 (s.o.) durch offizielles Presse-Communiqué unterbunden wird«.

»Keineswegs beendet ist seine Bemühung um ständige Ausweitung seines Gesichtskreises. Das hatte schon in den zwanziger Jahren begonnen, als er 1926 Flugstunden nahm und 1929 und 1930 mit Fahrten nach Italien und Sizilien die Reihe seiner größeren Auslandsreisen einsetzte. In den dreißiger Jahren führt er sie fort: 1931 Frankreich, die Balearen und Spanien; 1932 Dalmatien; 1935 Norwegen; 1936 Brasilien, die Azoren und Kanaren, Marokko; 1938 Rhodos« (Mohler 89).

Unruhe bekunden auch die häufigen Umzüge. 1936 übersiedelt Jünger von Goslar nach Überlingen am Bodensee, 1939 nach Kirchhorst in Niedersachsen, 1948 wieder ins Schwäbische nach Ravensburg. Seit 1950 ist er in einem kleinen Dorf am Südrand der Schwäbischen Alb ansässig.

Läßt sich das Werk aus dem bisherigen Lebenszusammenhang vorwiegend als Erfahrungs- bzw. Selbsterfahrungsniederschlag interpretieren, so möchte es sich fortan als Beobachtungsergebnis eines Beobachters verstanden wissen, der, wie es zu Beginn des »Abenteuerlichen Herzens«, Zweite Fassung, programmatisch heißt, «ohne Regung wie in einer einsamen Loge, doch nicht ohne Gefährdung genießt« (AH 2,8), was die Teilnahme und den ›Einsatz‹ in der Tat höchst fragwürdig erscheinen lassen mußte. Kaum weniger programmatisch nämlich hatte Jünger in der Ersten Fassung des »Abenteuerlichen Herzens« bekannt:

»Aber ach, ich will es mir gestehen, daß ich stets zu den anderen von nicht so ruhiger Natur gehörte, denen es nicht liegt, sich von den Eitelkeiten des

Lebens zurückzuziehen, und die, wenn sie eine Zeit gerastet haben, die Angst befällt, daß die Entscheidungen draußen ohne sie geschlagen werden könnten« (WA 7,50).

Aber der Entschluß zur *vita contemplativa* ist natürlich nicht allein die Antwort des konsequenten Literaten auf die äußeren Ereignisse. Er wurzelte wohl ebenso in der konstitutiven Entscheidungsschwäche, in der quasi-quietistischen Erwartungshaltung, wie sie dem alle Entscheidung definitiv hinausschiebenden *Dezisionismus* eigentümlich ist. Dafür spricht schon die sonst unverständliche, fast störrische Neutralität gegenüber zwei wichtigen historischen Ereignissen. Zwar hatte Jünger mit seiner Weigerung, in die neue Dichter-Akademie einzutreten, den NS-Machthabern eine Absage erteilt; aber gegen das Regime entschieden hatte er sich nicht. Der Brief vom 18. November 1933 begründete die Weigerung im Gegenteil mit dem Entschluß, den in seinen Schriften vertretenen Ideen vorbehaltlos treu bleiben zu können – und es besteht ja gar kein Zweifel, daß das Regime an diesen Ideen zum damaligen Zeitpunkt keinen Anstoß nehmen konnte. – Das zweite Ereignis ist der Aufstand der Offiziere gegen Hitler im Jahre 1944, an dem sich der Hauptmann Jünger nicht beteiligt. «So hat er zwar ständigen Kontakt mit dem Pariser Sektor der 20.-Juli-Bewegung gehalten, es aber abgelehnt, sich an den Staatsstreichvorbereitungen selbst zu beteiligen«, erzählt Paetel (1962, 62). – Die Friedensschrift aus dem gleichen Jahr, nach Paetel Jüngers »außenpolitisches Programm«, ist zwar über Speidel dem Generalfeldmarschall Rommel zugespielt worden, aber an korrespondierenden Aktivitäten fehlt es auch hier.

Jüngers Rückzug ist in der Tat nur Rückzug von der *vita activa*. Definitiv wünscht er sich nicht mehr zu *beteiligen*. An seinen ›Ideen‹ ändert das nur wenig oder nichts. Mit ihnen bleibt er dem Regime auf ›höhere‹ Art verbunden, wie er denn überhaupt das ›Höhere‹ vom ›Niederen‹ – oder mit anderen Worten: ein Ideenreich vom dämonischen Reich der sogenannten Mauretanier (sprich: der profanen Nazis) – abzuheben beginnt. Das gilt nicht nur für die Erzählung »Auf den Marmorklippen«, es gilt sogar noch für den Roman »Heliopolis» von 1949, wo das ›Ideenreich‹ im sog. *Burgenland* sein poetisches Korrelat findet.

Nichts ist also natürlicher, als daß er seinen Rückzug mit einer *Essayistik* illustriert, welche die profane Tagespolitik in die esoterischen termini einer ›Phänomenologie‹ übersetzt. Auch da meldet sich der Literat zu Wort. Auch da wird eher ein Rückzug ins Literarische, in die Idee, als ein Rückzug *von* der Idee – von der Ideologie des Faschismus nämlich – angetreten. Liebchen faßt den gleichen Sachverhalt nur *intentionaler,* wenn sie schreibt, daß Jünger die »Funktion« übernahm, »politische Zielvorstellungen der militaristischen und imperialistischen Kräfte in die Sprache bürgerlicher Literatur und Ideologie« zu übersetzen (Liebchen 263).

Noch bleibt allerdings ein Einschlag von persönlicher Beteiligung erkennbar. Er reicht fast genau bis zu der Schrift »Über den Schmerz« von 1934. Möglicherweise hat Jünger nicht zufällig im Anschluß daran für kurze Zeit die Haltung des distanzierten realistischen *Erzählers* eingenommen: die »Afrikanischen Spiele« erscheinen 1936. Dann erst verliert das Werk allmählich eins seiner konstitutiven Elemente: die Authentizität. Jüngers Befunde werden gläsern-quietistisch. Schon die Zweite Fassung des »Abenteuerlichen Herzens« (1938), besonders aber die Erzählung »Auf den Marmorklippen« (1939), schließlich die Tagebücher aus dem Zweiten Weltkrieg insistieren auf einem stilistischen Wohllaut, auf einem sprachlichen Niveau, auf einer Formvollkommenheit, welche das Gewicht mehr und mehr auf die Selbststilisierung des schreibenden Subjekts – statt auf dessen Transport- und Beobachterfunktion – zu legen scheinen.

Solche Überstilisierung plädiert natürlich nur auf ihre Weise für die neue Präponderanz von *Literatur* in Jüngers Leben. In gewisser Weise wiederholt sie auf formalästhetischer Ebene, was mit der trivialliterarischen Spaltung des ›Oben‹ vom ›Unten‹, des ›Edlen‹ vom ›Verächtlichen‹, des Herrentums vom Pöbel in den beiden freien Phantasien »Auf den Marmorklippen» und »Heliopolis« manifester erzählerischer Inhalt ist. Daß Form »geronnener Inhalt« sei (Adorno), dafür erteilt die stilistische Hochebene, die Jünger in der Tat ersteigt, einen unfreiwilligen und direkten Anschauungsunterricht. Vergröbernd ließe sich sagen, daß die erlesen-edle Form sich als ihr eigener Inhalt vorträgt.

Die Verabsolutierung der ästhetischen Wertperspektive hat nichtsdestoweniger ihre bestimmte *moralische* Funktion. »Nur eine absolut gesetzte ästhetische Betrachtungsweise vermag [dem]... ›Sündenfall‹ zu entrinnen und die kompromißlose Überlegenheit zu sichern« (v. Krockow 114). Und »Carl Schmitts Satz, daß ›weder religiöse, noch moralische, noch politische Entscheidungen... im Bereich des Nur-Ästhetischen möglich‹ sind, beinhaltet in der Umkehrung, daß einzig in der Verabsolutierung des Ästhetischen solche Entscheidungen *vermieden* werden können« (ebd.).

Aber nicht nur Jüngers esoterische Tagebuchnotizen, die unter dem Titel »Strahlungen« zusammengefaßt sind, suchen die ästhetische Wertperspektive gegen alle beunruhigende Erfahrung und Geschichte aufrechtzuerhalten. Die nachweisbare Vermittlung von Subjekt und Objekt, Gegenwart und Geschichte, Autor und Erfahrung wird vor allem für die Reihe der phantastischen Erzählungen zweifelhaft, die mit den »Marmorklippen« anhebt. Mehr noch als die Tagebücher, die nicht mehr wie die Tagebücher aus dem Ersten Weltkrieg das persönliche Erlebnis referieren, darf sich dort der Literat als jener *freie* Literat gerieren, dessen Entscheidungen spezifisch *literarisch,* will sagen: keiner bestimmten oder bestimmbaren Wirklichkeit mehr verpflichtet sind.

Das will nicht heißen, daß nicht auch die »Marmorklippen« von Erfahrung inspiriert sind. Er habe »gerade hier als Augenzeuge Anregungen erfahren...« notierte Jünger dazu in den »Jahren der Okkupation« (am 2. 4. 1946/JO 255). Fragwürdig wird angesichts der archaisierenden Szenerie der Erzählung allerdings gerade die Augenzeugenschaft. Alle Historizität ist ausgeklammert. Das Gemeinwesen der Marina, eine Art von idealer Polis, von der wir nicht erfahren, wer sie eigentlich bewohnt, wovon sie lebt und wie sie entstanden ist, scheint ebenso »von Alters her« zu existieren wie der sogenannte *Wald,* aus dem das *Böse* herkommt – und wohl immer wieder herkommt. Denn Gut und Böse, so erfahren wir – und glauben einen Märchenerzähler zu hören – sind ebenso ewig wie enigmatisch, ebenso geschichtsmächtig wie absolut. Wie sie entstehen – und wieder vergehen – könnten, diese Geschichte müßte freilich an die höchstpersönliche Geschichte und Vergangenheit des Autors rühren. Ästhetische Verdinglichung hat handgreiflich auch diesen Sinn: eine Bild-Welt zu entwerfen, die der faktischen geschichtlichen Verstrickung definitiv entrückt ist.

Gleichwohl führt Jünger *Differenzierungen* ein. Dem sogenannten Oberförster, welcher das diabolische »Waldgelichter« kommandiert, werden »Souveränität« und »unerschütterliche Kraft« (MK 29), also zwei positive Jüngersche Qualitäten, dem Machtmenschen Braquemart einige Menschlichkeit und dem zentralen Brüderpaar – man fühlt sich natürlich an die Brüder Ernst und Friedrich Georg erinnert – jene kontemplativ-passive Beobachterrolle zugeteilt, die moralisch mindestens sehr zweideutig ist. Freilich wird nicht völlig deutlich, ob Jüngers Differenzierungen der schwarzen und der weißen Schafe, in denen sich unschwer das Schwarzweiß der Trivialliteratur wiedererkennen läßt, überhaupt beabsichtigt sind. Sie könnten ihm auch unterlaufen sein. Im Mauretanier-Orden (sprich: in der SA oder SS) »hoch emporzusteigen«, gilt dem Ich-Erzähler und seinem Bruder Otho zwar als niedrig – weil beiden »die Gabe... versagt geblieben« sei, »auf das

Leiden der Schwachen und Namenlosen herabzusehen, wie man vom Senatoren-Sitze in die Arena blickt« (MK 62) – aber zugleich tut das Brüderpaar nichts anderes, wenn es vom »hohen Sitze« (MK 38) der Marmorklippen nicht nur »in hohem Rausche die Schönheit dieser Erde«, sondern ebenso die »Schönheit« des Unterganges und den »Purpur-Mantel der Vernichtung« genießt, als die Erde endlich in Flammen aufgegangen ist (MK 142). – Noch in der einzigen Bewährungsprobe, die die beiden Brüder durchzustehen haben, erweisen sich die ihnen zuerkannten positiven Qualitäten als ein äußerliches Etikett. Umstandslos entziehen sie sich der Endkatastrophe durch die Flucht nach Alte Plana und lassen zudem das Kind und dessen Großmutter zurück.

Aber die neue Freiheit des Literaten gegenüber der Faktizität des Bösen führt nicht nur zu dessen objektiver Verfehlung. Sondern in dem Maße, wie er zugunsten des ›makellosen‹ ästhetischen Zusammenhangs negiert, was an bösen facta sich aufdrängen mochte, wiederholt er im subjektiven Alleingang, was die Epoche objektiv schon selbst besorgte, nämlich dem *Bösen* einen ästhetischen Maßanzug zu schneidern. In der subjektiven Form-Anstrengung, welche das Böse ohne Rest ästhetisierte, kehrt die objektive Anstrengung wieder, es ohne Rest zu *ideologisieren*. Verbindendes Moment ist eben jener Archaismus, welcher das Böse wie eine Naturkonstante festhält. Gerade die ›Natürlichkeit‹ des Bösen, die Verdinglichung von in letzter Linie ›zoologischen‹ Konstanten der Geschichte bildete die eigentliche Rechtfertigungsbasis der nationalsozialistischen Lehre, wie sie insbesondere von Hitler selbst vertreten wurde.

»Auf den Marmorklippen« erscheint bei Kriegsausbruch und wird bald zum Muster für jene resignierte – und hier recht buchstäblich zu nehmende – innere Emigration, der die Erzählung den Erfolg verdankt. Im selben Jahre 1939 beginnen die Aufzeichnungen über den Zweiten Weltkrieg, den Jünger zunächst als Kompanieführer im Frankreich-Feldzug mitmacht. »Strahlungen« wird das Gesamtwerk heißen, das er zunächst seinen »Beitrag zum Zweiten Weltkrieg« nennt, eine Formel, die er wegen ihrer Zweideutigkeit schon bald zurücknimmt.

Im Jahre 1942 wird Jünger zum Deutschen Oberkommando nach Paris versetzt, wo er die Leitung der Postzensur für deutsche Soldaten übernimmt. Bis auf den kurzen Aufenthalt im Kaukasus im Jahre 1943 und die Monate vor Kriegsende verbringt er den Krieg im besetzten Paris. Infolge der Wirren nach dem Aufstand vom 20. Juli 1944 wegen sogenannter Wehrunwürdigkeit entlassen, übernimmt er an seinem Wohnsitz Kirchhorst bis zum Kriegsschluß das Kommando über den dortigen Volkssturm. Zweideutig ist selbst noch diese letzte Kriegsepisode. Nach Jüngers eigenem Zeugnis »wurden in meinem Bezirk keine weißen Flaggen gehißt« (Brief an die Deutsche Soldatenzeitung vom 9. 5. 1960), nach dem Zeugnis anderer, so insbesondere dem Zeugnis seiner Frau, schickte er seine Volkssturm-Einheit schon bald nach Hause.

Zweideutig muß weithin auch sein »Beitrag zum Zweiten Weltkrieg« genannt werden. Die ›Reglosigkeit‹, die Starre des Beobachters, wie sie das »Abenteuerliche Herz« proklamierte, ist allerdings nicht mehr allein die programmatische des »Zuschauers«, der auf Sensationen hofft. Er kann sich solche Sensationen ja nicht mehr selbst herbeizitieren. Vielmehr imponiert sie hier eher als die *Windstille* einer Sprache (und Sprachmeisterschaft), welche noch das Bewegteste, Widersprüchlichste, Empörendste wie in einen stillen Hafen einzubringen weiß. Das kitschige Bild ist dabei recht buchstäblich zu nehmen: der Bildungshafen, in den sich Jünger zurückzuziehen pflegt, konnte inzwischen beträchtlich erweitert werden. Die Tradition – im allgemeinsten Sinne ebenso wie im spezifisch Jüngerschen – ist nun wie allgegenwärtig. Und wo sie der Welt der Erscheinungen die Klassifizierungshilfe versagt, da steht schließlich noch die *Zoologie* zur Verfügung. Manches freilich wagte sich wohl gar nicht erst auf die Bretter, die Jüngers Welt bedeuten, und dies wie überhaupt der doppelte Zerfall der Welt, einerseits in eine private und in eine öffentliche – die Scheidung sollte vom Schriftsteller doch gerade rückgängig gemacht werden – andererseits in jene Einzelfälle, die genauso isoliert sind, wie sie dem isolierten Ich begegnen (nicht zufällig sind es oft Kuriosa), macht ein Unternehmen, bei dem wir uns auf die Konfrontation der wohlbekannten ›Triebdisposition‹ mit der inzwischen etablierten Barbarei gefaßt machen durften, paradox zur Doktorarbeit eines Examenskandidaten, der vor dem Gremium allgemeiner bürgerlicher Billigung partout bestehen will. Man hat Jünger bis zum Überdruß die wenigen Erfahrungsnotizen angekreidet, welche die Korrespondenz mit der Barbarei bezeugen und hat daher nicht bemerkt, daß seine Haltung kein Geschenk des Himmels oder der Hölle war, sondern ein buchstäblich fast täglich wiederholter *Akt,* sich selbst zu konstituieren. Jünger schrieb seine Tagebücher vorwiegend in Krisenzeiten, und regelmäßig waren diese Krisen zugleich die inneren und äußeren einer *Korrespondenz,* der es nun nicht mehr zu huldigen, sondern die es gerade abzuwehren galt. Hatte er einst so unbedenklich in sie eingestimmt, daß er noch einen Menschen gutheißen konnte, welcher Erfahrungen, »die schlimmer als die Folter« sind, »mit Jubel begrüßt« (WA 5,145), so ist das Bedenkliche nun umgekehrt, daß dieser Menschentyp wie in der Versenkung verschwunden ist.

Daß der Schreiber gleichwohl noch eine zweite Existenz führt, ist danach eigentlich vorauszusetzen und konnte entsprechend leicht nachgewiesen werden. Gerade weil sie nie zur manifesten und einsichtigen *Vergangenheit*, welche der Analyse zugänglich gewesen wäre, sondern nur zu jener Schattenexistenz geworden ist, wie sie für alle Verdrängungen charakteristisch ist, konnte sie als das Fossil überleben, das seine Ansprüche – meist hinter dem Rücken des Schreibers, als unbewußte Projektionen – weiter durchzusetzen wußte. Insofern ist die edle Haltung des erlesenen Stilisten nichts als eine Abwehrmaßnahme wider sie.

»Es ist richtig, daß viele meiner Ansichten und insbesondere meine Wertung des Krieges und auch des Christentums und seiner Dauer sich änderten. Doch weiß man bei der Arbeit in diesen alten Schächten niemals, ob und wann man auf Minen stößt. Auch muß man den Einschnitt sehen, der dem der Sanduhr gleicht. Während die Körnchen sich dem Punkte der größten Dichte, der größten Reibung zubewegen, ist ihre Tendenz eine andere, als wenn sie ihn passiert haben. Die erste Phase steht unter dem Gesetze der Konzentration, des Engpasses, der Totalen Mobilmachung, die zweite unter dem der endgültigen Lagerung und Ausweitung. Es sind ein und dieselben Atome, deren Umlauf das Bild ergibt« (27. 3. 1944. STR 495).

Das ist Jüngers Beitrag zur persönlichen Vergangenheitsbewältigung. Nur der erste Satz, ein einfacher Aussagesatz, macht auf eine *Veränderung* aufmerksam, die durch das unbestimmte *Doch* sogleich wieder eingeschränkt wird. Von der »Arbeit in diesen alten Schächten«, welche immer noch auf »Minen« stoßen möchte, erfahren wie nichts. Und der »Einschnitt« ist nur der unpersönliche und scheinbar objektive, in den der Schreiber mit Notwendigkeit hineingerissen werden mußte – »Die totale Mobilmachung« als unausweichliche »Konzentration« vor einem »Engpaß«, der gar kein Ausweichen mehr zuließ. Und wie reimt sich die »endgültige Lagerung und Ausweitung« (des Ich) mit seinem »Umlauf« (statt mit seinem *Durchlauf*)? Ist damit zu rechnen, daß das Schicksal die Sanduhr neuerdings umkehrt und das Ich neuen »Konzentrationen« und neuen »Engpässen« entgegentreibt? – Ein *Bild* ergeben die beiden »Phasen« der Veränderung bestimmt nicht; und das Moment der Veränderung selbst, nämlich der Prozeß, fällt zwischen sie und kann dadurch ausgespart werden.

Die praktische Wirksamkeit der *ästhetischen* Wertperspektive reicht im allgemeinen sehr viel weiter, als es dem ersten Blick scheint. Ist es erst gelungen, das schlechthin Disparate in ihren stillen Hafen einzubringen und hat das Ich daran am Ende nur den Anteil einer Art von Farbwertbestimmung, so herrscht in der Tat *Friede* in einer Welt, welcher der Unfriede, *der Krieg* auf dem Gesicht geschrieben steht. Was in dieser Perspektive dennoch an die Vergangenheit erinnert, das ist stets schon deren immanentes Sediment, es ist Vergangenheit schlechthin, es ist die Tradition in ihrer versteinerten Gestalt. Deshalb bewahrt die lebendige Stadt Paris und bewahren noch die lebendigsten privaten Lebensäußerungen ein Flair von Immer-schon und Immer-wieder, von Archaik, von einer Zeitenthobenheit, die uns gelegentlich unsicher darüber werden läßt, ob wir uns noch an der Reihe der notierten Daten oder an einer beliebigen, anachronistischen Zeitstrecke entlangbewegen. Kennzeichen solcher geschichtslos-unmittelbaren Korrespondenz mit dem Gegebenen ist eine lückenlose Immanenz. Jünger steckt stets wie restlos drinnen, er nimmt als gegeben, als selbstverständlich, wenn nicht als ›Natur‹ hin, worüber die verzweifelteren Zeitgenossen ihre sei es auch vergeblichen Reflexionen anzustellen pflegten. Licht fällt in diesen Dämmerzustand, der sich stets wohl zu formulieren weiß, nicht einen Augenblick. Vielmehr ist die geglückte Formulierung offenbar die Bedingung dafür, daß er nicht verlassen werden muß.

Allerlei Erotica – das Thema Nr. 1 der deutschen Landser – gutes Essen, viel erlesene Bekanntschaft, Stadtspaziergänge, subtile Jagden (die Jagd auf Insekten), Briefe von zu Hause, Depressionen, Kopfschmerz oder lästige Erkältungen, daneben selbstverständlich auch Verhaftungen, die Abfassung der Friedensschrift »An die Jugend Europas«, die Einweihung in die Aufstandsbewegung der Offiziere gegen Hitler, an der er nicht beteiligt ist... bei allen Schwierigkeiten war dies Leben doch kaum mehr als das Etappenleben, für das der Soldat des Ersten Weltkriegs – wie übrigens auch die Soldaten des Zweiten Weltkriegs – wohl nur ein verächtliches Lächeln gehabt hätte.

Aber die Distanzlosigkeit des Dämmerzustands machte den Hauptmann Jünger nicht nur blind für die persönliche komfortable Lage, – sie ist ihm stets nur das ›Natürliche‹ –; sondern es entgeht ihm ebenso, daß diese Lage ausschließlich von den Gnaden jenes Kniébolo (gleich Hitler) abhängig ist, für den der erlesene Kreis um den »Oberbefehlshaber« (v. Stülpnagel) offensichtlich nur Verachtung hatte. Über die Einsicht in die wahre Dependenz half allerdings ein gesellschaftlicher Verkehr hinweg, der sich fast ausnahmslos auf der Obersten Etage bewegte, und zwar auf der Pariser ebenso wie auf der eigenen. Mit der Mannschaft, mit den Soldaten, mit den einfachen Pariser Bürgern wird fast jede Begegnung gemieden, so als drohe Ansteckung von dort – von den eigenen Leuten möglicherweise die ›niedere‹ nazistische, von den Parisern die des Hasses (vgl. die Eintragung vom 18. 8. 1942). Noch das bekannte Schamgefühl des Besatzungssoldaten gegenüber den Besetzten – keine Besatzung, die nicht auf Kosten der Besetzten lebte – scheint Jünger unbekannt geblieben zu sein. Er, der Deutsche, schreibt im Jahr 1943 einen Aufruf an die Jugend Europas – und nicht etwa Deutschlands – und glaubt im Ernst, daß er gehört wird. Bei dieser Gelegenheit notiert er:

»Mein politisches Innere gleicht einer Uhr mit Rädern, die gegeneinander wirken, so bin ich Welfe, Preuße, Großdeutscher, Europäer und Weltbürger zugleich – doch könnte ich mir auf dem Zifferblatte einen Mittag denken, an dem dies alles zusammenklingt« (1. 8. 1943. STR 372).

Schwerlich ist diese Metaphorik schlüssiger als die bereits betrachtete. Ich beschränke mich auf die inhaltliche Frage: Ist, wer so vieles ist, noch irgend etwas ernstlich? Die Liste kann natürlich nicht enthalten: Angehöriger der deutschen Besatzungsmacht in Frankreich. Aber sie wird im höchsten Maße fragwürdig im Munde eines Menschen, der seine gegenwärtige Existenzbedingung – die eigentlich reale – nicht nur nicht mitbedenkt, sondern der noch den »Großdeutschen« nicht vergißt, die gleichsam zivilrechtliche Parallele zum Besatzungsoffizier im Großdeutschen Reiche Kniébolos. Die unmittelbaren Kriegsereignisse werden gelegentlich einfach vergessen.

»Dicht vor der Metropole Stämme voll großer, wunderbarer Herzkirschen, die reifend in Korallenfarbe leuchteten. Der Anblick überschreitet die Grenze der Gärtnerei, spielt in die Welt der Edelsteine und Geschmeide ein – gleich jenen Bäumen, die Aladin in der Grotte der Lampe sah . . . – Seit nunmehr drei Tagen stehen wir im Kriege auch mit Rußland – seltsam, wie wenig diese Nachricht mich ergriff. Indessen ist das Vermögen, Fakten aufzunehmen, in solcher Zeit begrenzt, falls wir es nicht mit einer gewissen Hohlheit tun« (24. 6. 1941. STR. 50).

Die »Edelsteine *und* Geschmeide« geraten schon durch die Kopula in die Nähe von Geschäftsbezeichnungen (Obst und Gemüse); sie übersetzen, was eigentlich lebendig ist, ebenso zurück ins Materielle, Tote wie schon die Kirschen, die in »Korallenfarbe« leuchten. Während das poetische Resultat der »faktischen« Naturerfahrung so etwas wie Gefrierobst ist, das auch in der magischen Beleuchtung von Aladins Wunderlampe nicht wieder auflebt, scheint sich umgekehrt der *Fakt* des Kriegsbeginns mit Rußland – auch wer nicht wie Jünger über strategische Vorkenntnisse verfügte, konnte in ihm unschwer eine gefährliche Kehre in

der Reihe der Kriegsabenteuer Hitlers erkennen – wie auf Katzen-
pfoten in den Text zu schleichen. »Stehen wir im Kriege *auch* mit
Rußland« statt: »stehen wir auch mit Rußland im Krieg«. »Wie
wenig diese Nachricht mich ergriff« statt: »wie wenig mich diese
Nachricht ergriff«. – Die beiden feinen rhythmischen Verschiebun-
gen holen ins stillere Gewässer der Sprache heim, was dann dort
zur Nebensache werden kann. Im ersten Fall verschiebt sich die
Betonung vom *Krieg* auf *Rußland,* im zweiten von der *Nachricht*
aufs *Personalpronomen* – was einerseits den Kriegszustand, andererseits die Nachricht so voraussetzt, als seien beide nichts als
selbstverständlich (womit ihr Problematisches aus der Welt
geräumt ist). Reifende Herzkirschen im Vordergrund – und im
Hintergrund der düstere Horizont des Krieges, die Reihe jener
universalen Schocks, die hinterrücks auch in die Naturvision gefahren sein mögen: jedenfalls ist sie wie starr.

Ist hier die Beteiligung des Referenten unfreiwillig negativ, so
wird sie in den Fällen, wo das Unbewußte »einspielt«, oft unfreiwillig positiv. Wenn in der häufig kommentierten Hinrichtungs-
szene »Schmeißfliegen« das Gefühl »instrumentierten...«, mit dem
ich den Platz betreten habe...« (29. 5. 1941. STR 40), so können
wir das spezifisch Jüngersche Gefühl aus den summenden Insekten, welche die *Musik* anstimmen, die er (am Folgetag) erwarten
konnte, immerhin erraten. Gefühle sind zweideutig – Angst kann
in Lust, das Grauen in Faszination umschlagen – und bedürfen
deshalb der näheren Bestimmung: Jünger bleibt sie schuldig, und
so spricht das verschwiegene Gefühl nur um so lauter. Tatsächlich
kann der Beobachter noch an einer Aktion, bei der »im bestimmten
Augenblick« (S. 39) ein Mensch getötet wird, die spezifisch Jüngersche »Instrumentation« erproben und bis auf »ein Gefühl der
Beklemmung, als ob es sehr schwierig Atem zu holen geworden
sei«, durchhalten (S. 40). Zumindest läßt er uns nicht wissen, »was
mir in grauenhafter Weise deutlich geworden ist« (S. 42), wie es am
Ende heißt, und in der Tat gehört das nicht zur Sache, die vielmehr
nur neutrales Beobachtungsprodukt – oder auch Produkt jenes
neutralen Beobachters ist, der wiederum nur »reglos« bleibt, der
sich weder manifest empört noch sich das sensorische Interesse
eingesteht, auf das er uns mit dem Bekenntnis, »höhere Neugier«
habe ihn zur Teilnahme veranlaßt (S. 39), scheinbar vorbereitet
hatte. Denn auch wer sich den Unmenschen eingestünde, den wir
in uns alle wissen, hätte ja noch Teil am geschichtlichen Bestand
des Menschen. »Ich möchte fortblicken, zwinge mich aber dennoch hinzusehn« (S. 41) – der Gestus ist bezeichnend und ließe zur
Not sich seitenverkehrt lesen: Ich möchte hinsehen, zwinge mich

aber fortzublicken... Nicht daß ich Jünger die Verkehrung unterstellen möchte. Bezeichnend ist allein die Unbestimmtheit, ist eine Neutralität, von der wir nicht erfahren, *wen* sie eigentlich bewohnt. Ist das noch ein Subjekt, von dem wir Urteile erwarten können, oder ist das Subjekt überall – und demnach ebenso dominant wie gasförmig, ebenso devotes und willenloses Objekt der Verhältnisse wie die Verhältnisse sein Akzidens, sein accessoir, sein Schreibanlaß?

Nicht nur beim «Lesen« –wie es an anderer Stelle heißt – scheint Jünger »immer das Gefühl« zu haben, »daß Eigenes, ja daß im wesentlichen Eigenes abgehandelt wird« (28. 1. 1942. STR 88). Selbst »erschossen« wird man bei ihm noch auf eigenen Wunsch und aus innerer Bestimmung: »Das Leben springt gewissermaßen in die Pistolenmündung ein« (12. 2. 1942. STR 95). Auch die Bemerkung beim Anblick der ersten Judensterne, »so genierte es mich sogleich, daß ich mich in Uniform befand« (7.6. 1942. STR 125) bemüht noch die eigenen Gefühle und unterstreicht sie durch ein eiliges *sogleich*, das vorwitzig verrät, wie spät es in der Tat schon ist, als sich der Uniformträger daran erinnert, *wessen* Uniform er da eigentlich trägt.

Die wahrhaft unbeteiligte Beobachtung wäre die *wissenschaftliche* Beobachtung. Die aber erforderte nicht Kontingenz und Punktualität, sondern Konsequenz und Kontextualität. Beide sind von einem *Tagebuch* nicht zu erwarten. Das Tagebuch erfordert umgekehrt Beteiligung. Auch abgesehen von der Frage, ob nicht selbst in positiver Wissenschaft Beteiligung steckt, läßt sich das normale Engagement des Tagebuchverfassers mit der Kälte wissenschaftlicher Beobachtungsgenauigkeit nicht vereinbaren. Zwar scheint sich Jünger mit den peniblen Bearbeitungspraktiken, denen er seine Notizen unterwirft, wissenschaftlichen Verfahrensweisen zu nähern, aber offensichtlich geht es ihm dabei mehr um artistische Finessen als um Beobachtungsgenauigkeit. Nicht wissenschaftliche Enthaltsamkeit führte zu der Kälte, die so oft festgestellt worden ist, vielmehr ist die Kälte, der Mangel an Beteiligung, die conditio einer Optik, deren Starre an die fixe Position einer Kamera erinnert. Solche Starre vermag in der Tat nur *anzustarren*. Ihre Position liegt fest. Sie ist prinzipieller Mittelpunkt. Entsprechend kann sie über die drei rein sachlichen Bestimmungen des Tagebuchs – über *Folge, Auswahl* und *Umfang* der Eintragungen – so willkürlich disponieren, wie kein anderer Tagebuchschreiber dies vermöchte.

Ein wichtiges Mal begegnete Jünger einem leibhaftigen Gegenspieler seiner selbst – und hätte wohl Gelegenheit gehabt, das stets im Dunkel gehaltene Verhältnis zur Vergangenheit von der Gegenwart her zu beleuchten. Merline (gleich Céline, der Autor einer der grellsten und großartigsten Anklagen des Ersten Weltkriegs, »Voyage au bout de la nuit«), bekennt sich in seiner Gegenwart kompromißlos zum Nazismus... und ist bestimmt nicht mehr bereit, die finstere Obsession einem Gremium bürgerlicher Billigung zu opfern. Wohl wußte der deutsche Besatzungsoffizier solche Mordlust in sich zu unterdrücken, aber seine Formulierungskunst wird dem Übel fast noch weniger gerecht, wenn er es auf eine Typologie von Menschen festlegt, die seiner Meinung nach gar nicht anders können – so wie er selbst einst nichts anders gekonnt hat.

»Es war mir lehrreich«, so kommentiert er die Ausfälle des Partners, »ihn derart zwei Stunden sprechen zu hören, weil die ungeheure Stärke des Nihilismus mir an ihm einleuchtete. Solche Menschen hören nur eine Melodie, doch diese ungemein eindringlich. Sie gleichen eisernen Maschinen, die ihren Weg verfolgen, bis man sie zerbricht« (7. 12. 1941. STR 72f.). Und ein wenig später: »Das Glück dieser Leute liegt nicht darin, daß sie eine Idee haben. Sie hatten deren schon viele – ihre Sehnsucht treibt sie Bastionen zu, von denen aus sich das Feuer auf große Menschenmengen eröffnen und der Schrecken verbreiten läßt« (S. 64).

Vom Bilde der Massenexekution findet sich in den Ausfällen des Partners, soweit Jünger sie festhält, nichts. Wahrscheinlich ist sie nur seine eigene Vision, die er unfreiwillig auf einen Menschen überträgt, welcher das fatale Böse nicht erst projizieren mußte. Das Bild von der Massenexekution erhält allerdings schon in der »Totalen Mobilmachung« die entwirklichende Form des Vexierbilds. Jünger spricht dort von den Fortschrittsparolen, die »vielfach eine rohe und grelle Färbung tragen« und an deren Wirkung auf die Massen »kein Zweifel sein« kann: »sie erinnern an die bunten Lappen, mit denen dem Wild bei der Treibjagd die Richtung auf die Gewehre gegeben wird« (WA 5,134).

Mit dem Ausdruck aus dem »Abenteuerlichen Herzen«, Zweite Fassung, nennt er die Greuel des modernen Krieges »Cappriccios«, auch wohl »Östliche Capriccios« (6. 3. 1942. STR 106) oder »übliche Capriccios« (17. 5. 1942. STR 117). Dazu gehören Leichen, »platt« gewalzt »wie Folien« (6. 3. 1942. STR 106), »menschliches Plasma, das dumpfe Furcht ausschwitzt« (13. 4. 1944. STR 504); »Lemuren-Feste, mit Mord an Männern, Kindern, Frauen« spielen sich an »Strecken« ab – die Ermordeten sind mithin das *Wild* wie für die »Lemuren« selbst (12. 3. 1942. STR 110). Berühmt ist die Eintragung, welche einen Fliegerangriff auf Paris als »tödliche Befruchtung« festhält (27. 5. 1944.

STR 522). Eine riesige Brandwolke gleicht der »Pinie des jüngeren Plinius« (22. 6. 1944. STR 532) usf.

Aber die Tendenz noch solcher nicht sehr häufiger »Entgleisungen« geht stets in Richtung nahtloser sprachlicher Bewältigung; sie geht in Richtung Reinlichkeit, Hygiene. Gerade indem sich Jüngers Stil so sehr aufs Mittel selbst, auf die Sprache, konzentriert, ist er auch wieder mehr als Sprache. Er ist bürgerlicher Stil schlechthin und reicht von den Tischsitten bis zur Gerechtigkeit. »Der Stil ruht eben im tiefsten Sinne auf Gerechtigkeit«, so lesen wir zum Beispiel, nachdem uns der Stilist erläutert hat, daß ein »Skribent«, der »Verbrechen wie die Geiselerschießungen rechtfertigen will«, notwendig »schlechten Stil« besitze (17. 2. 1942. STR 97). Womit er sicherlich recht hat, allerdings unter der Voraussetzung, daß der »gute Stil« nicht allein aus Wohllaut, Melos, Rhythmus, Ausgewogenheit besteht. »Der gute Stilist. Er wollte eigentlich schreiben: ›Ich habe recht gehandelt‹, doch setzte er dafür ›unrecht‹, weil es besser in den Satz paßte« (3. 4. 1943. STR 294). – Die Einsicht könnte eine unfreiwillige Selbsteinsicht referieren, zumal sie uns das Beispiel schuldig bleibt. Ganz im Gegensatz zu ihr heißt es an anderer Stelle pointiert: »Besonders steht mir die *Sprache* nur zu Gebote, wo ich bis auf die Fundamente vom Rechte, von der Logik meiner Sätze durchdrungen bin« (18. 7. 1943. STR 362).

Gut, aber daß einer die Unwahrheit nicht schreiben kann, schließt ja nicht aus, daß er die Wahrheit zu verschweigen weiß. Jünger ist der festen Überzeugung, daß »die unwillkürlichen Muskeln meines Geistes« ihm »den Dienst« versagen würden, wenn er die Unwahrheit zu schreiben hätte; aber können wir noch zweifeln, daß ihm dieser Dienst gelegentlich auch dort versagt wird, wo er die Wahrheit zu schreiben hätte? In gewisser Weise ist der Stil, – wo er so prävalent ist wie bei Jünger – in der Tat so etwas wie ein Balanceakt zwischen Wahrheit und Unwahrheit. Ohne daß Jünger schlechthin der Unwahrheit zu bezichtigen ist, kann eine Perspektive, die kraft des eigenen Anspruchs die Schönheit über die Wahrheit stellen und alle *Unreinheit* – so besonders die konkrete des geschichtlichen Verhältnisses – aus der Welt schaffen muß, jedenfalls nicht Anspruch auf vollkommene Wahrhaftigkeit machen. Dem widerspräche schon der Bildcharakter der Jüngerschen Elaborate. Sie wirken stets wie ausgeschnitten aus dem konkreten historisch-gesellschaftlichen Kontext und nähern sich insofern der Bildwelt eben jener petits bourgeois, die ihrerseits wesentlich geschichtslos leben, meist nicht gern an ihre Vergangenheit erinnert werden und ohne erkennbares Interesse an den faktischen Verhältnissen sind, in deren Abhängigkeit sie stehen.

6. Die zweite Nachkriegszeit

In den Nachkriegsaufzeichnungen »Jahre der Okkupation« (April 1945 bis Dezember 1948) ist der Einschlag unmittelbarer Erfahrung ähnlich unverkennbar wie in den realistischen Erzählungen. Der Bann der Hitler-Herrschaft war gebrochen – und mit ihr der Zwang zu einer Stilisierung, die zu ihr den seigneuresquen Dauerabstand hatte halten wollen. Zum erstenmal verzeichnet Jünger die »Lebenstendenzen« als positiv, »...sich mit wachsender Freiheit dem Zwang der Symmetrie zu entziehen...« (21. 8. 1945. JO 131) und empfindet die relative Anarchie der unmittelbaren Nachkriegszustände als ähnlich wohltuend wie viele seiner Zeitgenossen. In den Herbst 1945 fallen die hellsichtigsten Bemerkungen zum Faschismus, die wir von ihm kennen (»Zur bürgerlichen Reaktion gehört der Faschismus« – 22. 8. 1945. JO 136), und eine recht präzise Skizze der Jahre von 1933 bis 1934 (S. 137–42). Auch jetzt noch freilich enthält er sich aller Urteile, die etwas wie *Verantwortung* visieren könnten. Auch jetzt noch ist die Zeitgeschichte etwas wie ein Naturprozeß für ihn. »Das soziologische Schillern gehört zu den Vorzeichen der großen Wetterstürze« (7. 5. 1945. JO 39), bemerkt er z.B. zur Buntheit seines damaligen Bekanntenkreises von Brecht über Erich Mühsam und Otto Strasser bis zu Toller. Die ästhetische Wertperspektive bleibt durchwegs dominant, ist jedoch voll des Lebens der Ereignisse und kann sich für kurze Zeit in der Tat als wesentlich neutraler Bildhintergrund bewähren.

Allerdings entgeht die bewußte *Neutralität* auch jetzt nicht den mehr oder minder unbewußten Projektionen. So spricht er z.B. von »bestialischen Schauspielen« (11. 6. 1945. JO 89), wo an Deutschen Vergeltung geübt wird, und vergißt die deutschen Bestialitäten, die ihnen vorausgegangen sind; er erwähnt Szenen russischer Betrunkener, wie sie »in diesem Landstrich seit über dreihundert Jahren unbekannt geworden sind –« (15. 5. 1945. JO 63 – man beachte die Satzkonstruktion der Jüngerschen Empörung!) und vergißt die Szenen in den NS-Vernichtungslagern innerhalb derselben »Landstriche«. Goebbels-Reden besitzen noch jetzt »unmittelbare« Kraft« für ihn (7. 5. 1945. JO 35), und »Ein feste Burg ist unser Gott« ist ein »Lied aus der germanischen Zunge« (2. 11. 1947. JO 289). Auch die alte Prätention fehlt nicht, die »geistige« Verantwortung anstelle der konkreten und geschichtlichen. »Begonnen mit dem Jeremia, dessen Lage der eines heutigen Deutschen mit geistiger Verantwortung ähnlich war« (6. 6. 1945. JO 77). – Für den heutigen Deutschen mit geistiger Verantwortung empfiehlt sich also – im Jahre 1945 – das Studium einer mythischen Vorvergangenheit anstelle jener nächsten, an der sich in der Tat nur eine höchst handfeste Verantwortung hätte illustrieren lassen.

Noch im selben Jahr hatte Jünger ein Publikationsverbot ereilt, weil er sich geweigert hatte, sich dem damals gängigen Spruchkammerverfahren für die »Entnazifizierung« zu unterwerfen. Eine »Pressekampagne«, wie Paetel die kritische Distanzierung der deutschen Nachkriegspresse genannt hat, tat ein übriges. Kleinere Schriften, so insbesondere »Der Friede«, erscheinen nichtsdestoweniger in der Schweiz, in Österreich, in England und in Holland. 1949 erst konnten in Deutschland die »Strahlungen« und der Roman »Heliopolis« erscheinen.

Wie die Erzählung »Auf den Marmorklippen« entwirft »Heliopolis« das innerdeutsche Lager jenes unsichtbaren Bürgerkrieges, den schon die »Marmorklippen« zu skizzieren trachteten. Im Gegensatz zu diesen ist allerdings die Szenerie komplett. Nicht nur der *Landvogt* (sprich: der Diktator) und der *Fürst* und *Prokonsul* (sprich: die deutsche Generalität) sind auf der Szene, sondern ebenso die angeblich plebiszitäre Gewalt, die hinter dem Landvogt steht und die selbst in den »Strahlungen« unter diesem Namen figuriert. Kein Zweifel, daß Jünger damit auf eine majoritäre Anhängerschaft Hitlers anspielt. Aber auch was er ihr entgegensetzt: den Traditionalismus seiner Herrenmenschen aus dem sog. Burgenland, ist noch ein *essential* faschistischer Ideologie gewesen. Auf den NS-Ordensburgen war die Heroisierung und Idealisierung deutscher Tradition ein hervorragender Programmpunkt.

Unübersehbar sind die positiven Mächte des Romans ihrerseits nur heimliche faschistische Gepenster. Zu einem »Kennwort für Eingeweihte« (H 360) wird freilich noch für Jünger selbst das rätselvolle Ursprungsland seiner uradeligen Burgenländer, und in der Tat ist es nicht viel mehr als Kennwort. Es ist nicht nur weit abstrakter als die Vergangenheit deutscher Geschichte, wie sie die Nazis propagieren; sondern weil Jünger vom konkreten faschistischen Geschichtsbild den Abstand des ›freien Phantasierens‹ sucht, bringt er die Tradition auf eben die Kulissenwelt herunter, die sie auch für den Faschismus ist: sie übernimmt dort ja vorwiegend *dekorative* Funktionen.

Das »Burgenland« ist die preziöse Fata Morgana der bekannten kleinbürgerlichen Sehnsüchte nach Superiorität, Macht, Reinheit usf. Selbst die »Reinheit der Rasse« (ebd.) ist – im Jahre 1949 – noch eine sehnsüchtig der Vergangenheit zugewendete Wunschvorstellung Jüngers. Es fehlt nicht einmal das »alte Erbteil«, das »in jedem lebt«, sowie die »wahre Gleichheit, die auf der Gemeinsam-

47

keit der hohen Abkunft, die auf der Vornehmheit beruht« (ebd.). –
Vornehm und doch gleich zu sein, vornehm gegenüber fremden
Rassen, gleich innerhalb der eigenen, war bekanntlich das imagi-
näre Privileg der deutschen Volksgemeinschaft zwischen 1933 und
1945.

Nicht minder als die ideale Höherwertigkeit der sogenannten
Arier garantiert Jüngers frei erfundene Adelskaste, daß er zu ihr
aufblicken – und daß er auf die sog. Masse *heruntersehen* kann. Sie
ist insofern nichts als der papierene Traum des Trivialbewußtseins
selbst. Auch die Sehnsucht der sog. Masse ist es, *nicht* Masse zu
sein. Und wie den Tagträumer Jünger macht sie eben dies, wenn
überhaupt etwas, zur *Masse*.

Nicht mehr in den Rahmen einer Trivialität, die letzten Endes
nur diejenige des Nationalsozialismus wiederholt – dem trivialen
Edel-Arier stand bei den Nazis die reale Hölle der Vernichtungsla-
ger gegenüber – gehört vielleicht der sogenannte Weltregent, mit
dessen Hilfe sich der Held zum guten Ende aus der bösen Welt
buchstäblich hinauskatapultieren läßt. Wie die »Marmorklippen«
endet auch »Heliopolis« mit der Flucht seines Helden, die hier
allerdings sehr viel zeitgemäßer ist. Lucius de Geer tritt einen
Weltraumflug an*.

Die Reaktionen des deutschen Publikums auf die beiden ersten Nach-
kriegsveröffentlichungen Jüngers sind unterschiedlich. »Heliopolis« fand
allenfalls ein respektvolles, die »Strahlungen« fanden ein zwar widersprüch-
liches, aber breites und differenziertes Echo. Bezeichnend sind bereits die
beiden kontroversen Rezensionen, die im Mai 1950 in den Frankfurter
Heften erschienen. Erich Kuby nannte die »Strahlungen« eine »künstliche
Provinz«, Alfred Andersch ein »metaphorisches Logbuch«. Kubys ironische Bemerkung: »Wer sich so ungeneuer ernst nimmt, hat bei uns Aus-
sicht, ernst genommen zu werden«, sollte sich in der Tat bewahrheiten. Zur
Annäherung Jüngers ans Christentum, belegt durch die tägliche (in den
»Strahlungen« ausführlich dokumentierte) Bibellektüre, meint z.B.
Andersch (in einer unfreiwilligen replique): »Was ich finde, ist eine geradezu klinische Sauberkeit des Denkens, eine Ehrlichkeit im Eingeständnis
des ›noch nicht‹, die mir weit wertvoller erscheint als die Eitelkeit jener
frischgebackenen Bildungskatholiken, die es sich in ihrem religiösen (und
politischen) Biedermeier schon wieder so gemütlich machen.« Aber auch
Kuby konzediert: »Es ist, denke ich, genug gesagt, um Jünger als das
feinste Registrierinstrument zu kennzeichnen, welches die auf Zerstörung
gerichteten Kräfte dieses Jahrhunderts in Deutschland aufgezeichnet hat.«
Nicht nur Kuby wertet die durchgehaltene Manier eines Tagebuchs, »in
dem jede Zeile mit dem Blick auf die künftigen Leser geschrieben wurde«,

---

* Eine detaillierte Analyse des Romans findet sich im Dritten Kapitel.

als »Zerstörungswerk an der Sprache«, auch Andersch gesteht, daß ihm »das härtere und trostlosere Vokabular einiger moderner Franzosen, Engländer und Amerikaner... lieber« wäre.

Was Jünger für ein Lesepublikum, das sich nicht unbedingt in der Presse artikulierte, in der ersten Nachkriegszeit bedeutet haben könnte, faßt Hans Peter Schwarz im selben Jahr in die Stichworte: »Der politisch-metaphysische Ordnungswille des Konservativen und das Ruhebedürfnis des kultivierten Gebildeten« (S. 259). Ein weiteres Stichwort hat Grenzmann formuliert (1950, 1964): »Überwindung des Nihilismus« – eine Mission, der Jünger in dem Essay »Über die Linie« unmittelbar nachzukommen trachtete. Wichtiger noch, daß Jünger als »ein Verkünder unserer Irrtümer, ja unserer Verhängnisse« gelten konnte (Grenzmann ebd.). Karl Prümm, der diese Stichworte zitiert, fügt hinzu: »Den Weg Jüngers zum antidemokratisch-autoritären Engagement bis in die unmittelbare Nähe des Faschismus teilten seine bürgerlichen Leserschichten weitgehend. Ihre nach 1945 forcierte Identifikation mit seinem »Widerstand« und seiner »Wandlung« ermöglicht den kollektiven Freispruch, erspart die rationale Bewältigung, die selbstkritische Auseinandersetzung mit dem Nationalsozialismus« (Prümm 1, Anm. 18/S. 30).

Zwischen dem Roman »Heliopolis« und der Erzählung »Gläserne Bienen« erscheinen drei Essays: Im Jahre 1950 die Nihilismus-Studie »Über die Linie« und die Studie über eine neue Innerlichkeit, »Der Waldgang«, im Jahre 1953 die jüngersche Version der damals aktuellen Auseinandersetzung zwischen Ost und West, »Der gordische Knoten«. Besonders in der mittleren Schrift wird der Ton der Resignation unüberhörbar. Jüngers Nachkriegsoptimismus hatte eine ähnlich kurze Lebensdauer wie der vieler seiner Zeitgenossen. In dieser Hinsicht ist er ›Seismograph‹ geblieben. Für die wesentlichen Mode- und Epocheströmungen blieb er empfindlich, wie noch »Annäherungen«, das Buch über Drogen und Rausch (1970), bezeugt.

Im »Waldgang« zeigt sich Jünger der vielschichtigen Phänomenalität seines Zeitalters sichtlich nicht mehr gewachsen. Wie bei früheren Anlässen reagiert er durch den Fluchtreflex, aber es ist, als habe ihm dieser die Sprache verschlagen. Jüngers Stil, schon in »Heliopolis« nicht mehr der Stil narzißtischer und eitler Selbstbespiegelung, die ihm den Schwung, die Sicherheit verliehen hatte, trocknet ein zu einem Stil vorsichtiger Behauptungen und ihrer tendenziellen Selbstaufhebung. Das zentrale Motiv der Schrift ist zwar vielleicht die Einsicht: »Der Mensch hat das Gefühl, unter Fremdherrschaft zu stehen, und in diesem Verhältnis erscheint der Verbrecher ihm verwandt« (Wg 124). Aber die Maßnahmen und Überlegungen, die der Beobachter erwägt, um solcher Einsicht Rechnung zu tragen, sind nichts als eine willkürliche und inkohärente Liste bekannter Raritäten aus dem Jüngerschen und anderen Museen.

Im Fluchtgebiet *Wald* werden so disparate Vorstellungen zusammengebracht wie: Dornröschens Hecke, der Garten Gethsemane, die »germanischen und keltischen Wälder« (Wg 73), die »tiefste und überindividuelle Macht«, das »überzeitliche Erbteil« (ebd.), schließlich gar ein »großes Todeshaus« (Wg 79) und mithin das *Sein* (Wg 72) und das *Nichts* auf einmal. Zwar handelt es sich »um die Gefährdung und um die Furcht des Einzelnen« (Wg 70) und um etwas »Drittes« neben den beiden andern Möglichkeiten: »mit den Wölfen [zu] heulen« oder »gegen sie ins Feld zu ziehen«. Aber auch dies Dritte ist nur die »Eigenschaft« des Einzelnen »als Einzelner«, es ist sein »menschliches Sein, das unerschüttert bleibt« (ebd.).

Versöhnlichkeit hatte schon das zentrale Motiv so aufgeweicht, daß Jünger über seine Namhaftmachung kaum hinausgelangt. Die Empfehlung, sich bei *Wahlen* der Stimme zu enthalten, mit der die Schrift beginnt, ist schließlich nur ein schlichtes demokratisches Recht. Daß Jünger freilich offenläßt, um welche Art von Wahlen es sich handelt, rückt auch die regulären Wahlverfahren ins düstere Licht der Drohung, wenn nicht der Gefahr für Leib und Leben bei Nichtbeteiligung oder Stimmenthaltung. Aus der Perspektive des »Waldgängers« fallen die politischen Lager ebenso zusammen wie die Gefahr der Manipulation mit der Gefahr für Leib und Leben. Aber gerade weil wir nicht erfahren, wo wir uns überhaupt genau befinden, bleibt diese Perspektive unverbindlich. Was überall zu gelten beansprucht, das gilt am Ende nirgends, und so bleibt auch Jüngers *Waldgang,* obgleich vielleicht als »Große Verweigerung« gemeint, eine bloß mögliche und philosophische, nicht eigentlich *praktisch* zu nehmende Empfehlung. – *Versöhnlichkeit,* freilich eine Jüngersche, die gut trivial an eine *personalisierte* Form der Macht geheftet ist, akzentuiert auch den Schluß: »Trotzdem verlieren die Völker nie die Hoffnung auf einen neuen Dietrich, einen neuen Augustus – auf einen Fürsten, dessen Auftrag sich durch eine Konstellation am Himmel ankündet« (Wg 135).

Überforderung kennzeichnet auch die beiden anderen Schriften. »Über die Linie«, worin ein Zeitalter des Nihilismus von einem nachnihilistischen abgehoben wird, trägt unfreiwillig zur ideologisch-militärischen Wiederaufrüstung bei. Der Optimismus ist so scheinbar wie die Hoffnung auf die Fluchtbewegung eines Waldgangs, welcher im Museum mündet. Die erste explizite ›Phänomenologie des Nihilismus‹ entgeht dem Nihilismus selbst so wenig wie einst das leere Imponiergehabe des Dezisionisten. Indem sie dem Nihilismus buchstäbliche Realität zuschreibt, verdinglicht sie ihn nur und schreibt ihn fest. Nach Jünger ist er nicht mehr wie bei

Nietzsche der Frontalangriff auf das bürgerliche Wertsystem, sondern gerade umgekehrt: ein *Schwund* der bürgerlichen Werte. Martin Heidegger, dem die Schrift gewidmet war, blieb dafür nicht unempfindlich und überführte Jünger in einer Antwortschrift derselben *Metaphysik,* die Heidegger ohnehin als nihilistisch galt (Heidegger 1955. S. das Vierte Kapitel dieser Arbeit.).

Könnte die Schrift »Der Waldgang« von den Intellektuellenverfolgungen der fünfziger Jahre in Amerika beeinflußt worden sein, die mit dem *Ausschuß für unamerikanisches Verhalten* und dem Namen Mac Carthy verknüpft sind, so die Nihilismus-Schrift von der damals ziemlich allgemeinen Klage, es ermangele dem Westen eine *Ideologie,* welche der ideologischen Offensive des ›Ostblocks‹ standzuhalten vermöchte.

Nihilistisch war insofern in der Tat die Zielvorstellung, mit der die Nachkriegsgesellschaft an die Wiederherstellung der Vorkriegsverhältnisse – unter den neuen monopolistischen Bedingungen – gegangen war. Schon die damals gebräuchliche Metapher *Wiederaufbau* war verräterisch. Sie sagte nicht, *was,* sie sagte nur, *daß* etwas wieder aufzubauen sei – und das konnte schließlich nur die mit dem Theaterdonner des Faschismus ausgeklungene Vergangenheit der sogenannten Industriegesellschaft sein. Indem man den ihr inhärenten Nihilismus in dieselbe Vergangenheit abschob, die man doch zugleich wiederaufzubauen wünschte, trennte man in voreiliger Weise die Vor- von der Nachkriegsgesellschaft und reduzierte den sogenannten Nihilismus auf die Phase des Nationalsozialismus. Daß die Sozialstruktur sich kaum geändert hatte, ja daß das eigentliche ›Planziel‹ kapitalistischen Wirtschaftens – der alles umfassende Konsum – sich überhaupt erst in der Nachkriegsgesellschaft profilieren konnte, gehörte schon deshalb nicht zur tagespolitisch primären Thematik, weil die Vollbeschäftigung – Folge des Wiederaufbaus – in der Tat *Bedürfnisbefriedigung* auf einer Basis sicherte, die nie so breit gewesen war.

Es war damals üblich, insbesondere Schriftstellern einen Mangel an *Positivität* vorzuwerfen. Die Positivität, die Jünger – vorsichtig ließe sich sagen: wie auf Bestellung – leistete, hat z. B. Heidegger (in seiner Antwortschrift) nicht teilen wollen. Eindeutig genug widersprach er Jüngers These, der sogenannte Null-Meridian (des nihilistischen Zeitalters) sei bereits überschritten (Heidegger 1955).

In diesen Rahmen würde es passen, daß die dritte Schrift, »Der Gordische Knoten« von 1953, der allgemeinen Position des Westens im damaligen Ost-West-Konflikt die Unterstützung leiht, die von einem Mann wie Jünger wohl erwartet werden durfte. Ähnlich wie in den Schriften der zwanziger Jahre, nun aber bewußt, wenn nicht demagogisch, verschiebt er dabei die innere Perspektive ins Räumliche, Historische und die räumliche Perspektive wiederum zurück ins Innere. Gleitend kann er so den angeblichen Gegensatz von westlichem *Ethos* und östlicher *Zoologie* – praktisch ist das der nur zu bekannte Gegensatz von *Mensch* und *Untermensch* – zugleich in den Raum der Geschichte und in die Köpfe der Menschen projizieren. Schon angesichts des wesentlich ›zoologischen‹ Phänomens, das der deutsche Faschismus bietet, war solche ›Beweglichkeit‹ wohl unvermeidlich. Von Jünger selbst, bzw. vom ›zoologischen‹ Engagement seiner frühen Jahre, ist natürlich nicht die Rede, aber die Schrift läßt ja auch offen, ob unter den Köpfen, die von dem Gegensatz zerspalten sind, nicht auch Jüngers eigener zu finden ist. – Die vulgäre Rede vom »Reichtum« und von der »Tiefe« des *Ostens* läßt kaum die andere vulgäre These zu, daß z. B. die Japaner ausschließlich zu »Kopien« fähig sind (G 132). Und wohin gehören eigentlich die »Schläge auf Hiroshima«, die wie aus »heiterem Himmel« kamen und eine der »furchtbaren Überraschungen der Kriegsgeschichte« waren (G 133)?

Wie kaum jemals zuvor werden wir mit einer Art von Sonntagsmalerei der Geschichte konfrontiert. Allerdings fällt Jünger die »Schwarzweiß-Malerei« dann selbst auf. Sie kann auch nach ihm »nur unvollkommene Bilder zeitigen«, und ausdrücklich sucht er dem zuvorzukommen mit der frei konvertiblen Perspektive einer Welt da draußen und einer Welt da drinnen. »...das Schreckliche ist in jeder Brust zuhaus, auch wenn es dort nur einen Winkel bewohnt« (G 96).

7. Resignation

Nebulos ist nicht nur Jüngers Essayistik nach dem zweiten Kriege. Auch die drei Publikationen, »Das Sanduhrbuch« von 1954, die »Subtilen Jagden« von 1967 und »Annäherungen«, das Buch über »Drogen und Rausch« von 1970, sind, obgleich formal unter einem festen Thema stehend, höchst diffuse, oft banale, logisch meist dem Assoziationsprinzip verflichtete Häufungen aus Erinnerung, Betrachtung, Maxime, Reflektion. Ein Minimum an Aussagewert erreicht mitunter das »Sanduhrbuch«: »Alle Ausstattungen des Sanduhrgehäuses verändern nur das äußere Gewand. Um auf den Ablauf einzuwirken, sind Änderungen am Glase notwendig« (WA 8,206).

»Drogen und Rausch« läuft mitunter ähnlich Gefahren. Über das Thema selbst bringt das Buch kaum etwas Nennenswertes bei. Andererseits spricht es für Jüngers Empfindlichkeit in Sachen Modeströmungen, daß er den neuen Trend in einen Horizont zu integrieren sucht, der allgemein als ein solcher sogenannter »Seins-berührungen« bezeichnet werden könnte. Rauschzustände können ja in der Tat verkürzte Erfahrungen von Ganzheit simulieren, Jünger hat von jeher zu ihnen geneigt und bekennt mitunter offen seine Sympathie mit einer Strömung, die er natürlich – mit der neuen Nachkriegs-Konzilianz – auch wieder bürgerlich einzuhegen trachtet. – Wie die »Subtilen Jagden« sind auch die »Annäherungen« am stärksten, wo sie sich ohne Umstände der *Erinnerung* ausliefern. Der beste Garant, der leeren oder auch banalen Spekulation zu entgehen, ist nach wie vor das ›Realitätsprinzip‹.

Wahrscheinlich das gediegenste Produkt in der Reihe sind die »Subtilen Jagden«. U. a. enthalten sie die Kernerinnerung für den Roman »Die Zwille« von 1973. Die Beobachtungsgenauigkeit und Liebe, welche die subtile Jagd (die Jagd auf Insekten) verlangen, strahlen in gewisser Weise auf das ganze Buch aus. Kaum je entfaltet Jünger menschlichere Züge, als wo er das so spezifisch ›zoologische‹ Geschäft der Entomologie betreiben oder wo er von ihm schwärmen kann. Es steht nicht zufällig im Mittelpunkt eines Erinnerungsbuches, das so manches andere Geschäft auf den zweiten Rang verweist. Daher läßt sich in seinem Rahmen die Frage aufwerfen, ob Jünger sich nicht gerade dort *Identität* erhoffen kann, wo er sich dem Anschein nach am entschiedensten verliert. Die Entomologie ist sehr viel mehr als eine dilettantische Passion. Einige Insektenarten tragen Jüngers Namen. Dennoch blieb sie anscheinend sekundär für ihn, im Gegensatz zum primären Geschäft schriftstellerischer Weltbewältigung. Wie man weiß, hat ein anderer Naturwissenschaftler mit schriftstellerischen Neigungen mitunter umgekehrt geurteilt. Goethe scheint seine naturwissenschaftliche Leistung höher eingeschätzt zu haben als seine schriftstellerische. Mißtrauen in die Leistung des Schriftstellers, dessen Werk bei aller ›Größe‹ dem Schein gewidmet bleiben muß, war wohl die Sache Goethes, kaum aber die Sache Jüngers, der seine schriftstellerische Leistung im Gegenteil nicht minder *wört-lich* zu nehmen pflegt wie das Wort – *tatsächlich*. Man erinnere sich, was er in den »Strahlungen« über das »Amt« des Dichters schreibt. Und ein Essay wie »Typus, Name, Gestalt« (1964) – aber man könnte ebensogut auch andere Schriften zitieren – verrät, daß Typus, Name, Gestalt, Wort, Begriff usf. für Jünger unverrückbar an einem platonischen Ideenhimmel haften. In gewissem Sinne hat er den mittelalterlichen Nominalismusstreit, auf den er gelegentlich anspielt, noch einmal zugunsten des *Realismus* entschieden (obgleich er ihn selbst für unentscheidbar hält: vgl. »Sgraffitti«, 1960, WA 7,408).

Dafür ist vielleicht das eindrucksvollste Zeugnis die im Jahre 1959 erschienene dunkle und umfangreiche Schrift »An der Zeitmauer«. Unter der Form der mythologischen Maskierung, die sich freilich als das Gegenteil versteht – die Maske will sich als ›das Gesicht‹ selbst verstanden wissen – versucht Jünger dort die erste Annäherung an einen ›mutterrechtlichen‹ Standpunkt. Daß der mythologische Sprechgestus sich hier förmlich als die ›Sprache der Dinge‹ selbst auszugeben trachtet – als die Sprache der *Erde,* der kosmischen Prozesse usf. – ist offenbar Folge jener spezifischen Berührungsangst, welche dem Vater-Kultus gilt. Jünger stellt als ›objektiven‹ mythischen Prozeß dar, was wir in der Tat als Angriff auf den Vater lesen müssen.

Dafür spricht bereits, daß er in dem ein Jahr später erschienenen knappen und durchsichtigen Essay »Der Weltstaat« das Thema im Klartext wiederaufnimmt. Das überraschende, nie wiederholte Bekenntnis ist um so glaubwürdiger, als es auf alle Konzilianz verzichtet. Viel gehörte offensichtlich gar nicht dazu, damit Jünger die ›seismografische‹ Intelligenz den faktischen zeitgenössischen Tendenzen öffnen konnte. Tatsächlich hatte ihn allein das paternale Zwangs- und Abhängigkeitsverhältnis dazu verhalten, geschichtliche Verhältnisse ausschließlich im Rahmen und im Namen vorweg gebilligter *Machtverhältnisse* zu lesen.

Ausdrücklich nennt sich Jünger nun einen »Anarchisten«, und der Anarchist, »wo er konsequent ist, muß... auch den Vater, ja ihn vor allem, ablehnen« (WA 5,535). Mit dem Satz: »Der Anarchist in seiner reinen Form ist derjenige, dessen Erinnerung am weitesten zurückreicht: in vorgeschichtliche, ja vormythische Zeiten« (WA 5,534), kommt eine herrschaftsfreie, ›vorödipale‹ Phase in den Blick. Offenkundig nimmt Jünger dieselbe ödipale Abhängigkeit ins Visier, die ihn sein Leben lang gelähmt zu haben scheint. Er bindet die Begriffe *Freiheit* und *Organismus* auf der einen – und die Begriffe *Zwang* und *Organisation* auf der anderen Seite zusammen und schafft so einen Gegensatz, welcher *Freiheit* in erster Linie als *Freiheit von Herrschaft* begreift.

»Das eigentliche Treffen von Organismus und Organisation findet zwischen Freiheit und Herrschaft statt, wobei die Herrschaft... eine erdrückende Übermacht hat« (WA 5,533). – Die Gestalt solcher Herrschaft ist die staatliche Organisation, für die der Entomologe in den Insektenstaaten eine detaillierte und gut begründete Parallele findet, die bezeugt, daß sie entwicklungsgeschichtlich sehr wohl auf niedrigerer Stufe stehen könnte als die »organische« Einheit kleinerer Verbände, wie z. B. der Familie.

»Die Perfektion... macht die Freiheit überflüssig; die rationale

Ordnung gewinnt die Schärfe des Instinkts« (WA 5,527) sind Befunde, die die moderne menschliche Organisationsform mit mancher tierischen gemeinsam hat. Zahlreiche Reaktionsformen in den diffusen und identitätslosen *Gruppen* der modernen Großgesellschaft laufen in der Tat kaum minder reflektorisch ab als eine Instinktreaktion.

Jüngers Studie übertrifft an Einsicht manches, was zu der Frage seinerzeit in Umlauf war. Schwer zu verstehen, warum er die paternale Bevormundung, die natürlich jede ernsthafte Analyse von Macht-Verhältnissen illusorisch macht, nur für kurze Zeit abschütteln konnte.

Die beiden Bücher des nächsten Lebensjahrzehnts (»Subtile Jagden« und »Annäherungen«) gehen dem explosiven Problem – explosiv mindestens für Jünger selbst – im allgemeinen aus dem Wege. Es kommt zu keiner einheitlichen Perspektive mehr.

Der realistisch angelegte Roman »Die Zwille« von 1973 endlich nimmt eine Jugenderinnerung wieder auf, die den Knaben Ernst durch zwei zu teilen scheint – neben dem selbstherrlichen und dezisionistisch motivierten ›Anarchisten‹ Theo steht nun die zarte, sensible und ängstliche Künstlernatur des Knaben Clamor. Aber über eine mehr oder weniger sympathisierende Bestandsaufnahme der patriarchalischen Verhältnisse in der Provinzstadt Braunschweig ums Jahr 1908 gelangt gerade dieses Buch nicht hinaus. Denn paradoxerweise ist es eben die feminine Ängstlichkeit des Helden, welche den Respekt vor den Autoritäten – und die Erzählung wimmelt von ihnen – kaum jemals schuldig bleibt (Kaempfer 1973).

In einer der jüngsten Veröffentlichungen, in der phantastischen Erzählung »Eumeswil« von 1977, referiert Jünger überraschend den problematischen Zusammenhang seiner vita activa und contemplativa. Er reflektiert neuerdings den Anarchismus und erfindet für sich den zweideutigen Begriff des *Anarchen,* gleichsam den Antipoden zum *Monarchen* und Inhaber der Macht, dem aber ausdrücklich kein Widerstand geleistet werden soll. Denn die paternale Abhängigkeit, die er im »Weltstaat« problematisierte, ist nun in jene falsche, ausschließlich innerliche Unabhängigkeit umgeschlagen, die sich mit *Kontemplation* begnügen müßte, würde sie nicht wiederum mit jenem *Aktivismus* liebäugeln, den nur ein Führer – in diesem Fall der sogenannte Condor – garantieren kann.

Zwar ist der subalterne Nachtsteward auf der Kasbah von Eumeswil, der die Spitzen der Mächtigen bedient, zugleich ein amtlicher Historiker, jedoch gelingt es Jünger nicht, die beiden idealen Ämter – das heteronome und das autonome – mit der von solcher ›Idealität‹ geforderten Schärfe voneinander abzugrenzen. »Ich will gestehen, daß es mir nicht unlieb wäre, wenn ich einem Tiberius aufwartete. Das wäre dichter bei der historischen Substanz, an deren letztem Aufguß ich hier teilnehme« (E 121).

»Letzter Aufguß« von Substanz ist eben immer noch besser als nichts, denn Substanz – der auch von Carl Schmitt vielfach bemühte Ausdruck – ist eigentlicher Inhalt superiorer geschichtlicher *Entscheidungen* im Stile des Augustus, des Tiberius usf. »Als Charakter ist Tiberius bedeutend: schon die Tatsache, daß er so lange... die Zügel in der Hand behalten konnte, grenzt an Zauberei« (ebd.).

Abhängigkeit von der etablierten Macht kennzeichnet noch den Vertreter jenes Amtes, das in Jüngers eigener Version *Autonomie* gestatten müßte.

»Natürlich könnte ich ebenso gut oder ebenso schlecht wie beim Condor auch bei den Partisanen Dienst nehmen: ich habe mit dem Gedanken gespielt. Hier wie dort bliebe ich derselbe, im Innern unberührt. Daß es bei den Partisanen gefährlicher ist als beim Tyrannen, spielt keine Rolle: ich liebe die Gefahr. Als Historiker ziehe ich allerdings vor, daß sie sich profiliert« (E 154).

Handgreiflich korrespondiert das *Profil* mit der *Substanz,* und der historisierende Anarch verrät sich: seine Sympathie gehört allein den Herrschenden. Freilich konnte sich Jünger seinen Herrn noch einmal selbst herstellen. Hätte er sich nicht allein auf die Wunschvorstellungen der ›freien‹ Phantasie verlassen, so wäre er womöglich auf einen Mann wie Hitler gestoßen – und hätte sich wohl fragen müssen, wer *mehr* Profil besaß: der Naziführer oder die Widerstandskämpfer (die sogenannten Partisanen).

Zwei Momente unterscheiden nun allerdings den bisher letzten Jüngerschen Romanhelden von den Heroen seiner früheren phantastischen Erzählungen. Erstens endet das geheimnisvolle Jagdabenteuer, das er mit dem sogenannten Condor unternimmt, mit seinem Tode; zweitens entwirft er einen Plan, der vorsieht, das Dasein des *Anarchen* im Falle der Gefahr in bewußter (und bewaffneter) Isolierung zu verwirklichen.

»Der Anarch führt seine eigenen Kriege, selbst wenn er in Reih und Glied marschiert« (E 152), heißt es dazu. Der Satz wirft freilich – unfreiwillig – nicht nur Licht auf das aktuelle Fluchtmanöver, sondern ebenso auf den einstigen Weltkriegsteilnehmer. Kein Zufall also, wenn es jetzt kaum anders zugehen soll als damals. »Nachts würde ich das Zielfernrohr der Büchse durch einen Scheinwerfer ersetzen und den Eindringling anleuchten. Dem Lichtstrahl folgte unmittelbar der Schuß« (E 153).

Die puerile Phantasie spricht für sich selbst. Problemlösungen im Stil der Abenteuerliteratur stehen neben Positionen, die selbst als konstruierte, ideale noch den Bruch, den Widerspruch verraten. Der ›Historiker‹ muß letzten Endes selbst bekennen, daß er profilsüchtig ist – und damit abhängig von den konventionellen ästhetischen Kriterien, die bekanntlich gar kein autonomes historisches Urteil gestatten. Auch »Partisanen« ohne »Profil« nötigen uns im allgemeinen mehr Achtung ab als alle »Tyrannen«. Im übrigen ist an den zeitgenössischen Tyrannen auch kein »Profil« mehr festzustellen. Aber natürlich ist die bequeme Unterscheidung zwischen Profil und Profillosigkeit nur ihrerseits Produkt eines Kalküls aus dem Umkreis der Trivialliteratur.

Mir scheint, als wünsche sich Jünger mit dem erklärten *Solipsismus* rigoroser noch als jemals früher von aller kollektiven Verantwortlichkeit zu entlasten. Keine seiner Erzählungen war je so redselig, keine so von systematischer Abschweifung bedroht. Jünger räsonniert, wo er eigentlich erzählen, und er weicht in die Anekdote aus, wo er eigentlich bekennen müßte. Im vergeblichen Warten auf beides wartet der Leser in der Tat nur auf den Autor. Der Eindruck drängt sich auf – zu beweisen ist das freilich nicht – daß eine Rede, die so konsequent nur *Vorhalt* ist, notwendig verdrängt oder verleugnet, was da in Wahrheit zur Verhandlung stünde. Zwar wird uns neuerdings eine unbestimmte Zukunft vorgegaukelt, aber ähnlich wie in »Heliopolis« ist das offenbar nur wiederum die Zukunft jener *Vergangenheit* des Autors, die er, eben weil er sie nicht abzuschütteln hoffen kann, vorsorglich als *Zukunft* konzipierte.

Unübersehbar wird an der Autoritätsbindung – sprich: Vaterbindung – festgehalten, und das legt die Frage nahe, ob nicht gerade sie es ist, welche Entlastung (von der belastenden Vergangenheit) gewährt. Sie kann ja stets alle *persönliche* Verantwortung absorbieren. Zumindest könnte das Abhängigkeitsverhältnis nicht gekündigt werden, ohne daß die unbewußte ödipale Angst in die bewußte Gewissensangst umschlüge, welche alle autonome Einsicht in den objektiven Schuldzusammenhang begleitet.

Noch das unzugängliche Geschick, das über die Geschichte verhängt ist, scheint so etwas wie die ›metaphysische‹ Verwahrung jenes sehr persönlichen Schuldkontos zu sichern, das allein von der *Erzählung* – auf die wir mithin vergeblich warten – abgegolten werden könnte. Denn weil der Erzähler die Verantwortung nicht bei sich selbst und nicht bei seinesgleichen sucht, nicht bei konkreten Gruppen und nicht bei konkreten Interessen, weil er das Absterben aller Geschichte, allen Sinns und aller Hoffnung allein den Schicksalsmächten zuschiebt – Vertreter der paternalen Schutzmacht auch sie noch – hat er im Grunde gar nichts zu erzählen. Wie in der Redewendung »hat er nichts zu sagen«, weil das *Sagen* allein Sache der Geschichte selber wäre, die bekanntlich schweigt. Gleichsam haben sich die Lähmung und die Ohnmacht, die der paternalen Einschüchterung entspringen, in der Konzeption vom Ende der Geschichte auf die ganze Menschheit ausgedehnt. Insofern ist *Heteronomie* mit legitimem Erzählen in der Tat unvereinbar – und Autonomie untrennbar von bewußter Einsicht in den objektiven Verantwortungszusammenhang.

Natürlich ist es Jünger nicht persönlich anzurechnen, daß er sich mit Wort und Tat in die fragwürdige vita activa der Zeit verstrickte. Von Interesse ist lediglich, daß die daraus resultierende Problematik im Werkzusammenhang einen Niederschlag gefunden hat, der sie kaum mehr als unfreiwillig, wo nicht bewußtlos registriert. Übrigens vermag ja nicht nur das nackte *Handanlegen* Schuldgefühle nach sich zu ziehen. Thomas Manns Roman vom »Doktor Faustus« bewahrt unverkennbar die Spuren schuldhafter Selbsteinsicht, und alle wesentlichen Werke Kafkas beziehen aus dem objektiven Schuldzusammenhang ihr Leben. Zugespitzt gesagt: wo überhaupt so etwas wie Mitschuld oder Mitverantwortung zur Verhandlung steht, da kann *der Autor* sie nur auf sich nehmen, oder er muß – und sei es redselig – verstummen.

Das ist natürlich mataphorisch zu verstehen. Weder ist Jünger selbst noch ist die Debatte über ihn verstummt, die schon Kuby und Andersch ausgetragen hatten. »Siebzig verweht« heißen die beiden umfangreichen Tagebuchbände, die der Autor jüngst der Öffentlichkeit vorgelegt hat. Sie können hier nicht mehr zur Betrachtung gelangen. Was aber daran auch noch überraschen mag – in der Debatte über ihn ist in den letzten zehn Jahren kaum noch ein neues Element aufgetaucht. Zwar hat das Interesse an ihm allmählich nachgelassen, so daß Die Welt (am 24. 2. 1972) fragen konnte: »Gibt es ihn noch?« Aber die rasch bekannt gewordene »Amriswiler Rede« des Verehrers Alfred Andersch, abgedruckt am 16. 6. 1973 in der Frankfurter Rundschau (über die schwachen Leserreaktionen wunderte sich übrigens die Zeitung selbst), das überwiegend positive Echo auf den Roman »Die Zwille« von 1973, die wohlwollend-distanzierten Urteile Joachim Kaisers oder die positiven Günter Blöckers, Karl Heinz Bohrers u.a. haben es offensichtlich wieder angefacht.

Auch politische Trends könnten ihre Rolle spielen. Wenn beispielsweise Gerd-Klaus Kaltenbrunner (am 2. 9. 1977 in der Frankfurter Allgemeinen Zeitung) nach einer Wiederlektüre des »Arbeiters« berichtet, daß die Schrift »nichts von ihrer herausfordernden Kraft verloren« habe, dann erhebt sich die Frage, ob hier nicht ein Standpunkt wiedereingenommen wird, der ähnlich »instrumentalistisch« ist wie schon die Schrift selbst. »Instrumentalistisch« könnte das Verhältnis zur faschistischen Vergangenheit in der Tat zum Teil geworden sein. Das würde eine um so größere Gefahr bedeuten, als diese Vergangenheit damit eigentlich nur zu ihrem eigenen Bewußtsein gelangt wäre.

ERSTES KAPITEL
DIE ÄSTHETIK DER GEWALT

1. Die Sensation der ›Mutprobe‹
Über die Kriegsbücher

Am Anfang der »Afrikanischen Spiele« (1936) wird uns von einem Spiel berichtet, das der Erzähler bescheiden eine »Waffenweihe« nennt (AS 36), das jedoch in Wahrheit einem Initiationsritus verwandt ist. Es hat die Gestalt einer *Mutprobe* und bildet das Grundmuster für das Spiel mit der Gefahr und mit dem Tode, welches die Kriegsbücher Ernst Jüngers geprägt hat. Solchem Spiel verfallen zu sein wie der sprichwörtliche Spieler, ist wahrscheinlich der primäre Hintergrund für einen Heroismus gewesen, der wesentlich von Sekundärmotivationen (Rationalisierungen) abhängig geblieben ist. Es »bestand darin«, so wird uns erzählt,

»daß ich die geladene Waffe an die Brust setzte und den Abzug langsam bis zum Druckpunkt zurückspielte. Mit gespannter Aufmerksamkeit sah ich den Hahn steigen, bis er in Feuerstellung stand, indes der Druck am Daumen sich verminderte wie bei einer Waage, die ihr Gleichgewicht gefunden hat. Während dieses Spieles hörte ich, wie der Wind ganz leise den Stamm bewegte, an dem ich saß. Je mehr ich mit dem Daumen vorwärtstastete, desto lauter rauschten die Zweige, aber seltsamerweise trat, wenn ich den entscheidenden Punkt erreicht hatte, eine völlige Stille ein. Ich hätte nie gedacht, daß es im Tastgefühl so feine und bedeutungsvolle Unterschiede gibt. Nachdem ich diese Zeremonie einige Male wiederholt hatte, packte ich das kleine Instrument, dem man eine solche, halb unheimliche, halb süße Melodie entlocken konnte, in den Rucksack ein« (AS 35).

Die »halb unheimliche, halb süße Melodie« ist das bekannte Lied vom Tod, das in dem Filmtitel »Spiel mir das Lied vom Tod« die Imperativform erhalten hat. Jedoch spielt es der Flüchtling nicht auf den hergebrachten Instrumenten, sondern auf dem »Instrument« einer »geladenen Waffe«. Während im Film »Unheimliches« und »Süßes« traditionell in einem anderen und dritten, nämlich im ästhetischen Phänomen einer *Melodie,* zusammengefaßt wird, die in der Tat sich *spielen* läßt, bezieht Jünger die Süßigkeit des ästhetischen Genusses unmittelbar aus dem (unheimlichen) Phänomen des Todes selbst und vernimmt er dessen »Melodie« unmittelbar auf dem »Instrument« einer »geladenen Waffe«. Ästhetischer Genuß, sonst wohl vermittelt über jene Schöne Form, die das Unheimliche in Süßes, dieses in Unheimliches auflöst, erhält so die Qualität des *Erlebnisses* – so wie umgekehrt ein Erlebnis, das beliebig oft wiederholt werden kann, die ästhetische Qualität erhält.

Das Beispiel ist geeignet, die Frage zu skizzieren, welche im Folgenden zu behandeln sein wird: welcher ästhetische – und damit notwendig auch ethische – Stellenwert ist einem Werke zuzumessen, das tendenziell die distanzlose Konvergenz von Scherz und Ernst, Schöner Form und Destruktionslust, Spiel und Leben betreibt? Mit der Frage ist zugleich der Rahmen vorgegeben, in dem die Antwort zu suchen sein wird. Weil die Form stets unmittelbar vom Stoff, das ästhetische Konstrukt von der Faktizität, der sprachliche Wohllaut von der Dissonanz des kontingenten Lebens zehrt und umgekehrt, vermag Jünger stets das eine durch das andere zu stützen, abzusichern, zu interpretieren. Er hilft, wie Schiller sagen würde, dem Schein durch Realität und der Realität durch Schein nach (s. S. 29 u. S. 189 ff.)..., so wie er andererseits der Logik des Begriffs durch die poetische Metapher und dieser durch die Logik nachhilft (s. S. 132). Der Schein von Zweideutigkeit und Unentschiedenheit, gleichsam der zweite und illegitime gegenüber dem ersten und legitimen Schein des *Kunstwerks,* das Schillern zur Trivialliteratur hinüber, die glatte und harmonische Mechanik eines Vortrags, der das Räderwerk des Krieges wie zum zweitenmal, aber unbewußt und in Gestalt des Spielzeugs, nachzuahmen scheint, dürften hier ihre vorläufige Erklärung finden.

Greifbar werden kaum je der Krieg oder dessen Objekt/Subjekt, also der Leutnant Jünger, vielmehr ist glaubwürdig allein, was die »Afrikanischen Spiele« wie im Modell zusammenfassen: die Lust an einem *Einsatz,* der stets das Leben selbst ins Spiel bringt. *Lebenswert* ist das Leben für den Krieger handgreiflich nur dann, wenn es seinen Tod vorwegnehmen und von diesem radikal entwertet werden kann. Es ist *Wert* erst, soweit es als *Unwert* erfahren werden kann – und dies schon im Leben selbst und nicht erst in der Kunst. Der Zwangszusammenhang ist notwendig ohne vernunftgemäßen Ausweg, und dem begeisterten Todeskandidaten, der mit dem Leben stets davonkommt, bleibt gar keine andere Wahl, als sich immer wieder dem Tode auszusetzen.

Das Spiel ums Leben wird nun allerdings mit *Angst* bezahlt. »Mir war... bei diesen immer erbitterteren Ansprüchen, die an mich gestellt wurden, oft himmelangst« (AS 9), heißt es in den

»Afrikanischen Spielen« vor dem endgültigen Entschluß, ins Nachbarland zu fliehen und sich als Fremdenlegionär anwerben zu lassen, und die passive Form dieses Bekenntnisses verrät, daß der Erzähler sich keineswegs ganz freiwillig in eine Situation begibt, welche die wiederholte Mutprobe verlangen wird. Er steht vielmehr unter einer Art Befehlszwang. Auch er muß die Angst erst überwinden. Offensichtlich ist sie das Komplement zu einem Mut, der sie, sobald er sich dem Zwang zur Probe unterwirft, wie durch Zauberschlag in *Lust* verwandeln kann.

Weil die Angst in Wahrheit nichts anderes ist als die abgekehrte Seite der Lust und weil stets befürchtet werden muß, daß sie hervorbricht – und den Helden mit Schande bedeckt – bedarf die Mutprobe der zwanghaften Wiederholung. Stets wird ja, wie immer auch verdeckt, die *Angst* in ihr erfahren, stets gilt es daher zu beweisen, daß man keine Angst hat. Nur der radikalisierte Mut beweist dies – und er beweist es gerade nicht, denn eben seine Radikalität verrät ihn: als eine Abwehrmaßnahme wider die Angst.

»Schleimig mit tausend Gliedern kriecht Angst in uns, jede Faser mit saugenden Armen umfesselnd. Absolutes Gefühl, schmilzt sie Welt und Ich zu schwärzlichem Brei, den wechselnd feurige Punkte durchbrennen. Es ist, als ob man sich nackt mit verbundenen Augen auf einem Richtblock wände, höhnischen Augen zur Wollust, von Kohlenbecken, Schwefelglost und weißglühenden Zangen nahe umzischelt« (K 97). Solche Angst ist schändlich und sie weckt die Scham. »...wenn Gott und Tier in uns sich ihren Ringkampf liefern. Eine Fackel ist diese lodernde Scham...« (K 98 f.).

Aber der gleiche Text aus dem »Kampf als inneres Erlebnis«, welcher die Angst thematisch machen möchte, zwingt auch den zweiten Angsterreger ins Blickfeld. Es ist dieselbe Autorität, welche den Helden zu seinen Mutproben verhält, es ist jener innere und äußere ›Befehlshaber‹, durch den das Zwangsverhalten – gleichsam in letzter *und* in erster Linie – motiviert wird. Einen Angriffsbefehl seines »Kampfgruppenkommandeurs« kommentiert Jünger mit den Worten: »Die reine Bosheit. Seine Worte feilen an meinen Nerven« (K 94), und er registriert »diese stille, verbissene Wut«, welche sich zur Angst ähnlich komplementär verhalten mag wie die Lust. Indem er den Befehl an seine Leute weitergibt, gibt er zugleich seine Wut weiter. »Wahrscheinlich hat jetzt mancher auf mich dieselbe Wut, wie ich vorhin [!] auf den Major« (ebd.).

Auch die Gestalt des *Henkers* verbirgt den paternären Angsterreger. Dem *Opfer* sind nicht zufällig die Augen verbunden, es verbirgt sich den wahren Henker recht buchstäblich: »Es ist, als ob man sich nackt mit verbundenen Augen auf einem Richtblock wände, höhnischen Augen zur Wollust, von Kohlenbecken,

Schwefelglost und weißglühenden Zangen nahe umzischelt«...
wobei das nackte Opfer und die Wollust sichtlich nicht mehr in den
Umkreis des Kriegserlebnisses gehören: die masochistische Dependenz vom paternären ›Befehlshaber‹ wird vielmehr direkt und
buchstäblich beim Namen gerufen.

Ein anderes Mal erscheint der Vater, der den Delinquenten zu
seinen blutigen Examina verhält, unter dem Bild des Greises.
Jünger erzählt – im »Wäldchen 125« – einen Alptraum, bei dem er,
ein Freund und »zwei andere Läufer« im Kreise herumgejagt
werden. Dabei bemerkt der Läufer, »daß unten eine auf kleinen
Schienen laufende birnenförmige Bombe mit meinen Bewegungen
korrespondiert« (Wä 203 f.). Er fährt fort: »In der Mitte steht ein
weißbärtiger Greis mit Gelehrtengesicht und beobachtet uns
gespannt. – Ich bin von Angst ergriffen und laufe, Zusammenhänge
ahnend, die ich nicht begreifen kann, immer schneller im Kreis«
(Wä 204). Als die beiden Freunde sich mit den beiden anderen
Läufern berühren, »geht die Bombe unten los. Durch wirbelnden
Qualm, hochfliegende Bodenbretter und herunterregnende
Deckentrümmer sehe ich als Letztes das aufmerksame Gelehrtengesicht, das dieses Unglück mit zufriedenem Kopfnicken betrachtet« (ebd.).

Gleichsam ist die Mutprobe für diesmal zur Zufriedenheit (des
Henkers) ausgefallen, denn der Delinquent ist tot. Aber damit
nicht genug. Ein »neues Bild« erscheint im Traum, welches das
erste wiederholt und verdeutlicht. Dabei geraten »der Freund« in
die Nähe des Bruders Friedrich Georg und die beiden anderen
Läufer in die Nähe der beiden jüngeren Geschwister Ernsts (welcher der älteste von vier Brüdern ist). Alles, was der »Alte«
nunmehr »ruft«, so läßt uns der Träumer wissen, »besitzt eine ganz
satanische Logik und scheint von höchster Wirklichkeit« (Wä 205).
Das Essentielle seiner Rede hält er sogar fest. Es besteht in der
»Gleichung« fürs Ungleiche, in der »Menschen-Gleichung«, in der
Solidarität und zugleich der (tödlichen) Konkurrenz der rivalisie-
renden Brüder, die der »Alte« virtuos zu ihrer gemeinsamen Vernichtung anzuwenden weiß. »Sie verstehen« – sagt der Alte –
»wenn ein Paar sich berührt, entstehen Spannungen, bei zwei
gleichwertigen Paaren ein Funkenstrom. Ich habe sie gut ausge-
sucht, die Gleichung stimmt aufs Haar. Sie verstehen, der Schie-
nenstrang leitet vorzüglich, und die Bombe steht auf Kontakt!«
(ebd.). – Sobald die Brüder sich (solidarisch-brüderlich) berühren,
zündet die Bombe und »schleudert uns zwischen Schienen, Split-
tern und eisernen Trägern in die Luft« (ebd.).

Es ist natürlich kein Zufall, daß der doppelte Traum von einer

Bombe, die diesmal nicht der *Feind,* sondern der *Alte* legte – und die das *Opfer* tatsächlich in die Luft sprengt – in die Feuerpausen eines Krieges fiel, der als eine kohärente kollektive Regression betrachtet werden muß. Nie wieder verzeichnen die Träume vom »Alten« oder auch vom Vater selbst eine vergleichbar eindeutige Regression auf die Stufe ödipaler Gewaltanwendung (vgl. z.B. die Eintragung aus den »Strahlungen« vom 16. 4. 1943).

Was der Nachttraum-Phantasie zugänglich war: die Gestalt des primären Angsterregers, das ist der Wachtraum-Phantasie um so gründlicher verschlossen, je entschiedener sich der Schreiber mit dem Henker identifiziert. Die Lust an der Vernichtung, an der eigenen so gut wie an der des Feindes, ist unmittelbar die (sadistische) Lust des Henkers selbst. Die Angst, die er im Traum sich eingesteht, ist Zeichen für eine Lockerung dieser Identifizierung, sie signalisiert den Rückgang in jene Phase des Primärprozesses, als Henker und Opfer noch voneinander abgehoben waren.

Die Identifizierung ist eine Maßnahme der Angst-Abwehr. Wohl hat Jünger an der paternären Abhängigkeit gerüttelt, aber es ist, als habe er sie stets nur auf ihre Unüberwindbarkeit hin überprüfen wollen. In der Tat verleiht sie ja *Sicherheit* und vermag von der eigenen Verantwortung, die die Gefahr der Schuld (und Schuldgefühle) mit sich bringt, billig zu entlasten. Das Prüfungsverfahren ist insofern verdoppelt. Es zielt zugleich auf die Verläßlichkeit, die Solidität (negativ: die Unüberwindbarkeit) der Vaterfigur. Die kurze Phase, in welche die Abfassung der »Zeitmauer« und des »Weltstaats« fällt, wird von der wie definitiven des Alters abgelöst, als Jünger neuerdings den nunmehr gänzlich ausgehöhlten, buchstäblich *annihilierten* Kosmos universeller Dependenz entwirft: in »Eumeswil«.

»Irgendwo stand einer am Telefon mit granitenem Gesicht über rotem Kragen und stieß den Namen einer Trümmerstätte aus, die einst ein Dorf gewesen. Dann klirrten Befehle, und stählernes Rüstzeug und dunkles Fieber schauerte aus tausend Augen« (K 20). So im »Kampf als inneres Erlebnis«. Es ist in der Tat ein inneres Erlebnis. Das »dunkle Fieber« signalisiert die fiebrig-blinde Einheit mit der »granitenen« Unüberwindbarkeit des Befehlshabers. Kein Wunder, wenn dieser gleich darauf in die Nähe zur Figur des Todes selbst gerät.

»Doch auch, wenn das Walzwerk des Krieges ruhiger lief, hing stets des Todes geballte Knochenfaust über den Wüsteneien. In breitem Landsaum um die Gräben herrschte er mit sadistischer Strenge, kalter Feudalherr in rotem Umhang. Da galt nicht Jugend, Demut und Talent, wenn seine bleierne Geißel auf Fleisch und Knochen prasselte. Zuweilen schien es sogar, als ob er den besonders schonte, der lachenden Mundes mit frecher Hand nach seiner Maske griff« (ebd.)... den also, der sich die Maske selbst aufsetzt.

Denn allein die Identifizierung mit dem »sadistischen« und »kalten Feudalherrn in rotem Umhang« darf auf Schonung hoffen – auf eine Schonung freilich, die mehr oder weniger symbolisch ist, weil die Verwandlung des Opfers in den Henker nur symbolisch, nicht faktisch vor dem Henker schützen kann. Nicht nur ist die Angst vor ihm stets größer als alle Angst vor dem ›Feind‹; sie verwandelt die letztere zudem in die fiebrige und abstrakte Lust an der Vernichtung überhaupt.

Es ist denn auch stets diese abstrakte und objektlose Lust, welche noch die motiviertesten *Mutproben* Jüngerscher Provenienz begleiten. In »Feuer und Blut«, im letzten, schon phänomenologisch eingefärbten Kriegsbuch steht der Satz: »Der übermächtige Wunsch zu töten beflügelte meine Schritte« (WA 1,250), d.h. es wird sogar auf das grammatische Objekt verzichtet. Denn alle Mutproben tragen ihren *Sinn* allein in sich selbst, und stets sind die Prüfungen, denen der »Alte« die »Kandidaten des weltgeschichtlichen Examens« unterwirft (WA 1,499), zugleich die Proben aufs Exempel eines *Seins,* das über das eigene unmittelbar erfahren werden kann. Sein des »Alten« und Sein des Sohnes sind insofern nicht zu trennen; sie sind ebensosehr eins wie Henker und Opfer, Vernichter und Vernichteter, Feind und Freund.

Identifizierungen sind unbewußt. Sie sind wenig irritierbar und können zu den widersprüchlichsten Haltungen führen. Der Gegensatz Vernichtung/Selbstvernichtung kann sich in ihrer Perspektive auflösen. Das paradoxe Triebziel der »Vernichtung überhaupt« hat mit Nietzsches ironischem Wortspiel der »Vernichtsung« (in den Skizzen zum »Willen zur Macht«) das spezifisch nihilistische Moment gemeinsam und kehrt bis in die Vernichtungsphantasien des Romans »Heliopolis« wieder. Explizite werden dort Opfer und Henker austauschbar. »Die Tribunale waren zahlreich«, so wird uns erzählt; »es schien, daß jeder Bürger bald Richter, bald Angeklagter, bald Henker war« (H 401). Aber bevor der Held, Lucius de Geer, von dieser Welt des Schreckens »nichts mehr« fühlte, »was ihn unterschied« und die »fürchterlichen Worte« hörte: »›Das bist du!‹« (H 400), erlebt er die Initiation durch das Nichts selber: »Das Nichts zog in ihn ein mit seiner fürchterlichen Macht und großer Freude wie in eine Festung, die es lange belagerte« (H 399).

Die früheste Metapher für den ›Sieg des Nichts‹ ist das vergossene Blut. »Da hatte uns der Krieg gepackt wie ein Rausch. In einem Regen von Blumen waren wir hinausgezogen, in einer trunkenen Stimmung von Rosen und Blut« (ST 1). – Keineswegs ist hier das Blut das faschistische Prunkstück aus der Blut-und-Boden-Metaphorik. Auch wenn die Blumen unmerklich in die (roten) Rosen, der Regen in die »Stimmung« übergehen, ist das Blut in den Blumenregen selbst gemischt... buchstäblich *regnet* es Blut. Denn nun fährt der Berauschte fort: »Der Krieg mußte es uns ja bringen, das Große, Starke, Feierliche. Er schien uns männliche Tat, ein fröhliches Schützenfest auf blumigen, blutbetauten [!] Wiesen...« (ebd.).

Wahrscheinlich nicht zufällig findet sich das Bild vom Blut- und Blumenregen schon am Anfang des ersten Kriegsbuches (»In Stahlgewittern«, 1920). Daß das Blut vom Autor sogleich als Initiationsemblem begriffen wird, verrät schon wenige Seiten später die erste Konfrontation mit wirklich vergossenem Blut. »Gleich darauf erschienen schwarze Gruppen auf der menschenleeren Dorfstraße, in Zeltbahnen oder auf den verschränkten Händen schwarze Bündel schleppend. Mit einem merkwürdig beklommenen Gefühl der Unwirklichkeit starrte ich auf eine blutüberströmte Gestalt mit lose am Körper herabhängendem und seltsam abgeknicktem Bein, die unaufhörlich ein heiseres ›Zu Hilfe!‹ ausstieß, als ob ihr der jähe Tod noch an der Kehle säße« (ST 2 f.). Mit Recht findet der junge Soldat: »Das war so rätselhaft, so unpersönlich« und gesteht ohne Umstände: »Kaum, daß man dabei an den Feind dachte, dieses geheimnisvolle, tückische Wesen irgendwo dahinten« (ST 3). – Von derselben unverstellten Offenheit ist der zentrale Absatz:

»Obwohl sich die Beschießung in jedem Augenblick wiederholen konnte, zog mich das Gefühl einer zwingenden Neugier an den Unglücksort... Die Straße war von großen Blutlachen gerötet; durchlöcherte Helme und Koppel lagen umher. Die schwere Eisentür des Portals war zerfetzt und von Sprengstücken durchsiebt, der Prellstein mit Blut bespritzt. Ich fühlte meine Augen wie durch einen Magneten an diesen Anblick geheftet, gleichzeitig ging irgendeine tiefe Veränderung in mir vor« (ebd.).

Im »Kampf als inneres Erlebnis« ist dem Initiationsemblem *Blut* ein eigenes Kapitel gewidmet. Auf einer einzigen Seite (S. 9 f.) wird dort notiert: der »Blutdurst«, die »Wollust des Blutes«, »Sich auf den Gegner stürzen, ihn packen, wie es das Blut es verlangt«, das »Lechzen, sich im Kampfe völlig zu entfesseln«, »die bis zum Platzen gestaute Wildheit in jäher Explosion«, und es ist danach nur logisch, wenn solche »Orgien der Wut«, »an grenzenlosem Schwunge nur dem Eros verwandt«, im übertragenen Orgasmus des unterschiedslosen Blutvergießens münden. »...ist Blut geflossen, sei es eigener Wunde entströmend oder das des Anderen, so sinken die Nebel (vor den Augen des Kämpfers)... Er starrt um sich, ein Nachtwandler, aus drückenden Träumen erwacht. Der ungeheuerliche Traum, den die Tierheit in ihm geträumt... läßt ihn zurück, entsetzt, geblendet von dem Ungeahnten in der eigenen Brust, erschöpft durch riesenhafte Verschwendung von Willen und brutaler Kraft«. Dem orgastischen Enderlebnis ist es schlechterdings gleichgültig, wessen Blut vergossen wird (wenn es nur *vergossen* wird): »sei es eigener Wunde entströmend oder das des Anderen«.

Die Destruktionslust – schon auf das erste Kommando »Laden und Sichern« reagiert der junge Kriegsfreiwillige »mit geheimer Wollust« (ST 5) – wird im »Kampf als inneres Erlebnis« auf die ›objektive‹ Basis einer eigenen Triebtheorie gestellt.

»Da entschädigte sich der wahre Mensch in rauschender Orgie für alles Versäumte. Da wurden seine Triebe, zu lange schon durch Gesellschaft und ihre Gesetze gedämmt, wieder das Einzige und Heilige und die letzte Vernunft« (K 3). – »...den Menschen aber treibt der Wille zu töten, ...und wenn zwei Menschen im Taumel des Kampfes aufeinanderprallen, so treffen sich zwei Wesen, von denen nur eins bestehen kann. Denn diese zwei Wesen haben sich zueinander in ein Urverhältnis gesetzt, in den Kampf ums Dasein in seiner nacktesten Form« (K 8). – »Der Anblick des Gegners bringt neben letztem Grauen auch Erlösung von schwerem, unerträglichem Druck« (K 9) usf.

Bekannte Theoreme aus dem Umkreis Nietzsches, Freuds, des Sozialdarwinismus, der Lebensphilosophie werden zur unbestimmt-abstrakten Formel für den eigenen Hausgebrauch verdünnt: die rauschende Orgie als »Entschädigung« für »Versäumtes«, die »Triebe« als »letzte Vernunft« usf. Die Nachbarschaft von aggressiver und libidinöser Triebentladung wird zwar nicht verkannt, aber die Entladung gilt nur noch der »fürchterlichen Einfachheit des Zieles«, nämlich der »Vernichtung des Gegners« (K 7f.). Denn, so faßt der Theoretiker seine Theorie zusammen: »Leben heißt töten« (K 38).

Ausnahmslos sind Jüngers Theoreme reduktionistisch; sie dienen allein der nicht weiter problematisierten Rechtfertigung für die uneingeschränkte Destruktionslust und bleiben dem metaphorischen Ausdruck – der »Wollust des Blutes, die über dem Kriege hängt wie ein rotes Sturmsegel über schwarzer Galeere« (K 9) – meist so äußerlich wie dieser den adoptierten Theoremen. Hier wie auch später (s. das Kapitel »Vom Impressionismus zur Phänomenologie«) verharrt der Schreiber unentschieden auf der Grenze zwischen Begriffssprache und Metaphorik. Rhetorisch sucht er die eine durch die andere abzustützen mangels eines Ausdrucks, der autonom zwischen ihnen zu vermitteln vermöchte (wie z. B. die Sprache Gottfried Benns). Häufig lassen die Theoreme – der »Urmensch«, der »Höhlensiedler in der ganzen Unbändigkeit seiner entfesselten Triebe« (K 7) – schon als solche die Spuren einer Rechtfertigungstendenz erkennen, die sich hinter kompakten Verdinglichungen verbirgt. Was ist der sog. Urmensch anderes als der Unmensch? Und der entfesselte Höhlensiedler ist bestimmt nicht die Figur einer Urzeit, der die reduktionistisch-eindimensionale Triebentfesselung sehr fremd geblieben sein dürfte.

Zwar hat der Essayist das subjektlose Geschehen des zeitgenössischen Maschinenkriegs mit einem psychischen Mechanismus zu koppeln gesucht, der sich kaum weniger subjektlos ausnimmt; aber eben diese Koppelung wünscht er zugleich zurückzunehmen.

»...die Ekstase. Dieser Zustand des Heiligen, des großen Dichters und der großen Liebe ist auch dem großen Mute vergönnt. Da reißt Begeisterung die Männlichkeit so über sich hinaus, daß das Blut kochend gegen die Adern springt und glühend das Herz durchschäumt. Das ist ein Rausch über allen Räuschen, Entfesselung, die alle Bande sprengt. Es ist eine Raserei ohne Rücksicht und Grenzen, nur den Gewalten der Natur vergleichbar. Da ist der Mensch wie der brausende Sturm, das tosende Meer und der brüllende Donner. Dann ist er verschmolzen ins All, er rast den dunklen Toren des Todes zu wie ein Geschoß dem Ziel« (K 53).

Zwar geht Jüngers ›Triebtheorie‹ deutlich hinter die zeitgenössischen Rationalisierungen zurück, aber aufs geheiligte Subjekt (des großen Dichters und der großen Liebe) möchte sie dennoch nicht verzichten. Gerade indem der Theoretiker nicht völlig verkennt, daß der »Gegner« in Wahrheit paranoides Triebobjekt ist, sieht er sich genötigt, die entfesselte und unpersönliche Gewalt, der er sich ausgesetzt findet, einerseits an das *Subjekt* zurückzubinden, andererseits sich als *Naturgeschehen* auszulegen. Hier ist die Quelle aller Täuschungen und Selbsttäuschungen zu vermuten, die den Schreiber dazu führten, daß er die primären Tagebuchnotizen zu sekundären Erzählungen stilisierte, daß er die subjektlose Konfusion von innerem und äußerem Geschehen, für die der große Gegenspieler, Henri Barbusse, nicht selten den genauen Ausdruck findet (s. u. S. 72), zum tradierten Gegenüber von heroischem Subjekt und objektivem Schlachtgeschehen auseinanderdividierte.

Aber solcher Schein kann nicht einmal vor ihm selber ganz bestehen. »Der Rausch über allen Räuschen«, die »Raserei ohne Rücksicht und Grenzen, nur den Gewalten der Natur vergleichbar«, verzeichnen in metaphorisch-affirmativer Sprache, wie die subjektive ›Autonomie‹ zustande kam: durch die restlose Identifizierung mit Gewaltverhältnissen, die sich mit den aggressiven

Phantasien Jüngers oder anderer keineswegs so deckten, wie die Kriegsbücher dies glauben machen wollen. Unmittelbares Produkt solchen ›Glaubenmachenwollens‹ ist jene artifizielle Subjekt–Objekt-Distinktion, die nicht einmal dem Theorem von der »natürlichen« Destruktionslust standhält. Der oben zitierte Abschnitt endet nämlich mit den Worten: »Und schlagen die Wellen purpurn über ihm zusammen, so fehlt ihm längst das Bewußtsein des Übergangs. Es ist, als gleite eine Woge ins flutende Meer zurück« (ebd.).

Erst der Schein der Autonomie, erst der bei Jünger wie in der landläufigen Abenteuerliteratur anzutreffende Nimbus virtueller Unbesiegbarkeit des unermüdlichen »Einzelkämpfers« begründet und erklärt den ästhetischen Schein. Dieser, als eine Form der Rationalisierung, hat keine andere Aufgabe, als die subjektive wie die objektive ›aggressive Triebentladung‹ denselben konventionellen Erklärungsmustern zuzuführen, welche die generalisierte und organisierte *Orgie* der Vernichtung zur selbstverständlichen Aufgabe und Pflicht des *Einzelnen* zu stilisieren suchten. Erst diese Konvention erfordert das Modell des Helden. Der Krieg wird zur persönlichen Aufgabe und Pflicht des Einzelnen (des Helden), der nun die subjektive Destruktionslust sich als positive auszulegen und der sie im objektiven Massenschlachten wiederzufinden trachten muß. Er darf nicht nur, er *muß* als »schön« empfinden, was die primäre Destruktionslust nicht erfunden, sondern nur vorgefunden hat und was sie daher noch einmal erfinden muß im Maße und im Sinne der überkommenen Gesetze autonomen Handelns, der epischen Heldenerzählung, der stets aufgehenden Gleichung zwischen Subjekt, »Täter-Ich« und Held.

Wenn Marinetti in dem bekannten Manifest behauptet »Der Krieg ist schön« (Benjamin 175) und diese Behauptung so lange wiederholt, bis er das Chaos der Maschinenschlacht durch ein wahres Mosaik von Stützbehauptungen und ästhetischen Reizwerten verbaut hat – die »Herrschaft des Menschen über die unterjochte Maschine«, die »Metallisierung des menschlichen Körpers«, die »feurigen Orchideen der Mitrailleusen«, die »Parfums der Verwesungsgerüche« – so gibt er implizite zu, daß er eine *Behauptung* aufstellt, für die es an *Beweisen* mangelt, denn die Götzen aus dem spätbürgerlichen Raritätenschrank mußten sie ersetzen. Ähnlich verwendet Jünger fast ausschließlich die ästhetischen Valenzen, die ihm sein »inneres Erlebnis« nahelegte. Lust an der Vernichtung, wo sie sich so ausschließlich ans äußere Ereignis heftet, wird dieses notwendig in die ästhetischen Valenzen aufzulösen trachten, die ihre Befriedigung nicht irritieren können. Irritierend für eine

Lust, die permanent in den unmittelbaren ästhetischen Genuß umzuschlagen hofft – und die diesen Umschlag dann am Schreibtisch bewußt und nachhaltig befördern kann – war aber mit Sicherheit ein Krieg, der in der Konsequenz nur alle Formen, Reizwerte, Analogien mit Naturkatastrophen usf. atomisieren konnte. Weil jedoch allein die Referenz des Krieges das *Erlebnis* garantieren konnte, von dem die Kriegserzählung zehrt – und weil nur das persönliche *Erlebnis* den *Helden* und das *Heldentum* bestätigt und bezeugt – blieb der Krieg und blieben seine ›statistisch‹ nachweisbaren Fakten: die Stoßtrupps, die Alleingänge, die Artillerievorbereitungen, die Handgranatenkämpfe, die Verwundungen, der objektive Rahmen, in den dann relativ willkürlich eingetragen werden konnte, was den Krieg nicht sowohl dokumentieren als vielmehr illustrieren sollte. Das Grauen, der Schock, die Langeweile des Front-Einerleis haben in diesem Gemälde notwendigerweise keinen Platz.

Alle Kriegserzählungen Jüngers sind aus Rückgriffen ins Arsenal einer Metaphorik zusammengesetzt, welche an die Märklin- und Steinbaukästen der Kindergenerationen vor und zwischen den beiden Kriegen erinnert. Hervorstechendes Merkmal dieser frühen Fertigbauteile ist die Sauberkeit, die Handlichkeit, die Funktionalität. Kaum je greift der Kriegserzähler über die drei Metaphernbereiche der Naturanschauung, der Feuerwerkerei des homo faber und über die des sog. Lebenstriebs hinaus. Er spricht vom »Feuersturm«, vom »Wetter«, und noch die »ständig schwellende Flut von bösartigen, reißenden, betäubenden Geräuschen« ist ein Rückgriff auf die Natur und auf das Tierreich (»bösartig« sind z.B. »reißende« Wölfe). Immerhin vermag das noch zu transportieren, was die säuberliche Komposition anschaulich-attraktiver Genrebildchen schier nicht mehr durchläßt.

»Minen ziehen ihre perlenden Funkenbögen über uns und zerschellen in vulkanischen Explosionen. Weiße Leuchtbälle überschwemmen das blitzende Gewölk von Rauch, Gasen und Staub, das als kochender See über dem Gefilde brodelt, mit grellem Licht. Bunte Raketen hängen über den Gräben, in Sternchen zersprühend und plötzlich erlöschend wie farbige Signale eines riesigen Rangierbahnhofs« (K 76).

Kein Einzelner, kein Leidender, kein ›Subjekt‹ ist mehr im Spiel, vielmehr ist das Subjekt der versteckte Beobachter eines Schauspiels, dessen Schönheit er selbst veranstaltet hat. Jüngers Geschicklichkeit in der Komposition von Perlenschnüren, Vulkanausbrüchen, bunten Raketen und den farbigen Signalen des »Rangierbahnhofs« ist schwerlich zu bestreiten, ist jedoch allein die

Frucht der Distanzierung und einer Schreibtischtäterschaft, welche die schwelgerische Identifikation mit der Vernichtungsmaschine nachträglich ins artifizielle Gegenüber von *Beobachter* und *Schauspiel* aufgelöst hat.

Besondere Bedeutung nimmt dabei das *Raubtier* ein. »Dann folgen die schweren Kaliber, die mit wachsendem Fauchen wie ungeheure Raubtiere sich von ganz oben auf uns stürzen und lange Grabenstücke mit Feuer und schwarzem Qualm verschlingen« (K 77). Immer wieder droht es zu verschlingen, was Jünger die »überströmende Männlichkeit« nannte, und man wird erinnert an den von Freud beschriebenen Kindheitstraum vom »Gefressenwerden durch den Vater«, der sich in gewissen Tier-Phobien äußert (Freud XII,129–37). »Der Lärm, den wir schon weit, weit hinten wie den Gang einer ungeheuren Maschine vernommen hatten, wuchs riesenhaft auf wie das Gebrüll eines Raubtieres, das ganze Provinzen zu verschlingen gedenkt« (Feuer und Blut, WA 1,463). Immer wieder wird das tödliche Geschehen vom schönen Schein des *Lebens* überblendet. »Da strich der glühheiße Atem [!] des mechanischen Todes über uns hin«, fährt Jünger im gleichen Passus fort und verschiebt zugleich die ursprüngliche und legitime Ohnmacht vor solcher Mechanik auf einen Offizierskollegen: »...und Vogel schrie mir stammelnd ins Ohr, seine Stimme klang fast wie die eines ratlosen Kindes: ›Ja, sollen wir denn da hinein? Da kommen wir nie wieder heraus!« (WA 1,463f.). – Der Rat des Erzählers für den armen und realistischen Vogel, der im Gegensatz zu Jünger tatsächlich »nicht wieder heraus« (kam), ist in Wahrheit der schier erbarmungslose des Vaters: »Ja freilich sollten wir da hinein. Dieses Millionenfeuerwerk stand nicht zu unserer Belustigung am Horizont« (WA 1,464).

Mindestens dem Schreiber wurde es dennoch zur »Belustigung«, der Ausdruck »Millionenfeuerwerk« verrät es. Er, der inzwischen – 1925 – am sicheren Schreibtisch sitzt und längst auch »Das Feuer« von Barbusse gelesen hat, erinnert sich dennoch nicht der Bemerkung des großen Kollegen, die dieser nach einem geglückten Angriff auf die deutschen Gräben machte: »Sie flattern wie Fahnen auf und brüsten sich ruhmvoll mit dem Zufall, der ihnen das Leben rettete, unerbittlich in ihrer überschäumenden Selbstberauschung« (Barbusse 296).

Es ist, als habe Jünger die Probe auf die Feststellung des Kollegen machen wollen, daß »Lüge« ist, »was im Kriege nach Schönheit riecht« (S. 406). Auch Barbusse nahm das neue Phänomen der Materialschlacht als »Feuerwerk« wahr, auch ihm imponierte es als »feenhafte Operndekoration« (S. 241); aber so wie schon der Ausdruck die bürgerliche Oper wie den bürgerlichen Krieg zur wechselseitigen ironischen Beleuchtung zwingt, so signalisieren auch die »wütenden Schreie« und »durchdringenden Tierlaute«, die er registriert, keineswegs einfach die Rückkehr zu irgendeiner Tiernatur. Nicht das elegante Raubtier aus der Menagerie des Philosophen Nietzsche, sondern der Wahnsinn entfesselt bei Barbusse den »Sturm heiserer und dumpfer Schläge« (S. 243), die das bezeichnende und kritische Räsonnement erfahren: »Du, ...ich hab mir erzählen lassen, sie hätten [drüben] keine Munition mehr!« – Auch blieb Barbusse keineswegs bei einer Metaphorik stehen, die schon bei den frühesten Seismographen des modernen Schocks, so bei Poe und Baudelaire, eine charakteristische Umformung erfahren hatte (etwa im Sinne einer »planvoll entstellenden Phantasie« [Benjamin 218]). »...während dieser zwei Sekunden duckt sich alles. Wie das Knirschen einer riesenhaften Blechschere kommt es auf uns zu und zerschellt endlich mit dem tosenden Radau ausgeladener Blechplatten« (S. 248). Oder: »Die Schrappnells sausen mit ihrer metallenen und wutschwangeren Seele und die dicken Granaten wie eine tosende Lokomotive in voller Fahrt, die plötzlich an einer Mauer zerschellt und es klirrt wie eine Ladung Schienen oder Stahlpfeiler, die einen Abhang hinunterrollte« (S. 251).

Diese Metaphorik visiert den Unfall, die Entgleisung, die technische Katastrophe... sie übersetzt den modernen Katastrophenfall *Krieg* konsequent in das ihm nächste Medium. Nicht zufällig hat Barbusse der »erbitterten Eintönigkeit« des »Feuer- und Eisengewitters« (ebd.) nur einen Bruchteil seines »Tagebuchs einer Korporalschaft« gewidmet. Er hat erkannt, daß das spezifische Geschehen der Materialschlacht rasch erschöpft ist und im »eintönigen« und prinzipiellen jenes fortgesetzten Schockgeschehens gipfelt, das sich einer wahrnehmungsgemäßen Darstellung weitgehend entzieht. Schier unmöglich ist die epische Entrückung eines Gegenstands, welcher gerade durch seine *Nähe* imponierte. »Ein schauriger Vorhang trennt uns von der Welt, von der Vergangenheit und von der Zukunft«, bemerkt er einmal (S. 286). Aber nicht nur verdampft die Zeit für ihn zum Augenblick, sondern ebenso der Raum zum Punkt. Dem neuen Raum- und Zeiterlebnis genügt das tradierte Apriori der epischen Anschauung nicht mehr. »Eine Kugelwolke spritzt vor mir auf: vielfaches, plötzliches Stehenbleiben, zögerndes, fuchtelndes, sich sträubendes Niedersinken, plötzliches Untertauchen mit der ganzen Körperlast, Schreie, dumpfe, wütende Ausrufe der Verzweiflung oder das schreckliche und hohle ›Han!‹, wenn das Leben mit einem Schlag erlischt« (S. 292).

Sigmund Freud erklärte in seiner Studie »Jenseits des Lustprinzips« das spezifische Erlebnis des Schocks, nämlich die »Durchbrechung des Reizschutzes«, welchen das Bewußtsein gewährt, mit dem »Fehlen der Angst-Bereitschaft« (Freud XII,31). Das würde die Frage nahelegen, ob das moderne Kriegsgeschehen nicht ein Bewußtsein begünstigt, welches »durch die Reizwirkung so durchgebrannt ist, daß [es] der Reizaufnahme die günstigsten Verhältnisse entgegenbringt und einer weiteren Modifikation nicht fähig ist« (S. 25). Zwar ist nach Freud mit diesen Qualitäten gerade das Normalbewußtsein ausgestattet, jedoch kann eine Normalität, für welche auch die Angst-Bereitschaft als normal zu gelten hat, kaum auch für sich in Anspruch nehmen, jenseits aller erfahrbaren historischen Verhältnisse zu stehen. Freuds Erklärung des Bewußtseins als einer Rindenschicht, in welcher der Erregungsvorgang »...nicht wie in allen anderen psychischen Systemen eine dauernde Veränderung seiner Elemente hinterläßt, sondern gleichsam im Phänomen des Bewußtwerdens verpufft« (S. 25), mag im Prinzip zwar zutreffen, konnte aber wohl erst aufgrund von Beobachtungen gewonnen werden, die gerade das moderne Bewußtsein gestattet.

Die normale »Angst-Bereitschaft«, die den »Reizschutz« des Bewußtseins garantiert, scheint dem Soldaten und Kriegserzähler Jünger weithin gefehlt zu haben, und so sei es erlaubt, ein zweites und gleichsam sekundär verhärtetes Bewußtsein zu konstruieren, welches das Trauma, das der Schock hinterläßt – und das diesen im Sinn des »Wiederholungszwangs« seiner verspäteten psychischen Verarbeitung zuführt – so abzufangen wußte, daß es mit dem »Bewußtwerden« selbst verpuffte. Erst in diesem zweiten und gleichsam definitiv geschockten Bewußtsein nämlich könnte sich das Trauma auflösen, d.h. in die vorgefertigten Schablonen der *Erzählung* überführen und so nachträglich zum *Erlebnis* modellieren lassen. Gewissermaßen lieferte es nur noch seinen eigenen Bericht, und dieser wäre die je schon fertige, die äußerliche Gußform eines literarischen Klischees, das es gestattet, die paralysierende Gewalt des fortgesetzten Schockgeschehens der offiziellen Ideologie von Freund und Feind, Subjekt und Objekt, Held und heldenhafter »Aufgabe« zu unterwerfen. Weil aggressives Heldentum zu seiner Rechtfertigung der sog. *guten Sache* und die Kriegserzählung, um glaubwürdig zu sein, des Erlebnisses bedarf, gelangen ideologisches und ästhetisches Klischee zur fast genauen Deckung. Beide zentrieren im starren und durchgehenden Schema vom identischen Helden und identischen Naturgeschehen. Beide leiden schon an ihren leitenden Begriffen: Der sog. Held weiß zwischen der blendenden Lust an der Vernichtung und an der zur Selbstvernichtung ernsthaft nicht zu unterscheiden; und sie sog. Natur, und zwar die innere nicht minder als die äußere, ist das genaue Modell jener zweiten und veranstalteten Natur, welche sich im besten Fall als Projektion eines paranoiden kollektiven Unbewußten rechtfertigen ließe.

Das eigentliche Kriegsgeschehen dürfte sich kaum recht erzählen lassen. Anekdoten müssen es ersetzen, und der Stil der Anekdote ist es denn auch, den es am Stammtisch anzunehmen pflegt. Ihr spezifischer Reiz beruht auf dem doppelten, daß ihr Erzähler überlebt hat und daß nicht das Grauen seines Gegenstands, sondern seine eigene lustvoll erlebte Unbesiegbarkeit ihn zum Erzählen antreibt – und den Erzählstoff entsprechend modifiziert. Ein einziges Mal hat Jünger, so viel ich sehe, den Schock selbst visiert; ein einziges Mal ist er ihm nicht ausgewichen. Ein Volltreffer hat die Mehrheit seiner Kompanie vernichtet, und dies

»Bild gräbt sich glühend in mein Hirn: der Trichter ist wie ein Krater von einer dicken milchweißen Wolke erfüllt. Ein Rudel von schattenhaften Gestalten klimmt die steilen Wände hinan, und ich sehe sie oben, tief gebückt, nach allen Seiten in die Dunkelheit jagen. Im Grunde strahlt eine magische Beleuchtung, ein Licht in stechendem Rosa auf. Das ist die Maschinengewehrmunition, die mit langen Stichflammen verbrennt, vermischt mit dem Sprühlicht der Leuchtgeschosse aus den Patronentaschen. Aber was ist das, was sich da unten in dieser rötlichen Glut vielfältig und schwerfällig wälzt, als ob es entfliehen möchte und durch eine teuflische Kraft an den Boden gebannt wäre? dieses Gewühl von Leibern, das sich windet wie Amphibien in einem kochenden See, wie die Verfluchten in einer Dantischen Vision? Das Herz möchte ihr Bild von sich abwenden und nimmt es doch mit allen Einzelheiten in sich auf...« (Feuer und Blut, WA 1,490).

»Das ist zuviel« heißt es ausdrücklich, und der Leutnant Jünger, der – übrigens wider alle militärische Vernunft – die Mannschaft in einem einzigen riesigen Granattrichter hatte rasten lassen, verliert die Besinnung und entflieht. Als er bald darauf zurückkehrt, vom »unablässigen Hilferuf« der Schwerverwundeten gemahnt, als er die notwendige Hilfe geleistet und mit dem Rest seiner Leute das Weite gesucht hat, verliert er aus nichtigem Anlaß den »letzten Rest von Fassung«, wirft sich zu Boden und bricht in »krampfhaftes Schluchzen« aus (S. 493).

Das Schockerlebnis fällt ins Jahr 1917. Es ist, als habe es den Schreiber am Ende doch noch eingeholt und als habe er ihm sogleich die literarische Gestalt verleihen wollen, die seinen *Alltag* – und zwar in recht buchstäblichem Sinne – wiederum verdrängen und verschleiern konnte. Die szenische Gestalt, die sich über vier Seiten erstreckt, ist sichtlich das erschrockene Notat eines Bewußtseins, dessen Projektionsbereitschaft und ideologische Verhärtung den »Reizschutz« gegen das kaum minder Scheußliche bisher relativ problemlos hatte garantieren können. »Ich habe jede Besinnung verloren und finde mich nach einer Zeit, über die ich kein Urteil besitze, in einem Granatloch wieder . . .« (S. 490). Nur wenige Sätze können daher auch das Ereignis selbst festhalten: »Ein Rudel von schattenhaften Gestalten klimmt die steilen Wände hinan...«. »Aber was ist das, was sich da unten in dieser rötlichen Glut vielfältig und schwerfällig wälzt...?«

Es sind diese wenigen Notate, die wir im übrigen Werk so gut wie ganz vermissen. Auch die Szene selbst verfällt zum größeren Teil der sekundären Stilisierung zum Ausnahmefall, zum auratischen und einmaligen *Erlebnis*. Der Erzähler blickt in den Trichter »wie in eine schauerliche Arena hinunter . . .«. Zwar ist er »mit einem Schlage ganz hilflos und gelähmt« (S. 489), aber Hilflosigkeit und Lähmung schließen die Zuschauerrolle (über der »Arena«) offenbar nicht aus – die spätere Verarbeitung am Schreibtisch ist nicht zu verkennen. »Auf dieser Granate hat der Tod gehockt, er ist mitten ins volle Leben hineingesprengt« (S. 490), so wird uns erzählt, und noch der Tod zu Pferde, der wohl den Dürerschen beschwören soll, da dann der ›Ritter‹ Jünger »in die Dunkelheit« rast, »als säße der Satan hinter mir« (ebd. – Ritter, Tod und Teufel sind somit beisammen), leiht sich vom *Leben* die Gestalt – er reitet (wie auf dem Bilde Dürers nicht der Tod, sondern der Ritter). Auch die »magische Beleuchtung«, die »teuflische Kraft«, welche die Verwundeten an den Boden »bannt«, endlich die »Amphibien in einem kochenden See«, die »Verfluchten in einer Dantischen Vision«... keins dieser Bilder beläßt das »eine einzige Grauen«, aus dem der »hundertstimmige Aufruhr« der Schreienden dringt, in der ihm adäquaten Schreckenswelt. Angesichts des äußersten Grauens greift der Erzähler vielmehr in jenen vierten Metaphernbereich – neben den drei bisherigen der *Natur,* der *Feuerwerkerei* und des *Lebens* – den er sich erst künftig ganz erschließen wird: in den der sog. Bildungsgüter.

Das ist offenbar kein reiner Zufall. Mehr noch als alle früheren Erfahrungen nötigte die *Nähe* des Geschehens zu der von Walter Benjamin namhaft gemachten auratischen *Entrückung,* die gerade vom Zitat der sog. Bildungsgüter geleistet werden dürfte. Daß das Grauen dem Erzähler erst in einiger Entfernung so nahegerückt ist, daß er den genauen Ausdruck dafür findet, könnte damit zusammenhängen:

»Aber von ganz fern dringt es herüber, von der Nachtluft getragen, gedämpft und doch mit furchtbarer Deutlichkeit. Und gleich wird wieder die Erinnerung in ihrer ganzen Unerbittlichkeit wach. Ich beiße die Zähne zusammen und möchte mir die Ohren verstopfen, um diesem Geschrei zu entfliehen. Aber immer schallt es herüber wie eine Mahnung, ein unablässiger Hilferuf« (S. 491).

Am einzigen ausführlichen Bericht eines Schockgeschehens läßt sich ermessen, wie weit Jünger die Kette primär schockierender facta, aus denen sich die »Materialschlacht« zusammensetzte, durch jene fertige und starre tabula ersetzt hat, die gegenüber dem subjektiven Lusterlebnis nur mehr wie dessen erzählerische Demonstration funktioniert. Walter Benjamin, der die erwähnte Studie Freuds zum Ausgangspunkt seiner Überlegungen zum modernen Schockgeschehen nimmt, hat in seinem Baudelaire-Aufsatz den Preis benannt, »um welchen die Sensation der Moderne zu haben ist: die Zertrümmerung der Aura im Schockerlebnis« (Benjamin 240). Eben mit solcher Aura begabt Jünger nicht zuletzt Ereignisse, die unablässig an ihrer Zertrümmerung arbeiten.

»Nun sind wir im Niemandsland und gehen vor unter dem mächtigen Dom unserer Geschosse, der hoch über uns seine schwingenden Bögen wölbt. Langsam marschieren wir gegen eine schreckliche, turmhohe Mauer an, die die Tiefe des Raumes als ein Vorhang aus spritzender Erde verhüllt und erst allmählich, dann immer deutlicher aus den träge fließenden Nebeln emporzuwachsen beginnt. Endlich, kaum noch hundert Schritt davor, so daß wir schon, winzig wie Ameisen, unter ihrer rieselnden Staubfahne stehen, stoßen wir auf Posten, die, wie im Unendlichen verloren, bunte Signaltücher aus den Trichtern strecken. Wir haben gut Richtung gehalten, das sind die Offizierspatrouillen. Wir machen halt und sehen uns um« (Feuer und Blut, WA 1,507).

Stichwort ist das Bild von den »Ameisen«, das aus derselben Ferneinstellung bezogen worden ist, welche den Einzeleindruck, das faktische Ineinander von Außen und Innen, in jenes abgehoben-äußerliche Schlachtgemälde überführen kann, das unter dem Leitbild des »Doms unserer Geschosse« steht. Dies Bild produziert dann wie von selbst die Bilder vom *Turm*, von der *Mauer* und vom *Vorhang*, die das schlechterdings Diffuse ihrerseits verfestigen, verdinglichen, entrücken. Kein Wunder demnach, daß die Posten »wie im Unendlichen verloren« sind und daß die Sturmtruppen wie bei der Parade *haltmachen* und sich *umsehen* können. In der Zentralperspektive mit ihrer Unendlichkeitsdimension (mit dem tradierten Fluchtpunkt) kann man sich ebenso ›normal‹ bewegen wie auf dem Exerzierplatz, oder mit anderen Worten: wo sie die stillschweigende Voraussetzung fürs Erzählen ist, können alle Orts- und Zeitbestimmungen, wie sie insbesondere der modernen Physik zum Fundamentalproblem geworden sind, nachträglich in sie eingetragen werden.

Selbst die Augenblicke des Verlusts von Subjekt/Objekt, Innenwelt/Außenwelt, des Verlusts von Raum- und Zeiterfahrungen, die die bestimmte Situierung von Ereignissen oder gar von Erlebnissen gestatten, geraten in den Sog auratischer Entrückung. Sie imponieren nicht als solche, nicht als unbestimmte (und unbestimmbare) Konfusion von Außen, Innen, Jetzt, Vergangen, Künftig, sondern werden in jene konventionell-poetische Perspektive eingebracht, die eher die tradierte unio mystica als die moderne Konfusion beschwört. »Schon beginnen sich die Sinne zu verwirren unter der Überlast der Reize, die ihnen zugemutet wird. Schon ist niemand mehr imstande zu überprüfen, was er fühlt, denkt oder tut, und es ist, als träte ein fremder Wille zwischen uns und unsere Handlungen« (WA 1,504).

Der »fremde Wille« verschweigt zwar nicht, daß der Krieger keinen eigenen mehr hat, aber anscheinend kann er die Sensation des Abenteuers – zu dem doch der *Abenteurer*, das *Subjekt* gehörte – nur steigern.

»Nur der kleine Kreis der Uhr an meinem Handgelenk ist noch von Wirklichkeit. Mögen Gespenster erscheinen oder mag die Welt untergehen, mir kann nichts mehr Erstaunen abnötigen. Ich höre längst die Beschießung nicht mehr; sie hat den Punkt überschritten, an dem sie noch gehört werden kann. Und so hat auch die Wahrnehmung den Punkt überschritten, an dem sie die einzelnen Erscheinungen noch festhalten kann. Auch das Gefühl hat im Rausche des Übermaßes die Grenzen menschlicher Wertungen überflügelt; Mut, Mitleid, Angst – das alles gibt es nicht mehr. Es gibt nur noch ein wirbelndes System von Kraft, in das Landschaft und Menschen einbezogen sind als in die Zone einer andersartigen Sicherheit. Und es gibt einen Zeitpunkt 9.40, an dem dieses System in eine neue Gesetzmäßigkeit eintreten wird. Er ist die Achse in diesem phantastischen Werk, in dieser rasenden Hochflut des Lebens, die der Wille des Reiches an den Grenzdämmen staut. Bis dahin spricht der Wille durch Feuer, dann spricht er durch Blut« (WA 1,505 f.).

Der »Rausch des Übermaßes«, die »Grenzen menschlicher Wertungen«, das »wirbelnde System von Kraft, in das Landschaft und Menschen einbezogen sind als in die Zone einer andersartigen *Sicherheit*« (welche die tradierte unio mystica fast buchstäblich beschwört); die »neue Gesetzmäßigkeit« (in die der Angriff führt), die Angriffszeit als »Achse in diesem phantastischen Werk« usf.… all das ist in einem sehr wörtlichen Sinne *Literatur*, es hebt das tatsächliche Geschehen in jenem schlechten Sinne auf, der es nicht mehr bewahrt, sondern der es nur noch vernichtet. Die Verführung durch eine Metaphorik, die stets mit Begrifflichkeit verfilzt ist (das »System von Kraft«, die »menschlichen Wertungen«) geht bis zu der bekannten Grenze, an der sich die Tendenz zur Ästhetisierung, zur Schönfärberei, wenn nicht zur Fälschung schier mechanisch einbekennt: die »rasende Hochflut des Lebens« ist natürlich die des Todes, und daß der »Wille des Reiches«.– während der Artillerievorbereitung – durch *Feuer* und nicht auch durch *Blut* »spricht« wie beim Angriff, läßt den Berauschten gar die einfachste der Wahrheiten vergessen: daß *Feuer und Blut,* wie ja der Titel seines Buches lautet, nicht nur durch die verbale Kopula verbunden sind.

Was bei Jünger *Aura* heißen könnte, ist nicht Ergebnis einer »Emanzipation von Erlebnissen«, wie der Schock sie naheleg te (Benjamin 208), sondern ist nur noch Ergebnis einer Fluchtbewegung aus der Negativität des Krieges in die Positivität der ›Poesie‹, aus der negativen *Nähe* schockartiger Ereignisse in die positive *Ferne* auratischer ›Erlebnisse‹. Nicht der konventionellen Poetik entsagt Jünger angesichts des *Schocks* – wie doch schon vor ihm Poe, Baudelaire, Lautréamont – sondern die Poesie wird Poesie aus zweiter Hand und sie behilft sich mit Begrifflichkeit, wo die Metaphern sie nicht mehr tragen. Sie wird zur einseitig-projektiven Illusion, die ihn nicht gegen Erfahrung zu öffnen, sondern gerade abzudichten trachtet. Er hat das gelegentlich selbst bemerkt und mit großer Offenheit ausgesprochen:

»Obwohl der Krieg jetzt schon sehr lange dauert, und ich hunderte, ja tausende von schweren Verwundungen, von sinnlos verrenkten Körpern und ganze Felder voll Leichen gesehen habe, habe ich mich doch an diesen Anblick nie gewöhnen können. Ich muß jedesmal dieselbe Anstrengung machen, um ihn zu überwinden. Wie das geschieht, ist mir selbst nicht ganz klar; es ist ungefähr so, als ob ich einen nahen Gegenstand nicht deutlich sehen möchte und die Augen auf die Ferne einstelle, während ich auf ihn blicke. Es ist die Abstraktion des Soldaten, die schwieriger ist als die des Arztes, weil der Arzt das als Objekt sehen darf, worin der Soldat das eigene Schicksal erblickt« (Wä 140).

Es ließe sich fragen, warum der Kriegserzähler den Krieg dann überhaupt als durchweg positive Grunderfahrung präsentiert. Aber wir wissen ja: er behandelte weniger das äußere als vielmehr das innere »Erlebnis«, und zwar indem er vom äußeren so absah, daß es für die (positive) Projektion des inneren aufnahmefähig blieb. Das ist um so bemerkenswerter, als Jünger nicht nur Einsicht in die eigene poetische Methode – die charakteristischerweise mit der des »Erlebnisses« selbst zusammenfiel –, sondern auch in den

›Bewußtseinszustand‹ gehabt zu haben scheint, wie ihn moderne Kriege mit sich bringen.

»Das Bewußtsein, das sich bemühte, die Eindrücke aufzunehmen und zu ordnen, beginnt zu versagen und in dem Toben zu verfließen, das es wie eine Kugel umschließt, in der es kein Oben und kein Unten mehr gibt. Es ist der Punkt erreicht, in dem man sich in eine Ecke setzt und vor sich hinstarrt, als ob man mit den Geschehnissen keine Verbindung mehr hätte« (Wä 223).

Auch hier noch das *Absehen* von den »Geschehnissen«, aber ein Zustand, der unio mystica vergleichbar, wird nicht mehr visiert. Und wenn Jünger gar das »Bewußtsein der Tiere« evoziert, »das ganz mit dem Augenblick zusammenfällt und keine Erinnerung und keine Voraussicht kennt« (WA 1,513), so nähert er sich den Einsichten von Barbusse. Daß freilich eben dies Bewußtsein nicht eigentlich *Ereignis* wird, daß es schier restlos transponiert ist in jenes sekundäre und verhärtete Bewußtsein, welches »durch die Reizwirkung so durchgebrannt ist, daß [es] der Reizaufnahme die günstigsten Verhältnisse entgegenbringt und einer weiteren Modifikation nicht fähig ist«, könnte die mittelbare Folge jener Tabuisierung sein, die der primären Destruktionslust nicht einmal ihr eigenes Bewußtsein gestattete. Vielmehr erscheint die Destruktionslust, wie wir gesehen haben, stets im Schutz der ›objektiven Kategorien‹ aus dem diffusen Fundus von Lebensphilosophie, Darwinismus usf. Daß Jünger sich nicht offen eingestand, was ihn primär beschäftigte, führte zur sekundären Potenzierung des sog. Kriegserlebnisses – und zu der ihm adäquaten Poesie aus zweiter Hand. Allzu eilig, allzu subaltern lieh er die subjektive Destruktionslust an die objektive propagierte aus – und machte sich mit ihr gemein.

In solcher Abhängigkeit ist wiederum nichts anderes als die angestammte paternäre Abhängigkeit sedimentiert – das Vaterland als erweiterte Familie – und das erst erklärt, warum Jünger den Krieg weithin als Prüfung auffassen konnte, die ihm persönlich zugemutet wurde. Es ist deshalb keineswegs ein Zufall, wenn er sein erstes Kriegsbuch, »In Stahlgewittern«, mit der Aufzählung seiner Wunden – »vierzehn Treffer, mit Ein- und Ausschüssen gerade zwanzig Narben« – und mit dem Zitat des Telegramms beschließt, das ihm die Verleihung der höchsten deutschen Tapferkeitsauszeichnung, des Pour le mérite, verkündete. Keine Prüfung ohne ein Bestanden seitens der zuständigen Autoritäten. Daß die Examensnote zudem die höchste Note überhaupt war – der Pour le mérite ist nur 687mal verliehen worden, davon nur 11mal an Kompanieführer (von denen einer der spätere Generalfeldmarschall

Rommel war) – hat zum Elitebewußtsein des jungen Helden sicherlich erheblich beigetragen. Gerda Liebchen hat wohl recht, wenn sie feststellt, daß Jüngers Kriegsbücher nicht allein »Kriegsapologie und moderne Heldenerzählung«, sondern ebenso »soziale Anerkennung heischende Selbststilisierung« ihres Autors waren (Liebchen 81).

Nichtsdestoweniger entsprach die zwanghafte Suche nach Gelegenheiten, seinen Mut auf die Probe zu stellen, zugleich einem höchstpersönlichen Bedürfnis. Noch in »Gärten und Straßen«, auf dem Marsch durch Frankreich 1940, hofft der Kompanieführer, »daß [er]... noch ins Feuer kommt« (am 27. 5. 1940. GS 131) und fühlt sich »dazu aufgelegt«, persönlich einen Verwundeten und einen Toten aus dem Vorfeld zu holen (worauf er neuerdings belohnt wird: mit dem Eisernen Kreuz Zweiter Klasse – am 29. 3. 1940. GS 102). Kaum hat sich die Faszination durch die Gefahr je ganz verloren. Am Ende gesteht Jünger den *Bedürfnischarakter* daran offen ein:

>»...zwei oder drei Geschwader« [englischer Flugzeuge schwenkten] »auf das Haus in gerader Richtung ein und klinkten über ihm ab«, notiert er am 26. November 1944 in Kirchhorst, seinem Wohnsitz bei Hannover, und bekennt nach minutiöser Deskription des «Vorgangs«: »Das Schauspiel war stark berauschend; es zerrte an der Vernunft. Bei diesen Vorgängen gibt es immer einen Grad, an dem die eigene Sicherheit nebensächlich zu werden beginnt: die anschaulichen Elemente steigern sich derart, daß für die reflektierenden kein Platz mehr bleibt, nicht einmal für die Furcht« (STR 581).

Im Roman »Heliopolis« von 1949 endlich heißt es vom Stoßtruppführer Lucius de Geer, als dieser die »intelligente Schinderhütte des Doktor Mertens« in die Luft gesprengt hat: »Der Anblick des Flammenstrahls hatte Lucius mit ungeahnter Lust durchzückt« (H 379). Zugleich kann im Roman wiederum das Thema der Probe und der Prüfung aufgenommen werden: auch Lucius darf sein Unternehmen mit einem »Bestanden« abschließen und wird dafür belobigt (dann freilich für seine private »Menschlichkeit« getadelt und aus der Armee entlassen). Wahrscheinlich sind noch die Examensträume, die gelegentlich das Tagebuch notiert, in diesem Zusammenhang zu sehen. Das ist Jünger selbst keineswegs entgangen. Am 13. Dezember 1944 notiert er in Kirchhorst:

>»Examensträume. Diese Art von Beängstigungen ist zu deutlich, zu eng umschrieben, als daß sie rein auf Erinnerung beruhen kann... Der Prüfungstraum muß mit dem Tode zusammenhängen [!]; es ist die wichtige Mahnung in ihm verborgen, daß die Lebensaufgabe, das Lebenspensum noch nicht erfüllt, [noch nicht geleistet ist]. Mit Vorliebe erscheint, wie

auch mein Vater mir erzählte [!], die *Reifeprüfung* als Schreckgespenst . . . Entsetzlich ist das Gefühl, daß man niemals bestehen wird [!], und herrlich das Erwachen aus gerade diesem Traum« (589).

Prüfungen bestehen letzten Endes auch der Rittmeister aus der Erzählung »Gläserne Bienen«, das Brüderpaar aus der Erzählung »Auf den Marmorklippen« oder der Fremdenlegionär Berger aus den »Afrikanischen Spielen«. Die spezifische Prüfungs-*Angst* scheint allerdings dem Traum vorbehalten zu sein. In der zwanghaft aufgesuchten Konfrontation mit der Todesgefahr, die ja die Prüfung aller Prüfungen bedeutet, so daß noch der Traum vom Abitur »mit dem Tode« zusammenhängen muß, schillert solche Angst fast regelmäßig in der Gegenfarbe, d. h. sie wird zur Lust. Der Psychoanalyse ist dieser Zusammenhang nicht unbekannt. Unter psychoanalytischer Beleuchtung könnte der Sadomasochismus einer Anpassungsform entsprechen, welche unter dem Druck ursprünglicher Angst die Lust-Reaktion erzwang.

2. Der inhaltliche Aspekt der Schönen Form
Über »Das Abenteuerliche Herz« (Zweite Fassung)

Wir haben gesehen: im Rahmen der Kriegsbücher gilt das wesentliche Interesse Jüngers dem Gewaltverhältnis selbst. Wie in einem zweiten und imaginativen Gewaltakt sucht er es im komplexen und vielschichtigen Geschehen des Krieges wiederaufzufinden und gelangt auf diesem Wege nur zur Illumination und Illustration des Krieges entlang einer ›Statistik‹, die vorwiegend den Ausnahmefall und die Sensation verzeichnet. Entsprechend kann sich der Gegenstand (des Krieges) auch der freien Phantasie annähern.

»Da wird das Grün der Waldränder dunkel wie von sammetfarbigem Blut getönt, aus den in der Sonne blitzenden Feldern strahlt die große männliche Heiterkeit des Kampfes auf, und die Städte, die mit Zinnen und Türmen ins Abendrot stoßen, verwandeln sich in reiche Festungen, deren Gürtel die Faust des Eroberers sprengt und deren Namen bis in die fernsten Zeiten mit seinem Ruhm verflochten sind« (Feuer und Blut, WA 1,475 f.).

Die freie Phantasie ist meist nicht schlüssiger als die realitätsorientierte. Auch sie illuminiert und illustriert, was den Schreiber in Wirklichkeit bewegte. Nicht einmal den »Blutdurst« gesteht er sich ganz ein: die »Waldränder« sind *dunkel wie* von Blut und nicht einfach blutigrot getönt, das »sammetfarbig« löst den Farbwert überdies in einen Tastwert auf. Auch der »Kampf« wird nicht als *Kampf*, sondern unter einem euphemistischen *Modus* präsentiert und wir haben ihn uns zugleich am Tage und am Abend, auf

Feldern, an Waldrändern und an Festungsgürteln vorzustellen. »Städte mit Zinnen und Türmen« müssen nicht erst in Festungen »verwandelt« werden, denn sie sind es schon. Vielmehr scheint erst die »Faust des Eroberers«, indem sie ihre Gürtel »sprengt«, die stillschweigende Verwandlung nach sich zu ziehen, auf die es abgesehen war: die Verwandlung in ein Triebobjekt (unter der Form des Sexualobjekts). Was den Schreiber zuinnerst beschäftigte: es wird mit seiner Illustration auch schon versteckt, es wird eingestanden und bleibt zugleich uneingestanden... daher die schwankende Metaphorik, die keine nachvollziehbare Anschauung mehr ergibt.

»Dort ist ja der Feind, dort sitzt ja der Mensch, und gleich werden wir bei ihm sein! Diese Erkenntnis erfüllt uns mit einer wilden rasenden Lust, es ist, als ob alles, was sich reißend gespannt und gespeichert hat, plötzlich einen Ausweg sähe und sich in purpurfarbige und schlarlachrote Abgründe stürzte wie ein tosender Wasserfall« (WA 1,509).

Auch an dieser Bildfolge ist fast alles falsch: was »reißt«, kann sich nicht mehr »spannen«, »gespeichert« kehrt es in den Ruhezustand zurück, das Vernichtungspotential kann keine »Auswege« sehen, die vielmehr erst der Täter sehen könnte, die »Abgründe« des Blutes werden gleich in zweierlei Rot getaucht, und dann stürzt gar ein »Wasserfall« hinein wie das sprichwörtliche Wasser in den Wein. Den ihm gemäßen Ausdruck findet allenfalls der allgemeine Tötungswunsch, welcher den Menschen (und erst in zweiter Linie einen »Feind«) visiert.

Der *Ästhetik der Gewalt* ist offensichtlich nur *ein* Gegenstand nicht völlig äußerlich: Das Gewaltverhältnis selbst. Wie in Marinettis berühmtem Manifest mißrät ihr alles Wirkliche zum Illustrationsanlaß – mit dem unausweichlichen Ergebnis, daß die einzelnen Metaphern, Bildfragmente usw. nicht einmal unter sich zusammenhängen, d. h. zur nachvollziehbaren *Anschauung* zusammengesetzt sind. Was bei Jünger oder Marinetti Anschauung beanspruchen möchte, das ist bei näherer Betrachtung oft in höchstem Grade unanschaulich und abstrakt. Nur das rhetorische Moment selbst, – der Schwung, der Tonus – werden beredt und täuschen über den Mangel an ›Anschauungsmaterial‹ hinweg.

Aber wahrscheinlich geht der Riß noch tiefer. Er steckt schon in der Sache und nicht erst im Widerspruch von ästhetischem Anspruch und mechanisiertem Massenmorden. Ästhetische Wohlgeratenheit zielt schon ihrer immanenten Intention nach aufs Heile und nicht auf die Wunde und das fließende Blut. Sie lügt schon, wo sie das Unheile als Heiles präsentiert. Deswegen kann sie es nicht wahrnehmen, nicht imaginieren. Das Unheile, die Wunde, das fließende Blut werden mit Versatzstücken dekoriert, die sie in ihr Gegenteil verkehren: in das harmonische ästhetische Konstrukt. »Legt rote Schminke auf«, antwortet der Träumer einer Stimme, die ihm zuruft: »Das Nichts hat seinen Maskenball« ...auf dem Vormarsch durch Frankreich 1939 (11. 11. 1939. GS 61).

Offensichtlich steht die *Ästhetik der Gewalt*, welche zum »Vernichtungstrieb« im undurchschauten Zwangs- und Sympathieverhältnis steht, den Mechanismen der Vernichtung nicht minder fremd gegenüber als irgendeine Ästhetik der Vergangenheit. In den faschistischen Bewegungen wurde die überlieferte Ästhetik nicht zufällig zum Programmpunkt. Zwischen der Banalität, zu der sie rasch entarten sollte, und Marinettis, d'Annunzios, Benns oder auch Jüngers ästhetischem Anspruch besteht nur ein gradueller Unterschied. Kein Geringerer als Gottfried Benn hat – in seiner Rede auf Marinetti (1933) – den Zusammenhang von ästhetischem und faschistischem Absolutheitsanspruch, von künstlerischer und politischer, formaler und inhaltlicher ›Bedingungslosigkeit‹ bemerkt und gutgeheißen:

»Form –: in ihrem Namen wurde alles erkämpft, was Sie im neuen Deutschland um sich sehen; Form und Zucht: die beiden Symbole der neuen Reiche; Zucht und Stil im Staat und in der Kunst: die Grundlagen des imperativen Weltbildes, das ich kommen sehe. Die ganze Zukunft, die wir haben, ist dies: der Staat und die Kunst –« (Benn 4,1045).

Zeigt im Werke Benns die doppelte Tendenz zum Archaismus und zum Formalismus so etwas wie deren Polarisierung an, wie den Verlust an immanenter Spannung zwischen Inhalt und Form, Geschichte und Bewußtsein – »Quatsch« nannte Benn die Geschichte – so erscheint im Nationalsozialismus solche bloß ästhetische Polarisierung ins Inhaltliche, Politische gewendet, d. h. sie wird zum politischen Archaismus und zur politischen »Zucht«. Beide hängen eben innerlich wie äußerlich, geistesgeschichtlich wie gesellschaftsgeschichtlich zusammen. Begriffe wie »volkhaft« oder »völkisch«, die übrigens Benn nicht völlig verschmähte, heißen im intellektuellen Jargon »archaisch« oder »elementar«, der politische »Heroismus« wird beim Intellektuellen zum philosophischen Nihilismus und das banale »Seher- und Prophetentum« der Herren Blunck und Wehner zu Jüngers »Dichteramt«. Noch in der zitierten Rede sorgte Benn für die fatale Konvergenz von Poesie und Politik. Ästhetische »Form« und politische »Zucht« unmittelbar zusammenbringend, brachte er unfreiwillig an den Tag, was sie tatsächlich gemeinsam haben: das Nichtige, die inhaltlose »Disziplin«.

Gemeinsames Merkmal der *Ästhetik der Gewalt* ist ihre undurchschaute Triebabhängigkeit – die Regressionstendenz, der Archaismus – und ihre der Projektionsneigung verdankte Realitätsferne. Auch das ist ein Politikum. Gerade weil sich solche Ästhetik ans verspätete L'art pour l'art der Jahrhundertwende klammerte und als die tradierte unbedingte auftrat; gerade weil sie wie die der Vergangenheit von ihren konkreten historischen Bedingungen abstrahierte, lief sie Gefahr, von den konkreten politischen Instanzen in Dienst genommen zu werden. Der demagogisch prätendierte *Schöne Krieg* war politisch eins der Reizmittel, mit dem speziell die Jugend für den faschistischen Krieg präpariert werden konnte.

Aber die spezifischen Abstraktionen von der Faktizität, wie sie die *Ästhetik der Gewalt* betreibt, hat nicht nur den durch Jüngers eigene Beobachtungen gestützten triebtheoretischen Aspekt. Auch ist die Gewalt nicht nur in den Kriegsbüchern ›ästhetischer Gegenstand‹, so wie sie nicht nur im Kriege – speziell unter den Bedingungen der Entfremdung – das Verhältnis der Menschen bestimmt. Vielmehr spiegelt sie nur ihrerseits eine politische Tendenz wider. Auch die faschistischen Regime suchten von den konkreten historischen Bedingungen zu abstrahieren – so vor allem vom realen Klassengegensatz – und das propagierte Gewaltverhältnis zwischen Völkern oder Rassen mit Versatzstücken zu dekorieren, die jedenfalls keine einheitliche Ideologie mehr ergaben. Nationalistische, mythologische, biologische und sozialistische Elemente waren ähnlich heterogen zusammengestückelt wie in den Schriften der Gewalt-Apologeten die Metaphorik. Auch die Analyse faschistischer Ideologien ergäbe wahrscheinlich nicht viel mehr als die apriorische Obsession durch das Gewaltverhältnis selbst. Der höchste Abstraktionsgrad, die vollkommene Realitätsferne, kommt der *Wahrheit* dieses Verhältnisses daher paradox am nächsten.

In der zweiten Fassung des »Abenteuerlichen Herzens« schrieb Jünger über Mirabeaus »Jardin des supplices« die bezeichnende Betrachtung:

»Wer in diesen herrlichen Gärten wandelt, kommt an Aussichtspunkten vorüber, an denen chinesische Foltermeister beschäftigt sind, und der Anblick der Qualen erweckt im Herzen ein Lebensgefühl von unbekannter Kraft. Die Farben und Klänge rufen tiefe und wollüstige Empfindungen hervor, insbesondere strömen die Blumen überirdische Wohlgerüche aus. Der geistige Prozeß, den der Autor vollführt, ist polarisierender Art: Lust und Qual, sonst mehr oder weniger fein verteilt, strömen zwei entgegengesetzten Punkten zu, und während das Abbild des Menschen sich hier im

Staube windet, schreitet es dort wie in einem höheren und leichteren Leben dahin« (AH 2,74 f.).

Die Abstraktionsleistung der Ästhetik hat den Gegenstand endgültig von aller Historizität befreit. Schönheit und Gewalt entbinden ihre nackten und abstrakten Potentiale, nämlich die Lust und die Qual, und gerade daß ihre »Polarisierung« prätendiert wird, erweist ihren unter der Form einer bloß rhetorischen Aufhebung sich überhaupt erst aufdrängenden Zusammenhang... der freilich wieder nur ein ›ästhetischer Zusammenhang‹, nämlich die formalästhetische Verklammerung von *Lust* und *Qual* ist, welche im Raum der Geschichte – wo allenfalls die *Vorstellung* von der Folter schön, die Folter selber aber häßlich ist – gewöhnlich auseinanderfallen. Noch das zugleich abstrakte und unmittelbare Verhältnis von Menschen, die einander tendenziell zum konvertiblen Ding geworden sind – und die einander entsprechend ›behandeln‹ können – kehrt wieder in der ›neuen Sachlichkeit‹ von Foltermeistern, die keine konkreten Opfer mehr quälen, sondern die abstrakt »beschäftigt sind«.

Das restlos ästhetisch gewordene ist zugleich das restlos abstrakt gewordene Gewaltverhältnis... und es berührt sich damit wieder mit den wirklichen Verhältnissen. Auch diesen stehen die Bedingungen, die sie hervorgebracht haben, nicht auf der Stirn geschrieben, vielmehr suchen sie ganz ähnlich von ihnen zu abstrahieren wie das dehistorisierende literarische Produkt. Die faktische faschistische Gewalt ist für die Betroffenen meist nicht weniger unmittelbar und nicht weniger abstrakt als ihre verdinglichte ästhetische Gestalt bei ihren literarischen Apologeten.

Von den vierzehn erzählerischen Stücken, die das »Abenteuerliche Herz« vereinigt, sind sieben der Gewalt gewidmet, und kaum ist die subjektive Intention von den objektiven Befunden je in der Weise abgehoben, daß Inspiration und Bewußtsein, Phänomenalität und Kritik, Objekt und Subjekt im Sinne ihrer immanenten Dialektik ihre wie immer auch verwischten Spuren hinterlassen hätten. Jünger ist meist buchstäblich einig mit seinen Beobachtungssubstraten, und solche apriorische Einigkeit ist demselben Abstraktionsverfahren zu verdanken, das aus den konkreten und geschichtlichen Gewaltverhältnissen je schon das abstrakte und »schöne« Phänomen herausdestilliert hat. Dazu eignet sich besonders eine Form der Erzählung, die zugleich Erzählung und Traumnotat zu sein beansprucht. Soweit sie sich nicht als Traum *bekennt,* bleibt sie *Erzählung* – und damit den Weltverhältnissen verpflichtet – und soweit sie nichts als Traum ist, bleibt sie allein den inneren

Verhältnissen des Träumers verpflichtet. Beide Verpflichtungen gleichzeitig einzulösen, ist schlechterdings unmöglich, und so tritt im allgemeinen ein, was wir bei einem Mann wie Jünger wohl erwarten konnten: Die Form des *Traumnotats* beschützt vor der Verantwortung, die der Erzähler der Welt schuldig, und die Form der *Erzählung* zwingt zu der Anerkennung, die der Leser der Literatur schuldig ist. Auf diese Weise wird beides vermieden: die Privatheit, die nicht literaturfähig, und die Verantwortung, zu der der Traum nicht fähig ist. Oft wissen wir buchstäblich nicht, wo wir uns befinden – im Wach- oder im Traumzustand, in den Bezirken des Sekundär- oder des Primärprozesses.

In *Kafkas* Erzählungen wird diese Differenz – die Differenz von verantwortbarem Erzählen und Erzählgegenstand – in der Sprache manifest. Kafkas Sprache ist nicht zufällig oft die Sprache der Zweckrationalität selbst. Sie teilt dasselbe Kalkül, das die Welt so zugerichtet hat, wie sie ist – zerstückelt, paradox, absurd – und bringt mithin das eine durch das andere zum Sprechen: die Zerstückelung durchs Integral des rationalen Vortrags, die falsche Rationalität durch die faktische Zerstückelung. Es ist das kalkulierte Verfahren eines Erzählers, der mit der Erzählung stets der Logik des Sekundärprozesses – und mit seinen Befunden nicht selten der Logik des Primärprozesses folgt. Beide sind ebenso sorgfältig voneinander abgehoben wie miteinander vermittelt – mit dem schockierenden Resultat einer schreienden Unstimmigkeit.

Nichts davon in Jüngers Stücken über die Gewalt. Jüngers Sprache ist nicht das rationale Widerlager der Verhältnisse, sondern sie macht sich mit ihnen gemein. Der ästhetische Wohllaut ist nichts als der abstrakte Widerschein des *Genusses,* er ist die barocke Dekoration für eine »Konsonanz«, die ohne sie nicht kunst-, nicht literaturfähig – und wohl auch nicht mehr ›gesellschaftsfähig‹ wäre. Mitwisser und Sympathisant ist aber oft nicht nur die Sprache, sondern noch der Träumer, der Erzähler selbst. In dem kurzen Prosastück »Violette Endivien« bekennt er schon zu Anfang: »Es überraschte mich nicht, daß der Verkäufer mir erklärte, die einzige Sorte Fleisch, für die dieses Gericht als Zukost in Frage käme, sei Menschenfleisch – ich hatte das vielmehr schon dunkel vorausgeahnt« (AH 2,12). Um so unglaubwürdiger wird die Bemerkung des Träumers, mit der die Erzählung ausklingt: »Ich wußte nicht, daß die Zivilisation in dieser Stadt schon so weit fortgeschritten ist« (ebd.). Denn eben das hat er gewußt (und eingestanden). Der Lapsus ist nur zu verstehen, wenn man annimmt, daß Erstes Bewußtsein, identisches Bewußtsein, Bewußtsein des Träumers ungestört und uneingeschränkt am Werke waren. Für einfache Identifizierung sprechen auch die mageren Daten der Erzählung zwischen Ahnung und Gewißheit. Die »lange Unterhaltung über die Art der Zubereitung« von Menschenfleisch nimmt den größten Teil der Zeit ein, die der Erzähler im Laden des Verkäufers zubringt, und dies ist in der Tat schockierend – schockierend wäre zumindest ein *Erzähler,* der über die Art der Zubereitung von Menschenfleisch eine »lange Unterhaltung« führt. Oder spricht hier wieder nur der *Träumer?* Wir erfahren es nicht. – »...daß ich hier durchwegs auf der Jagd erbeutete und nicht etwa in den Zuchtanstalten reihenweise gemästete Stücke betrachtet: ›magerer, aber – ich sage das nicht, um Reklame zu machen – weit aromatischer‹« (ebd.) – diese Bemerkung des Menschenfleisch-Verkäufers verrät deutlich die Erzählstruktur, steht aber im Kontext eines Traumnotats und kann folglich die Zweideutigkeit nur steigern.

Auch der sog. »Schwarze Ritter« ist Träumer und Erzähler zugleich »...und ich sehe, daß die Schenkel und der zerfleischte Leib nur noch aus einer blutigen Wunde bestehen« (AH 2,29). Vom Entsetzen vor solcher Untat wird der »Ritter« nämlich erst gepackt, als er bemerkt, daß »ein großes, aus rotem Papier geschnittenes Herz«, das die Mutter des Gefolterten auf der Brust trägt, sich »bei jedem Nadelstich, den die Blonde empfängt, ...schneeweiß wie glühendes Eisen färbt« (S. 30). – Erst die *Reaktion* auf die Tortur führt zum Entsetzen – es ist die Reaktion des Über-Ich, der *anderen* – aber dem folgt nun keineswegs, wie der Titel es erwarten ließe, das Eingreifen des »schwarzen Ritters«, sondern dessen Flucht – womit der Titel »Ritter« zum bloßen Märchentitel herabgesetzt erscheint. Denn daß das gigantische Folterhaus, in das er geraten ist, das Eingreifen nicht mehr gestattet, wirkt auf den »Ritter« zurück. Indem er seine Schwäche einbekennt, hört er auf, der *Ritter* zu sein, als der er figurieren möchte.

Stets sieht es Jünger auf »geheime Konsonanz» (der Sprache) ab, welche »den Trug der Gegensätze überbrückt« (AH 2,11). *Trug* ist für ihn, was bei Kafka der schreiende Widerspruch ist. Trug ist, wie die Form der Traumerzählung selbst bezeugt, der Gegensatz von Bewußtsein und Unbewußtem, Wach- und Traumzustand, Sekundär- und Primärprozeß. Der »Geist . . . wie in einer einsamen Loge« kann in der Tat nur noch (wenn auch »nicht ohne Gefährdung«) *genießen* (AH 2,8). Passiv liefert er sich den von ihm selbst veranstalteten ›Schauspielen‹ aus. Indem er jedoch ihr eigener Veranstalter, nämlich der Ästhet ist, der sie fugenlos in Sprache übersetzt, ist er in Wahrheit nicht einmal *reglos*. Noch diese Metapher trügt. Sie spiegelt vor, daß der Beobachter und Zuschauer selbst nichts unternimmt. Jedoch er unternimmt etwas. Er schreibt.

Die »Konsonanz« von Bewußtsein und Traum, Erzählung und Traum, Sprache und Traum nimmt sich allein unter der Bedingung wahr, daß sie *nicht* wahrnimmt, wie sie *inhaltlich* zu bestimmen wäre. Deshalb nimmt sie auch die *Regung* nicht wahr, die in den Traumnotaten waltet. Denn inhaltlich wäre die Konsonanz nichts anderes als die »Konsonanz« mit der Barbarei; gegen sie allein wird die Konsonanz der *Sprache* aufgeboten. Die Sprache sucht in ästhetischer Distanz zu halten, was in Wahrheit ihr eigener (›ästhetisierter‹) Inhalt ist. Auch das ist eine Abwehrmaßnahme. Sie gelangte in den »Strahlungen« auf ihren Höhepunkt.

Mit dem größten ästhetischen Vergnügen beschreibt der Zoologe und Poet (in »Frutti di mare«, ein lukullischer Ausdruck schon der Titel selbst) einen Tintenfisch – um anschließend ein Exemplar mit nicht geringerem Vergnügen aufzuessen. »Gastronomischer« und anschaulich-ästhetischer »Rang« fallen für ihn ebenso zusammen wie die Menschenschlachtung und das ihr abgenötigte ›Sprachkunstwerk‹. »...die verborgene Harmonie, die allen Eigenschaften eines Wesens innewohnt, wurde auch dem Geschmackssinn offenbar...« (AH 2,64).

Gilt das vielleicht für *alle Wesen*, also auch für Menschen? Auch in dem »üppigen Schlemmergeschäft« wird ja an einen »Geschmackssinn« appelliert, der sich auf Finessen, auf Kompositionen (von Menschenfleisch und Endivien) und daher wohl auch auf die »verborgenen Harmonien« erstreckt, »die allen Eigenschaften eines Wesens innewohnt«. Der Ausdruck *Wesen* ist jedenfalls neutral.

Die »Fluten des Golfes« (von Neapel) werden einer »reichen, mächtigen Suppenschüssel« (AH 2,66) verglichen, und auch das ist der Standpunkt des Gastronomen. Wie der Zoologe und liebevolle Betrachter im Gastronomen, so geht der Golf von Neapel – man halte sich das Panorama vor Augen, es ist eines der schönsten der Erde – in einer »Suppenschüssel« unter.

»Vor einem offenen Scheunentor haben Knechte den Körper eines kräftigen Mannes mit den Beinen nach oben ans Spannholz gespreizt; das Fleisch ist unangenehm weiß, bereits gebrüht und rasiert. In einem dampfenden Trog schwimmt der Kopf, dessen Anblick ein großer, schwarzer Vollbart noch beängstigender macht. Der Bart bringt etwas Tierisches hinein; er erweckt ungefähr das Gefühl: Dies muß aber ein richtiges, anstrengendes Schlachten gewesen sein, so eins, bei dem an Schnaps nicht gespart werden darf« (AH 2,69).

Wer ist verantwortlich für diese Schlachtung? Die »vollkommen böse« Alte? *Das* oder *der* Böse, zu dessen »letzten und schrecklichsten Schachzügen« es gehört, »sich als Leichnam zu verkleiden und (vom Meer) antreiben zu lassen«? (S. 68) – Ein Nachttraum pflegt solche Fragen nicht aufzuwerfen und darf daher die Antwort schuldig bleiben. Es kommt zu einer »schrecklichen Verfolgung durch die Alte«, wobei sich »der Kampf des Guten, zu dem wir unsere Zuflucht nehmen, gegen das Böse« *andeutet* (S. 69). Die »Andeutung« eines Kampfes, während der Kämpfende *flieht*? Und angesichts des *vollkommen Bösen* zum Guten seine »Zuflucht nimmt«? Wie könnte sich das reimen? Reimt es sich überhaupt? Sind der »Kampf«, das »vollkommen Böse« und die »Zuflucht« des Guten – »Da wir jedoch nicht von Grund auf gut sind« – die notwendige Ergänzung eines Traums, in dessen Zentrum sonst massiv und unerklärt die Menschenschlachtung stünde? Das »richtige, anstrengende Schlachten, so eins, bei dem an Schnaps nicht gespart werden darf«, erhebt sie zu einer Art von Norm. Offensichtlich gehört sie zu den festen Gewohnheiten von Bauern, die im Sold der »Alten« stehen. Wer aber ist die Alte? Ist *böse* nur ein Etikett für Jünger, mit dem er einen Traum ausstattet – einen der der Psychoanalyse wohlbekannten anthropophagischen – um ihn literaturfähig zu machen?

In den Begriff selbst dringt er nicht ein. Hätte er das Böse wirklich im Visier, so bedürfte es des Begriffs wohl gar nicht – ähnlich wie eine Liebesgeschichte des Begriffs der *Liebe* nicht bedarf. ›Auf den Begriff bringen‹ ist für einen Traum ein allzu billiges Mittel, um ihn zur Räson zu bringen. Nicht nur erklärt er nichts, vielmehr verdunkelt er, welches die wirklichen Motive für den Kannibalismus sein könnten.

In »Grausame Bücher« behauptet Jünger nicht völlig zu Unrecht, daß die »Tugend« Rousseaus den »Bestialismus« – »als eine ihrer Grundqualitäten« – *abgespalten* habe (AH 2,74). Aber eine Reflektion des Bösen ist auch das noch nicht. Ganz ohne reflektorische Zutat nimmt es sich noch am plausibelsten aus – so wie ja auch die Menschenschlachtungen *plausibel* genannt werden dürfen.

»Ich mußte an den Trost Condés denken, den er dem über die 6000 Gefallenen der Schlacht bei Freiburg weinenden Mazarin spendet: ›Bah, eine einzige Nacht in Paris gibt mehr Menschen das Leben, als diese Aktion gekostet hat‹« (»Aus den Strandstücken, 2« – AH 2,78). – Wobei ich dem zynischen Franzosen noch den Vorzug geben würde gegenüber seinem *ergriffenen* Bewunderer. Der fährt nämlich fort: »Diese Haltung der Schlachtenführer, die hinter der Verbrennung die Veränderung sieht, hat mich von jeher ergriffen, als Zeichen hoher Lebensgesundheit, die den blutigen Schnitt nicht scheut (›Leben heißt töten‹?). So empfinde ich Vergnügen bei dem Gedanken an das für Chateaubriand so ärgerliche Wort von der consumption forte, vom starken Verzehr, das Napoleon zuweilen in jenen für den Feldherrn untätigen Augenblicken der Schlacht zu murmeln pflegte, ..., während die Front... wie unter einer Brandung von Stahl und Feuer zerschmilzt. Das sind Worte, die man nicht missen möchte, Fetzen von Selbstgesprächen an Schmelzöfen, die glühen und zittern, während im rauchenden Blute der Geist in die Essenz eines neuen Jahrhunderts überdestilliert« (S. 78 f.).

Welches Jahrhundert ist gemeint? Das neunzehnte oder das zwanzigste? Offensichtlich ist das nicht so wichtig. Der »Trost« Condés, der »blutige Schnitt«, die »consumption forte«, die »Brandung von Stahl und Feuer«, unter der die »Front« (napoleonischer Kriege?) »zerschmilzt«, die glühenden und zitternden »Schmelzöfen«, das »rauchende Blut«, in dem der Geist »destilliert« wird, sind zumindest wichtiger. Es scheint, als sei es vor allem auf diese Sensationen abgesehen – auf Sensationen, die das Massentöten ins Visier nehmen und zu »Zeichen hoher Lebensgesundheit« verklären können. Dabei gerät die »Haltung« der »Schlachtenführer« in der Tat in die Nähe *böser,* wenn nicht krimineller »Haltungen« – aber das bleibt ein unbeabsichtigter Nebeneffekt.

Zwar nennt Jünger das Böse beim Namen, wo die Menschenschlachtung den »Verzehr« durch Menschen, aber er nennt es nicht mehr beim Namen, wo die Menschenschlacht den »Verzehr« durch »Stahl und Feuer« impliziert. Anscheinend war ihm nicht bewußt, daß mindestens das Wort *Verzehr* die *Schlachtung* mit der *Schlacht* verbindet... aber er ist ja zugleich der *Träumer,* für den dies In- und Durcheinander unvermeidlich ist.

Ansätze zu einer Aufklärung des Bösen finden sich in dem prunkvollen Erzählstück »Die Klosterkirche«. Dort befehlen «Hierarchen« einer »Gruppe von niederen Mönchen mit Gesichtern von verknöcherter Bosheit« den Mord an einem jungen »Führer« (AH 2,23). »Dieses Exempel, das die alte Ordnung unwiderruflich wiederherstellte, erfüllte uns mit ungeheurer Angst« (ebd.). Aber in den »niedermähenden Schmerz, den ich empfand« mischt sich zugleich ein »anderes Gefühl«, »dessen Erinnerung mich fortan wie ein zweites Bewußtsein begleitete. Ich fühlte es wie einen Aufschlag, mit dem man aus dem Schlafe erwacht. Wie ein jäher Schreck zuweilen dem Stummen die Sprache verleiht, so berührte mich von Stund an der theologische Sinn« (S. 24).

Das Letzte wieder rätselhaft, oder wir müssen dem Mord einen »theologischen Sinn« – und damit die nachträgliche Billigung des Erzählers, der gleichsam zur Wirklichkeit erwacht ist – unterlegen. Diese Wirklichkeit wäre dann »von Grund auf böse«, und es hülfe nur noch die Einstimmung in sie. Auch fällt das Wort hier nur im Zusammenhang einer Beschreibung (die Gesichter »von verknöcherter Bosheit«). Vielleicht war Jünger dem Bösen hier wirklich auf der Spur – und wich ihm im letzten Augenblick aus.

Am Beispiel Edgar Allan Poes läßt sich zeigen, daß die *Verdinglichung* des Bösen – als Phänomen so gut wie als *Begriff* – nicht das alleinige und notwendige Resultat einer *Obsession* ist, die unausgesprochen Vergnügen an ihm findet. Gerade indem es Jünger vermeidet, ins Dunkel seiner erzählerischen Voraussetzung selbst vorzustoßen, erhebt er diese zu einer nicht weiter problematisierten Konstanten, die einmal das de facto Böse, einmal den bloßen Begriff »abspaltet«. Beide stehen ebenso beziehungslos nebeneinander wie die Menschenschlachtung im Hof der »Alten« neben seinem abstrakten *Zitat*. Gleichsam erkennt der Träumer den Erzähler nicht wieder. Es gibt sie in der Tat beide, aber ihre Beziehung ist entweder gestört oder förmlich abgebrochen. Große Teile der realistisch getönten Erzählungen, so vor allem die »Afrikanischen Spiele«, aber auch so manches Stück aus dem »Abenteuerlichen Herzen« selbst, bezeugen, daß auch die ›gestörte Beziehung‹ noch eine Beziehung sein kann. Jünger weiß durchaus zu *erzählen*.

Poe geht den umgekehrten Weg wie Jünger. Er kommt nicht stets bei einer quasi ahistorischen und selbst nicht reflektierten *Verdinglichung* des Bösen an, sondern er geht von ihr aus. Er hält sich an das, »was der Fall ist«. Stets ist für ihn das Böse das als solches akzeptierte und ausgelebte, das es für Jünger *nicht* ist. In der einzigen analytischen Studie, die er dem Kriege widmete, im »Kampf als inneres Erlebnis«, beruft sich Jünger auf den »Vernichtungstrieb«. Das wäre Poe nicht eingefallen. Unzweideutig ist für ihn das Böse jenes *Ding,* das Jünger triebtheoretisch aufzulösen unternimmt, bevor er es überhaupt *wahrgenommen* hat. Die Verdinglichung des Bösen, wie sie Jünger unterläuft, ist paradoxerweise gerade seiner Anstrengung zu verdanken, ihm einen triebtheoretischen Rahmen zu zimmern. Eben mit diesem Rahmen schreibt er es fest. Mit der Feststellung von der »Entschädigung«, welche die Entfesselung des »Triebs« dem Zivilisationsmenschen gewährt, bewegt er sich zwar bis zur Grenze einer Aufklärung der wirklichen Verhältnisse; aber nicht nur bleibt er vor der Grenze stehen, er interpretiert den Trieb zudem ganz folgerecht als *Urtrieb*, er bezieht ihn zurück auf jene *Urverhältnisse*, die nichts als die verdinglichenden Phantasien seiner eigenen undurchschauten Obsession sind.

In der Erzählung »Der Geist des Bösen« (der englische Titel lautet genauer »The imp of perverse«), spricht Poe vom »zügellosen Hang, das Böse um des Bösen willen zu tun«, der »für Menschen von gewisser Veranlagung«... »absolut unwiderstehlich« sei (Poe I,168). Womit die Möglichkeit der Entscheidung für oder gegen es entfällt. Aber nicht nur die Wahlfreiheit des Übeltäters, die es doch erst zum Bösen machte, auch jegliche »Zweckmäßigkeit« des Bösen weist Poe weit von sich. Ausdrücklich nennt er es ein »mobile ohne Motiv«, einen »radikalen, primären, elementaren Beweggrund«... von dem wir allerdings erfahren: »...wir handeln aus dem Grunde, weil wir *nicht* handeln *sollten*« (ebd.). Oder: Wir bestehen »auf einer gewissen Handlung..., *weil* wir sie nicht begehen sollten...« (ebd.).

Die böse Handlung zielt bei Poe in letzter Linie auf eine Ideologie, die wir heute als *Zweckrationalität* bezeichnen würden, sie zielt auf eine Ordnung der Vernunft, die bei der »psychologischen« Zerstückelung des Menschen in seine Partialfunktionen das irrationale mobile vergessen hat (I,167). Aber nicht nur hat sie es vergessen: »...in dem Fall des gewissen Etwas, das ich Perversität benenne, ist... (der »Wunsch nach Wohlbefinden«, der eine »Modifikation des Selbsterhaltungstriebes ist«)... »nicht nur *nicht* erregt, sondern ein sonderbares, geradezu entgegengesetztes Gefühl tritt ins Dasein« (I,169).

Offenbar lebt das »entgegengesetzte Gefühl«, das aller Definition sich sperrt, aus dem Impuls solcher Entgegensetzung selbst. Die »Psychologie« –es ist die moderne empiristische – hat es, indem sie es »übersah«, zugleich auch provoziert. »Wem wäre es nicht hundertmal begegnet«, heißt es in einer anderen Erzählung, »daß er sich bei einer niedrigen und törichten Handlung überraschte, die er nur deshalb beging, weil er wußte, daß sie verboten war? Haben wir nicht beständig die Neigung, die Gesetze zu verletzen, bloß weil wir sie als solche anerkennen müssen?« (Der schwarze Kater, I,183).

Unwiderstehlich für den Mörder, welcher vom »Geist des Bösen« beherrscht wird, ist nicht eigentlich die Tat, sondern ihr Verbot. Im subjektiven Zwang, das Verbot zu übertreten, kehrt nur der objektive Zwang der (verinnerlichten) gesellschaftlichen Ordnung wieder. Das »mobile ohne Motiv« ist nur deshalb mit einem Denkverbot belegt, weil das Nachdenken darüber auch die Instanz nicht mehr verschonen könnte, über die die Gesellschaft in den Individuen selber wirksam ist. Denn einzig ihr *böses Gewissen* – ihr Über-Ich – kann die Individuen dazu verhalten, sich ihr wieder auszuliefern. Konsequent und ebenso zwanghaft, wie er den Mord beging, verrät daher der Mörder sich am Ende selbst (I,172).

Die wahre Fatalität des Bösen ist bei Poe nicht einfach draußen oder drinnen, sie ist vielmehr die zwanghaft-ausweglose Dialektik von Freiheit und Gesetz, Individuum und Gesellschaft, Subjekt und objektiver Ordnung. Eben dieser Prozeß kommt bei Jünger zum Erliegen. Seine beiden Seiten stehen nicht mehr in einem dissonantisch-dialektischen, sondern im Verhältnis prinzipieller »Konsonanz«. War die Berufung auf den individuellen Gewaltakt einst die provokative Antwort auf die ›Öffentliche Gewalt‹ gewesen, so begnügt sich das solipsistisch abgekapselte Subjekt nunmehr damit, sympathetisch deren Echowirkung zu notieren. Dabei mag es sich freilich immer noch von der Hoffnung inspirieren lassen, daß die Gewalt im historischen Stadium ihrer ›öffentlichen Entfesselung‹ nur ihrerseits die Ordnung untergraben konnte, welche historisch das Angriffsziel gewesen war.

Die *Ästhetik der Gewalt* ist kaum viel mehr als das Bekenntnis einer Sympathie, welche den kritisch-gewalttätigen Affekt des Einzelnen an den Schönen Schein und den Schönen Schein an die Gewalt verraten hat. Der doppelte Impuls der überlieferten Ästhetik – »Formtrieb« und »Stofftrieb« – wird nur deshalb einseitig dem Formprinzip geopfert, weil dieses stets auch inhaltlich bestimmt ist, weil in der ›ästhetisierten‹ stets schon die ›Öffentliche Gewalt‹ wiederkehrt. Die zähflüssige Ausgewogenheit der Prosa Jüngers seit der Zweiten Fassung des »Abenteuerlichen Herzens« ist in diesem Rahmen der sinnlich-anschauliche Niederschlag eines Gestus, der nicht mehr protestiert, sondern dem es – und sei es gegen den eigenen Willen – wesentlich um Bestätigung, bzw. Beschwichtigung zu tun ist.

Schwerlich ließe sich behaupten, daß die Konvergenz von Schönem Schein und Häßlicher Gewalt von der klassischen Ästhetik (etwa Schillers) abgeleitet worden sei. Wohl aber läßt die Unschärfe der antithetischen Begriffe »Stoff« und »Form« ästhetische Folgerungen zu, die nicht nur von Jünger gezogen worden sind. Voraussetzung war hier wie stets der Mangel an jener Zweiten Reflexion, welche zur Ersten – und nicht erst mit Poe und Baudelaire – geschichtlich hinzugetreten ist. Schon Schillers Reflexionsbegriffe waren Zweite Reflexion. Andererseits kann natürlich kein Begriff mehr treffen, was aus dem Umkreis seiner geschichtlichen Wirksamkeit herausfällt. Werden bei Jünger »Stoff« und »Form« bruchlos zur Einheit zusammengefügt, so scheint das klassische Ideal zunächst erfüllt, wonach der Dichter »den Stoff durch die Form vertilgt« (Schiller V,379). Die Notwendigkeit, über die einfache Distinktion von Stoff und Form hinauszugehen, ist Folge ihrer eigenen geschichtlichen Entfaltung. «...nicht allein gegen [den Inhalt]«, schreibt Adorno, »sondern durch ihn hindurch ist [Form] zu denken, wenn sie nicht Opfer jener Abstraktheit [!] werden will, durch welche Ästhetik reaktionärer Kunst sich zu verbünden pflegt« (Adorno 7,211).

So wenig wie der »Inhalt« kann die »Form« von Jüngers Traumerzählungen so ermittelt werden, als treibe bloß das Eine das Andere hervor. Im Ergebnis einer Form-Anstrengung, welche das zerstreute und ›statistische‹ Verhältnis der Realität ins stimmige Bild übersetzt hat, kehrt insofern auch *Inhaltliches* wieder, als die geschichtliche Tendenz es ihrerseits auf Ahistorizität, auf den Schönen Schein der »faschistischen Ästhetik« abgesehen hatte (Benjamin).

Das Vehikel der Ästhetik, als die Erste Reflektion der faktischen Verhältnisse, verfällt bei Jünger im selben Maße diesen selbst, wie es auf seine eigene – sprich: auf die Zweite – Reflektion verzichtet hat. Opfer und Henker sind nicht mehr konkrete Menschen, sie sind nicht mehr geschichtlich definierbar, sondern stehen ebenso direkt und ebenso abstrakt einander gegenüber wie die geschichtlichen Opfer und die geschichtlichen Henker. Weiß der Verhaftete im totalen Staat in Wahrheit nicht, von wem er verhaftet worden ist, es sei denn vom Primzip des Bösen selbst, so wissen auch Jüngers Gefolterte nicht mehr, als daß sie in der Gewalt des Bösen selbst sind. Für Jünger wie für jede begriffslose Poesie der Moderne gilt, daß das mimetische Verfahren ebenso blind bleiben muß wie das, was es beschwört. Beide haben sich daher so wenig auszuweisen wie der Geheimpolizist im totalen Staat, wenn er zur Verhaftung schreitet. Die Poesie ist im selben Grade *unmittelbar* geworden, wie sie die rohe und handgreifliche Gewalt *unmittelbar* entmächtigt, d.h. in den ästhetischen Schein aufgelöst hat, und sie trifft sich darin mit den Verfahren jener politischen Systeme, welche die Gewalt ihrerseits als Schein – nämlich als die Propaganda der Feindes – auszulegen trachten.

Keineswegs geht die Ästhetik der Gewalt den wahren Verhältnissen nach, vielmehr ist sie nur deren dumpfer, identifikatorischer Erfahrungsniederschlag. Sie unterscheidet sich nicht prinzipiell von der Erfahrung aller Menschen. Wie diese ruft sie nicht bei seinem

Namen, was sie registriert. Insofern hebt sich das poetische Verfahren selbst auf, und kein Weg führt zu ihm zurück, wo nicht bedacht wird, daß die objektiven Beziehungen der Menschen – durch Umleitung über das abstrakt gewordene System, über die sog. gesellschaftliche Ordnung – nur unter der Bedingung noch ihre eigenen genannt werden können, daß sie als *pervers* beschrieben werden. Das ist der Sinn des Kafkaschen Kosmos. Alle sind miteinander in Verbindung, aber zugleich auch niemand, und die entferntesten Behörden kennen meine ›Personalien‹ besser als mein nächster Nachbar. Poe als erster hat darauf bestanden, daß »es« das Perverse (Böse) »gibt«, und seine Insistenz drang in das Dunkel vor, dem es seine geschichtliche Hartnäckigkeit verdankt. »Entfremdung« und »Verdinglichung« sind nur die philosophischen Stichworte für ein Verhältnis, das von reflektierter Poesie seit langem als die abslute *Ferne* und die absolute *Nähe* der Menschen begriffen worden ist. Es zentrierte schon bei Poe im entfremdeten und dinglichen von Opfer und Henker, deren gesellschaftlich-geschichtliche Vermittlung – das sie umgreifende System, die gesellschaftliche Ordnung – ebenso abstrakt geworden war wie ihre handgreifliche Beziehung konkretistisch und unmittelbar.

Es ist, als habe Jünger, wo er das Gewaltverhältnis visiert, stets nur einen Kreis um es beschrieben. Stets ist es zugleich erzählerische Voraussetzung und erzählerisches Resultat. Wo er dagegen aus seinem magischen Zirkel heraustritt, eröffnet sich mitunter überraschend ein Beobachtungsfeld, das er mit großer Sensibilität nach Details, Kuriosa, Alltagserfahrungen abstreift. Das gilt auch für das »Abenteuerliche Herz«. »Aus dem Guckkasten« erzählt realistisch, was der heimgekehrte Soldat mit einem Mädchen erlebt haben mag, »Rot und Grün« beschwört impressionistisch eine Kleinstadtlandschaft, »In den Kaufläden« werden moderne Verkaufsgewohnheiten beobachtet und zum Teil vorweggenommen (In der Tat sind die Waren, die wir heute in den Supermärkten kaufen, inzwischen ebenso steril verpackt wie einst nur Tabakwaren) usw. Allerdings fällt auf, daß die meisten Beobachtungen wie in der Luft zu hängen scheinen. Weder sind sie untereinander, noch sind sie mit einer identifizierbaren Optik verbunden. Eine sehr zerstreuende Linse scheint am Werk, so als beobachte jedesmal ein anderer. Allein der *Stil* sorgt für einigen Zusammenhalt. Das Thema der Gewalt ist im allgemeinen ausgespart und wie vergessen. »Aus den Strandstücken 1« bewahrt es als einen feinen morbiden Geruch... mir scheint es ein besonders gelungenes Stück. Eine wahrhaft heitere und zudem treffsichere Prosa entfaltet die charakterologische Skizze »Skrupulanten und Posaunisten«.

Jedoch wird die zweite Hälfte der Sammlung mehr und mehr den kontemplativ-spekulativen Tendenzen geopfert, die das spätere Werk beherrschen werden. Eine Ausnahme bildet nur die merkwürdige Erzählung »Der Hippopotamus« (Das Flußpferd – s. u. S. 160 f.).

Drei Stücke stehen auf der Grenze zwischen Traum und erzählerischer Verbindlichkeit: »Der Oberförster«, »Der Erfinder« und »In den Wirtschaftsräumen«. In den beiden ersten Stücken geraten die »Mauretanier« (die Nationalsozialisten) ins Blickfeld. Der Oberförster, der seine Rede immer wieder unterbricht, um dem »Adepten« fast buchstäblich die ›Flötentöne beizubringen‹, ist die bei weitem anschaulichere und gelungenere Vorwegnahme des Oberförsters der Erzählung »Auf den Marmorklippen«. Das Spiel, das er mit dem »Adepten« spielt, könnte Spuren des zweideutigen Verhältnisses bewahrt haben, das Jünger zu den Nationalsozialisten unterhielt. »Und ich begann meiner Klugheit zu fluchen und meinem einsamen Übermut, der mich in solche Gesellschaft verstrickt hatte…« (AH 2,57). Auch eine »steinalte Frau« (»die Alte«) erscheint und reißt etwas wie ein Grab »in den Grund«. Als der Adept sie fragt, was sie dort mache, flüstert sie »mit einem Kichern, das mir das Blut gerinnen ließ, zurück: ›Söhnchen, das soll dich nichts kümmern – das erfährst du schon früh genug!‹« Mit »entsetzlicher Klarheit« erkennt der Adept, daß er dem Oberförster »ins Garn gegangen war« (ebd.). – Das Stück »Der Erfinder« verteilt die moralische Ambivalenz gleichmäßig auf alle Parteien und bemüht wiederum die Traumstruktur. Aber »unser Doktorchen, mit dem schwarz-rot-schwarzen Bande der Mauretanier unter dem hastig übergeworfenen Operationskittel« (AH 2,59) könnte eine Anspielung auf Joseph Goebbels sein (das »Doktorchen«, die Armbinde der Nazis). »…der Schnitt, den er führt, sieht eher wie ein Schlachtschnitt aus…« (ebd.) – und weniger wie die beabsichtigte Operation des »Erfinders«, der während einer illustren Mahlzeit eine Gräte verschluckt hat. »Die Gesellschaft sieht dem halb erfreut, halb auch verdrießlich zu, weil ihr der Appetit vergangen ist« (ebd.).

Ähnlich zweideutig beginnt das Traumstück »In den Wirtschaftsräumen«, …in denen »man sich zweier Gäste, eines Herrn und einer Dame, bemächtigt hatte und sie nötigen wollte, die Kleider auszuziehen. Sie sträubten sich sehr, und ich dachte mir: ›Freilich, solange sie noch die guten Sachen anhaben, sind sie in Sicherheit‹« (AH 2,101). Jedoch das Ende ist eindeutig und pointiert eine Lage, welche nicht treffender umrissen werden könnte. Das »große Café, in dem eine Kapelle spielte und viele, gut gekleidete Gäste sich langweilten«, erscheint dem Träumer nach dem Besuch der Wirtschaftsräume »in einem ganz anderen Licht. Auch begriff ich, daß es nicht Langeweile war, was diese Gäste empfanden, sondern Angst« (ebd.).

Die drei Stücke sind die relativ präzisen Notate einer Lagebeurteilung, wie wir sie sonst vermissen. Es ist die Spur des *Urteils* (»Auch *begriff* ich...), welche sie von den meisten übrigen Stücken unterscheidet. Das Urteil gehört einem reflektierten und erzählerischen Bewußtsein an. Es spricht auch aus dem Stück »Die Klosterkirche« und aus der einzigen längeren Erzählung, »Der Hippopotamus«. Jedoch scheint diese Erzählung aus dem Zusammenhang überhaupt herauszufallen – ähnlich wie die im Hannoverschen Kurier im Jahre 1923 in Fortsetzungen erschienene Kriegserzählung »Sturm« (im Jahre 1960 wiederaufgefunden, im Jahre 1978 wiederaufgelegt) aus dem Zusammenhang der Kriegserzählungen. Beide verarbeiten Elemente eines *Dandysmus*, wie ihn Rainer Gruenter in seinem vorbildlichen Aufsatz skizziert hat (s. u. S. 157 ff.) und müssen daher im Zusammenhang mit Gruenters Schrift betrachtet werden.

1. Projektiver Impressionismus
Zum Verfahren des Tagebuchverfassers

Was für die Kriegsbücher gilt: die erzählerische Disposition, das stilisierende Arrangement des schreibenden Subjekts, das sich die Wirklichkeit je so zurechtstutzt, wie sein ›inneres Erlebnis‹ ihm dies nahelegte, das kann in übertragenem Sinne auch für die übrigen Tagebücher gelten. Die Position eines Schreibers, der nun von Tag zu Tag berichtet, ist seinen Beobachtungsgegenständen stets gleichsam transzendent. Schon der Umfang der Tagebücher spricht für eine methodische und nicht bloß occasionelle Stilisierung von Erlebnis-, Mitteilungs- und Inspirationsmaterialien. Nicht nur ist das Tagebuch »im totalen Staat das letzte mögliche Gespräch« (STR 9), sondern es ist vielleicht das einzig mögliche Gespräch für Jünger. »Auch die Marmorklippen, die er selbst für eine Erzählung hält«, stellt Schelle nicht zu Unrecht fest, »sind eigentlich ein Tagebuch« (Schelle 31), – und umgekehrt, so ließe sich hinzufügen, ist »ein Tagebuch, welches für eine Leserschaft gedacht ist« (Schelle 33), die zwar nicht kontinuierliche, aber um so konsequentere erzählerische Stilisierung des Verfassers selbst. »Jünger betrachtet sich, man weiß es, als eine ›exemplarische Existenz‹«, bemerkt Ernst Niekisch (ebd.). »In dem Maße aber«, ergänzt Schelle hellsichtig, »wie das Tagebuch an Unmittelbarkeit einbüßt, wird es bloße Form und der Verfasser ein Schauspieler, der sich selbst spielt« (ebd.), – bzw. ein Erzähler, der autistisch bloß noch von sich selbst spricht.

Noch weniger als bei den Erzählungen kann selbstverständlich bei den Tagebüchern die ganze Figur des Schreibers zur Betrachtung gelangen. Da es hier zudem mehr um die Methode als um die persönlichen Standpunkte und Perspektiven Jüngers geht, müssen wir uns teils bei charakteristischen Beispielen aufhalten, teils zwischen ihnen mehr oder minder abstrakte Verbindungslinien ziehen. Nicht nur diese Untersuchung selbst, auch eventuelle künftige könnten sich vielleicht veranlaßt sehen, diese entweder zu konkretisieren oder durch brauchbarere zu ersetzen.

Im Sinne eines Vorschlags greife ich einzelne signifikante Passagen aus einer Stoffmasse, die nicht nur ihres Umfangs wegen sich jeder äußeren Schematisierung entzieht. Aber schon der summarische Überblick, falls er bei einer solchen Stoffmasse erlaubt ist, belehrt uns darüber, daß das vorfindliche Material überwiegend in

Beobachtungsmaterial überführt ist. Primäres Movens für die Niederschrift ist fast stets die Beobachtung – und damit der Beobachter selber – und nur ausnahmsweise deren Gegenstände. Kaum je kann von jener Beunruhigung gesprochen werden, die etwa ein schockierender Gegenstand auslöst:

»Es heißt, daß seit der Sterilisierung und Tötung von Irren die Zahl der geisteskrank geborenen Kinder sich vervielfacht hat. Ganz ähnlich ist mit der Unterdrückung der Bettler die Armut allgemein geworden, und führt die Dezimierung der Juden zur Verbreitung jüdischer Eigenschaften in der Welt. Durch Ausrottung löscht man die Urbilder nicht aus; man macht sie eher frei.« (12. März 1942. STR 110).

Die beiden schockierenden Fakten – die Sterilisierung und Tötung von Irren, die Dezimierung der Juden – werden durch jene anderen ›Fakten‹ neutralisiert, die ebenso ungesichert sind wie die ersteren gesichert. Phantastische Vermutungen sollen die beunruhigenden Fakten entkräften. Nicht einmal auf die »jüdischen Eigenschaften«, die kein Ethnologe der Welt je definieren könnte – und die nichts als die Verdinglichung von negativen Eigenschaften überhaupt sind – kann daher verzichtet werden. Früher vereinigte das »Urbild« sie auf sich allein, und der moralische Hochstand der übrigen Menschheit blieb unangefochten: noch diese ›positive Aufgabe‹ der Juden bestätigt das »Urbild«, welches nichts als das wiederaufgewärmte des Regimes ist, in dessen anbefohlener Negativität.

Dabei ist zu beachten, daß Jünger keineswegs Antisemit ist, sondern lediglich den herrschenden Strömungen sich überlassen haben dürfte. Selten findet man eine handfeste antisemitische Äußerung bei ihm: »Die Erkenntnis der Verwirklichung der eigentümlichen deutschen Gestalt scheidet die Gestalt des Juden ebenso sichtbar und deutlich von sich ab, wie das klare und unbewegte Wasser das Öl als eine besondere Schicht sichtbar macht« (P/SM 12. 9. 1930).

Schon die stramme und abstrakte Formulierung – die Erkenntnis der Verwirklichung einer Gestalt – verrät den Einfluß der nationalsozialistischen Lehre, der Jünger damals noch relativ distanzlos gegenüberstand. Daß er sich von ihr zu lösen anschickte, könnte solche Überanpassung mitbedingt haben.

Anpassung, in diesem Fall an die gesellschaftliche Umorientierung nach 1945, könnte auch an der beiläufigen Bemerkung vom 21. Februar 1946 abgelesen werden: »Man kann den Juden manches nachsagen, aber nicht, daß sie undankbar sind« (JO 239). Der positiven Eigenschaft der Dankbarkeit wird listig die Behauptung angehängt, daß man den Juden »manches nachsagen« kann. Aber auch hier dürfte nur ein Einfluß im Spiel sein. Gerade die List der Phrase kennzeichnet sie als abhängig vom verstohlenen und reservierten Antisemitismus, wie er bis heute fortlebt.

Charakteristisch ist weniger das individualisierte negative Leitbild, auf das der Autor sich persönlich festlegt, als vielmehr das tendenzielle generelle, auf das die Gesellschaft sich festgelegt hat. Jünger neigt gerade nicht zum persönlichen Engagement, auch nicht zum negativen. Dafür spricht nicht nur sein offizielles Feindbild aus dem Ersten Weltkrieg, das in Wahrheit keines ist. Das auf sich selber eingeschränkte Subjekt bedarf der Feinde eher zur individuellen Triebbefriedigung als zur wie immer falschen Orientierung im Raum und in der Zeit.

In »Feuer und Blut« erzählt uns Jünger, wie er im Gefecht einem Engländer begegnete, der ihm geistesgegenwärtig ein Foto seiner Familie zeigte. Der Leutnant Jünger ließ sofort von ihm ab. »Vielleicht wird er, wenn er davonkommt, seinen Kindern erzählen, daß ein Talisman ihm das Leben gerettet hat« (WA 1,511). – In der »Atlantischen Fahrt«, deren erste Niederschrift ins Jahr 1936 fällt, wird ohne Rücksicht auf das »Rassengewirr« dem brasilianischen Volke eine »Hilfsbereitschaft« zuerkannt, »in der ritterliche und demokratische Züge sich wechselseitig erhöhen«. (WA 4,126).

Solche Freiheit des Urteils ist durchaus die positive des entschlossenen Impressionisten, der von seiner Erfahrung unmittelbar sich inspirieren ließ. Erst die spezifische Denkhemmung des Impressionisten führt dazu, daß er noch die Vermittlungen übernimmt, zu denen sein Material – die Wirklichkeit – durch die etablierte Ideologie verformt worden ist.

Folgende positive Bemerkung über die Juden möge illustrieren, daß auch die vielen Rückgriffe auf Mythologisches und Vorgeschichtliches von Ideologie gesteuert sein können:

»Auch ein König Ahasveros konnte die Juden nicht ausrotten. Es läuft immer auf eine Beschneidung hinaus, und damit auf eine Stärkung, auf neuen Ausschlag am alten Stamm. Getauften Völkern fehlt dieses zähe Harren durch die Jahrtausende. Das ist das Geheimnis der ehernen Schlange, ist irdische Unsterblichkeit« (17. April 1945. JO 22).

Keineswegs zufällig orientiert sich diese Bemerkung, für die viele ähnliche stehen könnten, an den biblischen Geschichten. Denn erst vor diesem Hintergrund vermag Jünger positiv zu setzen, was die Epoche negativ setzte. Er vermag nicht zu sehen, daß das negative Leitbild eine durch historische Erfahrungen – und durch den alten religiösen Antagonismus – nur notdürftig genährte ideologische

Obsession war, die des positiven Gegenbilds gar nicht bedarf. Zudem leistet das positive zur Auflösung des negativen Bildes um so weniger, je entschiedener es eine Vorvergangenheit beschwört, die erstens nicht gesichert, zweitens um jene Dimension gekürzt ist, welche die Vermittlung zur jüngsten jüdischen Vergangenheit hergestellt hätte. Der Mord an Millionen wird nicht aufgewogen durch die literarische Versicherung von der »irdischen Unsterblichkeit«. Im »zähen Harren durch die Jahrtausende« zittert sogar noch eines der Motive nach, welche die Nazis für ihre Rachefeldzüge verwandten.

Solche Argumentation (und Sprache) blockiert die Rezeption der wirklichen Zusammenhänge. Nur in der verzerrten Gestalt, welche der typischen Vorurteilsstruktur entspricht, kommt die Komplexität der Realität noch zu Wort. Was sich als das induktive Verfahren des konsequenten Impressionisten ausweist, ist zugleich das versteckte deduktive, welches das angeleuchtete Stück Wirklichkeit durch subjektive Projektion wieder verdunkelt. »– wir bilden uns die Welt«, heißt es am 23. Juni 1940, »und was wir erleben, ist nicht dem Zufall untertan. Die Dinge werden durch unseren Zustand angezogen und ausgewählt: die Welt ist so, wie wir beschaffen sind« (GS 176). – Knapp ein Jahr später, am 17. Mai 1941, bestätigte er sich in seiner Ansicht, »daß wir es sind, die das Erlebnis dirigieren; die Welt stellt uns die angemessene Instrumentation« (STR 35). – Auch die endlich eingetretene deutsche Katastrophe scheint ihn über dies Verhältnis nicht belehrt zu haben. »Ich dachte wieder einmal«, notierte er am 5. August 1945, »daß wir die Bilder nicht durch Zufall sehen; sie ordnen sich der Seelenlage zu.« (JO 121).

Das ist nicht weit vom animistischen Denken, wie es Sigmund Freud in seiner Studie »Totem und Tabu« beschrieb, und bildet eine kaum zufällige Parallele zu jener »Allmacht der Gedanken«, für die »die Dinge der Welt« so sind, »wie der Mensch sich selbst verspürte.«... »Die erste Weltauffassung, welche dem Menschen gelang, die des Animismus... bedurfte noch keiner Wissenschaft zu ihrer Begründung, denn Wissenschaft setzt erst ein, wenn man eingesehen hat, daß man die Welt nicht kennt und darum nach Wegen suchen muß, um sie kennen zu lernen« (Freud IX,112).

Jüngers »intellektueller Narzißmus« kann notwendig erst im Schreibakt selbst die Welt sich so zurichten, »wie der Mensch sich selbst verspürte«, seine Konsequenz kann nicht viel mehr sein als deren objektive Verfehlung. Die Unbeirrbarkeit, die aus fast allen seinen sprachlichen Positionsbestimmungen herausguckt, spricht für das spezifisch animistische Vertrauen in die Impressionen ebenso wie in die Phantasien. Beide beanspruchen nicht nur den gleichen Stellenwert, sondern sind auch nicht miteinander vermittelt. Sie vermögen einander weder wechselseitig zu erhellen noch etwa zu korrigieren. Sie sind nicht das Verschiedene von Subjekt und Affektion, Vorstellung und Wahrnehmung, sondern eigentlich dasselbe: Eigentum des Subjekts, dessen »Seelenlage« zugleich die objektive Lage sein soll. Auffälligstes Symptom hierfür ist die spezifische »Unzugänglichkeit gegen die leicht zu machenden Erfahrungen, welche den Menschen über seine wirkliche Stellung in der Welt belehren könnten« (Freud IX,110).

Der intellektuelle Mechanismus, welcher den Schreiber mit sich selbst wie mit der Welt vermittelt, ist damit im präzisen Sinn des Wortes der Verdrängung anheimgefallen. Zwar wird auch noch ein solches Bewußtsein transportieren, was sich ihm aufdrängt, aber nur in der verzerrten Gestalt, welche die unbewußte Vorzensur darüber verhängt hat. Selbst wo das impressionistische Verfahren zur kommentarlosen Wieder- oder Weitergabe von Erfahrung zwingt, kann solche unbewußte Projektion mitunter nachgewiesen werden. Mehr noch freilich liefert der Ausfall vermittelnder Kommentare selber einen Hinweis darauf, daß es diesem Bewußtsein offenbar unmöglich ist, sich angesichts von Tatsachen – über die Vermittlung mit sich selbst – teils einfach umzuorientieren, teils die Tatsachen in deren eigene Zusammenhänge einzustellen. Der Zusammenhang ist meist schlicht derjenige des Subjekts selbst, welches als seine eigene Projektion ihn vorgefunden hat und daher auch nicht denken, geschweige korrigieren kann. Es kann nur deshalb glauben, unmittelbar zu sich wie seinen Gegenständen zu sein, weil die Vermittlung – die Projektion von draußen ins Innere, vom Inneren ins Draußen – hinter seinem Rücken abläuft. Der freie und elastische Austausch zwischen Individuum und Welt ist unfreiwillig und unbewußt geworden, er ist »in Natur zurückgefallen«, auf jene Stufe archaistisch-infantilen Triebverhaltens, für welche die beiden Stichworte ›Narzißmus‹ und ›Sado-Masochismus‹ durchaus ihre Geltung beanspruchen können.

»Man läßt die Opfer, nachdem sie zusammengetrieben sind, zuerst die Massengräber ausheben, dann sich hineinlegen und schießt sie von oben in Schichten tot. Zuvor beraubt man sie des Letzten, der Lumpen, die sie am Leibe tragen, bis auf das Hemd.« (30. März 1942 STR 113). Nur der Terminus »Opfer« und der Passus »beraubt man sie des Letzten« weisen überhaupt darauf hin, daß es sich nicht um eine administrative Anweisung für die Massentötung handelt. Solche untergründige – und unbeabsichtigte – Identifikation mit den Henkern und deren summarischen Verfahren – »man schießt die Opfer in Schichten tot« – ist nichts als die Folge jenes Impressionismus, der das Verdrängte – die Einstimmung – gerade dort projiziert, wo er sie durch die kalte Bestandsaufnahme zu vermeiden trachtet. Zudem legitimiert auch ein Tagebuch, und zumal ein für den Leser sekundär erst zugerichtetes, die kontextuelle Leseart, so daß nicht nur im Ausfall reflektierender Vermittlung, sondern auch in der Abfolge der Eintragungen die spezifische Handschrift des Verfassers wiederzuerkennen ist. Der obigen Eintragung folgt nämlich ohne Übergang die nahezu burleske: »Groteske Bilder der Athener Hungersnot. So fielen an den Höhepunkten eines großen Wagnerkonzertes die Posaunen aus, weil die geschwächten Bläser mit dem Atem nicht mitkamen.« Die in der Zeitabfolge fehlende Vermittlung ist der anderen durchaus kongenial. Ohne Einsicht in seine eigene Rezeptionsproblematik – ohne Vermittlung mit sich selbst – ist der Schreibende auch ohne Einsicht in den Problemzusammenhang der Welt. »Obwohl große Fabriken und zweihundert Wohnungen zerschmettert wurden«, heißt es am 4. März 1942, »sah sich der Vorgang in unserem Viertel eher wie eine Bühnenbeleuchtung in einem Schattenspiele an« (STR 105).

Ja, denn es handelte sich um zwei Vorgänge, um einen objektiven und um einen subjektiven. Daß der Schreiber sie in einen Satz zusammenzieht, bezeugt, daß für ihn zusammengehört, was in Wahrheit gerade keinen Zusammenhang mehr hat: die Wirklichkeit ›da draußen‹ und das teilnahmslos von ihr geschiedene – oder sie gar genießende – Subjekt. Zwar führt solche Subjekt–Objekt-Isolierung, die auf die kontrollierende Vermittlung definitiv verzichtet hat, notwendig zu um so größerer Empfindlichkeit: keine Impression bedarf mehr der Kontrolle, der Ausweisung als positive, negative, signifikante oder belanglose, sie darf stets umstandslos passieren. Aber zugleich damit entfällt auch jede Möglichkeit, die Phänomene in ihre objektiven Zusammenhänge einzustellen und so das Bewußtsein dazu zu nötigen, seine eigene geschichtliche Verflochtenheit zu überdenken.

Daß Jünger mitunter geahnt hat, es müsse etwas geben, daß sich seiner beharrlichen Introspektion entzog – diese Verstrickung nämlich – geht u. a. aus folgender Eintragung »Über das Tagebuch« hervor: »Was uns im Innersten beschäftigt, entzieht sich der Mitteilung, ja fast der eigenen Wahrnehmung.« (18. November 1941. STR 65). Und wie der Prozeß beschaffen ist, der ohne Inanspruchnahme der »eigenen Wahrnehmung« das Innerste entäußert, das Äußere verinnerlicht, verzeichnet nicht zufällig ein Traum, der für das beschriebene Verhältnis das träumerisch chiffrierte Beispiel setzt: »Ich hörte Schritte, die langsam, stampfend die Treppe heraufkamen. Die Tür sprang auf, und Todeskälte erfüllte den Raum. Das Wort Kälte kann hier nur als Umschreibung dienen; es war ein Schauder, der von innen nach außen drang« – so wie er umgekehrt von außen nach innen gedrungen sein könnte (18. 5. 1947. JO 284).

Notwendig muß aber eine Sensibilität, welche der bewußten Kontrolle konsequent entschlüpft, mit dem schier Gegebenen auch dessen Vermitteltes vermitteln. Sie muß blind den Ordnungsrahmen übernehmen, in dem das Gegebene erscheint und der seinerseits nur wieder der unmittelbar gegebene der gesellschaftlichen Lagen und Tendenzen selbst ist. Das kann sich recht unschuldig ausnehmen: »Russische Verwundete, die stundenlang im Walde um Hilfe schrien, zogen die Pistole und schossen auf deutsche Soldaten, die endlich zu ihrer Bergung herbeikamen. Auch das ein Zeichen, daß die Kämpfe ins Zoologische gemündet sind.« (6. März 1942. STR 106). Schon das »Zeichen« trügt. Die russischen Soldaten könnten ihre eigenen Leute erwartet – und sie könnten die panische Angst gehabt haben, welche die Deutschen nicht nur in Rußland verbreiteten. Und der Ausdruck »Zoologie« sollte einem Kenner der Materie nicht unterlaufen. Wie der passionierte Entomologe Jünger wissen sollte, hat selbst noch das Duell der sog. ritterlichen Auseinandersetzung zahlreiche, meist sehr viel weniger blutige Analogien in der Zoologie. Vulgär appelliert der Begriff an seine vulgärste Bedeutung, und er bleibt zugleich, ganz wie es dem Durchschnittsbewußtsein paßt, auf die russischen Soldaten eingeschränkt. Der deutschen ›Zoologie‹ wird nicht Erwähnung getan. Solche Unterschlagung findet allein in einer Perspektive ihre Rechtfertigung, welche als die des Journals ebenso willkürlich gesetzt ist, wie schon das rezipierende Subjekt selber verfährt.

Zahlreiche weitere Belege bestätigen, daß Jünger, ähnlich wie der kleine Bürger, der sich von der unbewußten Rechtfertigungsmoral fürs eigene Tun und Denken seinen Denkhorizont bestimmen läßt, Nachrichten ohne Verbindung zu den komplementären Nachrichten bringt, welche die ersteren nicht bloß korrigieren, sondern häufig erst erklären würden. So vermerkt er etwa, daß Mussolini »auf niedrige Weise aufgehängt worden« ist (29. 4. 1945. JO 28), daß in der russischen Armee »Mord, Plünderung und unterschiedslose Vergewaltigung offensichtlich Heereseinrichtungen« sind (12. 5. 1945. JO 61), oder daß unter den westlichen Alliierten »noch Anstifter des Versailler Friedens mitwirkten« (6. 6. 1945. JO 77).

Was nämlich immer daran wahr sein mag: erklären würde es sich erst durch jene anderen Ereignisse, die etwa die italienischen

Widerstandskämpfer dazu brachten, den Duce, nachdem sie ihn erschossen hatten, an den Beinen aufzuhängen. Gerade hier wäre der Rückbezug auf Archaisch-Mythisches nicht unangebracht gewesen.

Zu schließen ist, daß es auf Erklärung gar nicht abgesehen war. Dem Impressionisten, der seine Eindrücke nicht sortierte, galt noch die schlechte Einseitigkeit der kleinbürgerlichen oder bürgerlichen Majorität, die ihn umgab – und imprägnierte – als eine Wahrheit, welche des Jüngerschen Siegels wert war.

Wo es dagegen zu halbwegs ausgearbeiteten Erlebnissen kommt, tritt der ›tagespolitische‹ Einschlag häufig zurück, und der bürgerliche Orientierungshorizont wird um jenen ›Ewigkeitsbezug‹ erweitert, der von der Heideggerschen Ontologie bis zum banalsten ›völkischen‹ Roman bestimmend geblieben ist. Am 18. August 1942 notiert er:

»In einem Papiergeschäft der Avenue de Wagram ein Notizbuch gekauft; ich war in Uniform. Ein junges Mädchen, das dort bediente, fiel mir durch den Ausdruck seines Gesichtes auf; es wurde mir deutlich, das es mich mit erstaunlichem Haß betrachtete. Die hellen, blauen Augen, in denen die Pupillen zu einem Punkte zusammengezogen waren, tauchten ganz unverhohlen mit einer Art Wollust in die meinen – mit einer Wollust, mit der vielleicht der Skorpion den Stachel in seine Beute bohrt. Ich fühlte, daß es derartiges doch wohl seit langem nicht unter Menschen gegeben hat. Auf solchen Strahlenbrücken kann nichts anderes zu uns kommen als die Vernichtung und der Tod. Auch spürt man, daß es überspringen möchte wie ein Krankheitskeim oder ein Funke, den man in seinem Innern nur schwer und nur mit Überwindung löschen kann« (STR 155).

Auch hier die spezifische »Unzugänglichkeit gegen eine leicht zu machende Erfahrung«. Sie hätte den Schreiber darüber belehrt, warum er in deutscher Offiziersuniform im Jahre 1942 von einer Pariserin gehaßt wird. Im schlecht verhehlten Ressentiment, in der »Wollust« des Skorpions, die er offenbar teilt, da ihm anders dieser Ausdruck kaum unterlaufen wäre, kehren nur die allseits geteilten parteiischen Durchschnittsreaktionen wieder.

Hören wir demgegenüber einen anderen Beobachter der Pariser Szene. Felix Hartlaub, Historiker und Soldat im Mannschaftsstand, schrieb im März 1941 die folgende Erlebnisskizze nieder:

»Métro: Die letzten zwei Meter vor dem portillon automatique, wo der Kontrolleur sitzt; die Hand wandert, unauffällig, in den Mantelausschnitt, dann hat sie das wellige Marineglas, das Futteral mit dem deutschen Stadtausweis, hellblau mit dunklerem Streifen… Ganz schnell wird er herausgesucht, so daß der Beamte nur eine Ecke sieht, die Leute vor und hinter einem möglichst gar nichts. Oder umständlich, mit gemachten

Stockungen, man wirft selber einen Blick darauf, gibt acht, daß man es dem Beamten nicht verkehrt herum zeigt. Eigenartige Handverrenkungen, etwa: was ist das schon, ein deutscher Zivilausweis, es gibt Tausende davon, das besagt noch gar nichts. Der Beamte sitzt, sein Kopf in Brusthöhe der Durchpassierenden. Einer sagt höflich ›merci bien‹, ein anderer hat ein abwesendes Nicken, dann einer ohne jede Reaktion, nur eine Falte am Mund, die sich um eine Idee tiefer gräbt, ein Nasenflügel, der sich hebt, die Augenlider werden leichter, der Blick ein Funke oder ein Rauch. Frauen als Schaffnerinnen: eine kleine Ebbe im Gesicht, ein unmerkliches Engerwerden, die Augen erweitern sich eine Spur, weichen langsam zur Seite. Natürlich haben auch andere etwas gesehen. Man fühlt Blicke in den Schultern; dürftige Schultern in dem vagen, impeccablen Pariser Frühlingsmantel, runder vorsichtiger, mitleidheischender Rücken, der es nicht gewesen sein will« (Hartlaub 72 f.).

Scham ist seine bestimmende Reaktion, und eben mit ihr ist die Sympathie mit den Besetzten – und nicht bloß die mit den Besatzern – geleistet. Solche »menschliche Sensibilität«, wie Hartlaub sie gelegentlich selbst nennt, könnte wie das Mitleid die Reflexionsform eines Gefühls heißen, das dem durchschnittlichen Orientierungsrahmen durch Reflexion darauf entschlüpft ist. Dafür spricht schon die gleichsam atemlose Reihung von Eindrücken, die bis in die Notierung hinein deren Quälendes verzeichnet. Sie hat nicht zufällig ihr Gegenstück in der stilistischen Disziplin der Jüngerschen Erlebnisskizze.

Solche Disziplinierung entspricht dem vorgegeben-bürgerlichen Rahmen einer Rezeption, für welche alles Neue immer schon das Alte ist. Das aktuelle Haß-Verhältnis, wie es die Lage hervorgebracht hat, verschwindet im Rekurs aufs jederzeit abrufbare Urverhältnis des Hasses. Die faktische Gespaltenheit des Besatzungssoldaten, der zugleich der Inneren Emigration sich zugehörig weiß – dies gilt für Jünger wie für Hartlaub – wird überblendet von derselben Selbstgerechtigkeit, wie sie im eigenen Lager geübt wird.

Aber die vulgäre Einseitigkeit, die mit dem ›Urverhältnis‹ das wahre Verhältnis neutralisiert hat, konnte bei dem Intellektuellen Jünger wohl erst im Schutze von Privilegien gedeihen, die ihm während seiner Pariser Jahre den fast ausschließlichen Umgang mit Standespersonen gestatteten. Sie beschützten ihn weithin vor den Einsprüchen der Wirklichkeit. Welcher Art die Gemeinplätze sind, auf die das spätbürgerliche Bewußtsein zurückschließt, ist im Grunde von sekundärer Bedeutung. Wo sich das spezifisch kleinbürgerliche Bewußtsein aufs Nächstliegende stürzt, auf die ›tagespolitischen‹ Ableitungen der Ideologie, da greift das intellektuelle auf die mittleren Allgemeinheiten zurück, welche den sog. Bildungsgütern abdestilliert sind. Deren schier überwältigender Einfluß ist keineswegs geringer als der der Meinungsfixationen, vor denen die Mehrheit kapituliert. Er wird bei Jünger im geschliffenen Stil manifest, welcher als überlieferter es notgedrungen besser weiß als die Inhalte, die er transportiert.

»Gingen dann essen, zur Place Saint Michel. Belonen, serviert auf Eis und Seetang, der sich in Schnüren über die Schüssel zog. Die Farbe dieses Krautes war außerordentlich, denn auf den ersten Blick erschien sie schwarz, bei schärferer Betrachtung indessen als ein mattes und dunkles Malachitgrün, doch ohne die mineralische Härte, voll Lebens-Köstlichkeit. Dazu die grün geschieferten, perlmuttrig inkrustierten Austernschalen inmitten der Reflexe von Silber, Porzellan, Kristall« (18. 11. 1941. STR 67).

Wo bleibt die Mahlzeit selbst? Das bürgerliche Stilleben hat sie begraben unter der »Außerordentlichkeit« der Farbe und einer »Lebens-Köstlichkeit«, welche das Leben, die Kost und deren Köstliches zum Ding zusammenbraut. Die wirklich erscheinenden Dinge sind zu Funktionen jenes ›Dings an sich‹ geworden, das man als das spezifisch Jüngersche Präparat bezeichnen könnte.

Keineswegs nur der signifikante, auch noch der gelegentliche Vorfall verfällt dem Verdikt einer Isolierung, die ihn aus seinem Kontext löst und so ästhetisch ohne Rest verfügbar macht. Die spezifische Verflochtenheit des Faktischen wird buchstäblich weggeschnitten. »Merkwürdig, wie mir bei der Arbeit [an den »Marmorklippen«] das Ganze aus den Augen kommt«, notiert er einmal (am 9. 7. 1939. GS 39).

Die große und keineswegs immer zu Unrecht geschätzte Reizbarkeit Jüngers steht mit seiner weithin unfreiwilligen Assimilation gegebener Vorstellungs- und Denkschablonen in so unauflöslichem Zusammenhang, daß es nicht verwundern sollte, wenn er eine subtile Belehrung »über die Waffen der Pflanzenfresser« mit dem erstaunlichen Zitat beendet: »›Wem Gott ein Amt gibt, dem gibt er auch den Verstand dazu‹« (13. 2. 1943. STR 269). Eine andere Belehrung will uns glauben machen: »...es gibt keine verkannten Genies. Jeder findet im Leben den ihm angemessenen Platz« (24. 6. 1940. GS 177).

Die große Masse vergleichbarer Bemerkungen kann zwar die auffälligsten Merkmale solcher Banalität vermeiden, aber banal bleibt dennoch, was an das Niveau der reflektierten Einsicht nicht heranreicht. Auch die »Epigramme«, die zu Jüngers Glanzleistungen gehören mögen, brechen das konventionelle Schema meist nur oberflächlich auf. Stets denkt der Schreiber innerhalb, nicht außerhalb des Rahmens, welchen das sei es auch hoch dotierte Bildungsbürgertum abgesteckt hat. »Wenige sind wert, daß man ihnen widerspricht« (WA 8,654), gehört ebenso in den Salon wie die beruhigende Gewißheit: »Bei den feinsten Schachzügen des Weltgeistes rücken die unbedeutenden Figuren vor« (WA 8,652). – Wobei die eigene Bedeutung, trotz Ausschluß von den Geschäften der Gesellschaft, erhalten bleiben kann. – Selbst noch die düstere Sentenz: »Der Tod ist die totale Amputation« (WA 8,649), ist nichts als eine grausige Tautologie.

Die Perioden relativer Hellsichtigkeit sind meist kurz, und vielleicht ist es kein Zufall, daß die beiden wichtigsten ins Jahr 1930 – als Jünger sich vom Nationalsozialismus zu trennen anschickte – und ins Jahr 1945 fallen. Beide Male ermutigte wohl der relativ abrupte Bruch zur Revision gegebener Denkhorizonte. Am 22. August 1945 notierte er:

»Die Welttendenz hat seit langem eine Linksrichtung, die seit Generationen wie ein Golfstrom die Sympathien bestimmt. Die Linke ordnet sich seit hundertfünfzig Jahren die Rechte unter, nicht umgekehrt. Es gehört zum deutschen Schicksal, daß sie hier von Anfang an gescheitert ist. Der Ausgang der Freiheitskriege, 1830, 1848, 1918 geben Hinweise auf ein Schauspiel, dessen Wiederholung im Nationalcharakter begründet ist und das weiter zurückreicht, längst vor die Bürgerzeit. Die Reformation, in Frankreich eindeutig niedergeschlagen, in England eindeutig obsiegend, ist bei uns in der Schwebe geblieben, wie so viel anderes« (JO 134).

Und 1930 ist ihm der Faschismus »unzweifelhaft nichts als ein später Zustand des Liberalismus, ein vereinfachtes und abgekürztes Verfahren, gleichsam eine brutale Stenographie der liberalistischen Staatsverfassung« (Loose 363). – Die liberal eben nur im ökonomischen Bereich, im politischen dagegen nur so lange bleiben sollte, wie die Eigentumsordnung nicht in Gefahr stand.

Ich mußte mich auf einige wenige Beispiele beschränken. Denn nicht mehr der Inhalt Jüngerscher Exponate ist Ziel dieser Überlegungen, sondern die Methode. Deren scheinbare Stringenz ist die Konsequenz des Umstands, daß Jünger kein reflektiertes Verhältnis zu ihr unterhält und daß er sie daher weder variieren noch etwa revidieren kann. Weitgehend unbewußt geht sein Verfahren darauf aus, die Objektivität geschichtlicher Zusammenhänge teils durch die falsche bürgerliche zu verstellen, teils in bloße Subjektivität zu überführen. Zu untersuchen bleibt, wie weit solche Subjektivität mit der falschen Objektivität zusammenfällt und worin deren auffälligste Merkmale bestehen. Wenn Ernst Niekisch Jünger gelegentlich einen »Seismographen« und »registrierenden Beobachter« nennt (Niekisch 191), so können wir das schon jetzt bestätigen. Hinzuzufügen bleibt, daß die größte Stärke Jüngers, die Seismographie, zugleich zu seiner größten Schwäche wurde. Denn nicht nur »registrierte« er präzis, was der Fall ist, er registrierte ebenso präzis, was gemäß den Vorstellungen der groß- bis kleinbürgerlichen Gesellschaft, für die er schreibt, der Fall zu sein habe.

2. Vom Impressionismus zur Phänomenologie
Zur Relation von poetischem und logischem Verfahren (in den Tagebüchern und Essays)

Hat die extreme Subjektivität des Tagebuchverfassers häufig die Konsequenz, daß er seine Gegenstände objektiv verfehlt, so muß sie mehr sein als die einfache und prinzipiell schmiegsame etwa des bürgerlichen Künstlers. Indem sie nicht nur occasionell und versuchsweise, in der eingestandenen oder uneingestandenen Bereitschaft, ›ihre Standpunkte zu ändern‹, sondern methodisch verfährt; indem sie stillschweigend sich als den Hauptveranstalter einer Welt voraussetzt, die ohne sie schon die Objektwelt selber wäre, möchte sie zugleich als ihre eigene Reflexionsform imponieren. Freilich denkt solche Subjektivität nicht eigentlich sich selbst – dies wäre ihre wahrhafte Reflexionsform –, wohl aber denkt sie apriorisch, und d.h. vor allem andern *an* sich selbst. Das *Andenken*, wenn nicht die Andacht vor sich selbst ist ihr ausgesprochenes oder unausgesprochenes Axiom, und erst mit diesem ist der Denk- und Vorstellungshorizont gesetzt, von dem sich noch die peripherste Impression ableiten lassen müßte. Der drohenden Gefahr, daß das Ich seitens seiner Obsessionen in das Es, und daß das Subjekt von den Gewaltverhältnissen in ein bloß noch ›manipuliertes‹ Objekt zurückverwandelt werde, begegnet solche Subjektivität mit der Petrifizierung eines Bezugsrahmens, der einmal der der bürgerlichen Persönlichkeit war.

Aber die Frage ist natürlich, ob diese nicht nur ihrerseits eine Wunschvorstellung gewesen (und geblieben) ist. Schon Marx sah ihren immanenten Widerspruch in dem von citoyen (Gemeinwesen) und bourgeois (Privatmensch). Norbert Elias wehrt sich gegen den Begriff der »geschlossenen Persönlichkeit« – schon der »Ausdruck«, meint er, sei »bezeichnend« – und stellt ihr »das Bild des Menschen als einer ›offenen Persönlichkeit‹« gegenüber, »die im Verhältnis zu andern Menschen einen höheren oder geringeren Grad von relativer Autonomie, aber niemals absolute... Autonomie besitzt...« (Elias 1,LXVII).

Wahrscheinlich ist der Grad der Autonomie sogar um so geringer, je weniger auf ihre Bedingungen reflektiert ist. Zu einem bloßen »Kunstprodukt« (Elias) dürfte die ›Persönlichkeit‹ gerade dort degenerieren, wo sie vom gesellschaftlichen Kontext in bewußter Anstrengung sich abzuheben sucht. Ihr angestrengter

»existentieller Solipsismus« (Heidegger) ist theoretisch zwar als solcher möglich, er wäre nur noch mit der Konstituierung seiner selbst beschäftigt. Aber praktisch sieht er sich der ›Welt‹ konfrontiert, und weil die intellektuelle Energie, diese ihrerseits zu konstituieren, auf ihn selber konzentriert bleibt, muß er sie so inaktiv passieren lassen, wie er selbst sich aktiv durchzuhalten wünscht. Die normalen theoretischen oder poetischen Konzepte, die sich doch ihrerseits dem ›Anstoß‹ durch ›die Welt‹ verdanken, müßten einer gleichsam atemlosen und ununterbrochenen Bemühung weichen, der vorgefundenen Objektivität nur mehr das subjektive Siegel aufdrücken.

Das Verfahren ist in der Tat für einen großen Teil des Jüngerschen Werkes nachweisbar, und konkret imponiert es als ›Stil‹. Im Stil erkennt die Subjektivität als solche sich wieder; im Stil vollzieht sie »die Zeremonien, die in der Residenz der Sprache am Platze sind« (30. 3. 1940. GS 104). Sein Bannendes, Bezwingendes, welches die Gegenstände eher zu beschwören als zu erhellen unternimmt, ist der narzißtische Reflex, welchen der Schreiber dem geschliffenen Spiegel seiner Grammatik entlockt.

»Blut und Geist. Die oftmals festgestellte Verwandtschaft spiegelt sich auch in der Zusammensetzung, insofern der Unterschied von Blutkorpuskeln und Serum auch seine geistige Entsprechung hat. Es ist hier eine materielle und eine spirituelle Schicht zu unterscheiden, ein Doppelspiel der Bilder- und Gedankenwelt« (17. 3. 1943. STR 284).

»Blut und Geist«, einst das Gegensatzpaar der völkischen Romantik, dem noch 1943 das Interesse gilt, werden mit ihrer Beschwörung auch schon aufgehoben... in den zeitgemäßen Antinomien von »Blutkorpuskeln« und »Serum«, »materieller« und »spiritueller« Schicht, im selben »Doppelspiel«, in derselben »Bilder- und Gedankenwelt«, welche den Gedanken ins Bild, das Bild in den Gedanken aufzulösen trachtet. Der Satz: »Die Bilder rollen in der Gedankenflut dahin« (ebd.), läßt sich ebenso auch umkehren, und beide Male sagt er nichts, als was für den Schreiber schon feststand, als er seine Eintragung begann und was er nunmehr als seine Schlußfolgerung anbietet: (Bild und Gedanke) »... sind im Leben eng verbunden und setzen sich nur selten voneinander ab«, mit anderen Worten: »Blut« und »Geist« sind nicht zu trennen, ihre Distinktion – und das damit verbundene Problem – sind vorgetäuscht, wie es der Gegensatz von jeher war. Einzig dessen ›faszinierendes‹ Moment reizte offenbar zu einer Reflexion, die nicht erhellt, sondern im besten Falle »bannt und bezwingt«.

Daß das »Zielen nach Worten« »höchste Schützenkunst« sei

(H 95), wie gelegentlich festgestellt wird, verlagert nicht zufällig das Gewicht vom Objekt aufs Subjekt und begreift deren Verhältnis als eines von Jäger und Gejagtem. Noch der Nachsatz: »Das Zentrum freilich würde man nie erreichen – es lag im idealen, im unausgedehnten Punkt« (ebd.), vermerkt das Punktuelle, Isolierende und Zeitenthobene eines Verfahrens, das sich nicht als kontinuierlich, sondern als diskontinuierlich, das sich nicht als Prozeß der Vermittlung zwischen Ich und Welt, sondern als einen der formalen Fixation von Welt *durchs* Ich versteht – und das den »idealen Punkt« daher nicht zu erreichen hoffen kann.

Die Jägerhaltung kennzeichnet die der absolut gesetzten Subjektivität. Ihre Kunst ist Schützen-Kunst. »Es wohnt uns ein seltsames und schwer zu beschreibendes Bestreben inne, dem lebendigen Vorgang den Charakter des Präparats zu verleihen«, heißt es in der Schrift »Über den Schmerz« (WA 5,189). Die Welt als Beute ist die Welt als »Präparat«. Soweit sie sich sprachlich manifestieren läßt, wird sie zum Attribut des Subjekts und dient dessen Selbststilisierung nicht weniger als die bloß noch solipsistischen Manifestationen der ›Innerlichkeit‹. Die Selbststilisierung als Prinzip des Schreibakts bedeutet nun aber so etwas wie eine *Ontologisierung* von Subjektivität. Diese wird kaum anders wie *das Sein* – und ihre ›Befindlichkeit‹ kaum anders wie *das Seiende* der Philosophie behandelt. »Unangenehme, peinliche Gedanken, unsaubere Wörter oder Flüche, die sich im Sinnen, im Selbstgespräch aufdrängen. Sie sind untrügliche Zeichen dafür, daß etwas in uns nicht in Ordnung ist –« (5. 5. 1943. STR 323).

Der Ausschluß der subjektiven »peinlichen Gedanken« zwecks Herstellung jener »Ordnung«, auf welche die Anstrengung der Stilisierung aus ist, hat zur paradoxen Folge, daß das objektiv »Peinliche« nur um so folgenloser in den Bereich des Subjekts treten kann. Die einzige Bedingung ist, daß es den Gesetzen der subjektiven Ordnung, und d.i. die ästhetische Ordnung, die Subjektivität als ›Stil‹, möglichst fugenlos sich anpaßt.

»Ich möchte fortblicken, zwinge mich aber dennoch hinzusehen und erfasse den Augenblick, in dem mit der Salve fünf kleine dunkle Löcher im Karton erscheinen, als schlügen Tautropfen darauf (29. 5. 1941. STR 41). Das wahrhaft »Peinliche« der Szene ist nicht sowohl transportiert als vielmehr stilisiert – und eben damit aufgegangen in Sprache. Als teleologisch je schon vorgegebener, als der gesetzte Endzweck des sich selber stilisierenden Subjekts, wird nämlich nicht der Ausdruck – als der je ›persönliche‹ – zum Problem, sondern problematisch ist allenfalls sein Abruf aus den bestehenden Archiven der überlieferten Ausdrucks*formen*.

Hier ist es die des Vexierbilds. Sie löst ins isolierte Bild auf, was erst der Kontext klärt: daß ein Mensch erschossen wird. Gewiß ist das ein Stilmittel, mit dem der wahre Schrecken gleichsam pädagogisch übersteigert werden könnte. Aber dann müßte es den Bruch zwischen subjektiver Intention und objektiver Form als kritischen intendieren. Jedoch ist das ›Unpassende‹ des Genrebildchens gerade nicht kritisch, sondern ästhetisch intendiert. Der Bruch imponiert rein als ›Effekt‹. Der Schrecken ist zur individuellen Lust des Schreibers übersteigert, ja dieser scheint um so wollüstiger sich ihm zu überlassen, je kunstvoller er seine objektive Negativität neutralisiert, je fugenloser er ihn ins isolierte ›Präparat‹ überführt hat. Denn nicht um Objektivität, ja strenggenommen nicht einmal um Subjektivität geht es in letzter Linie, sondern um die solipsistische Errettung des Subjekts im Akt der Selbststilisierung, und für diesen liegt das Archiv der tradierten sprachlichen Formen stets näher der ›persönliche Ausdruck‹.

Mit der tradierten oder archivierten Sprache sind nun aber zugleich die Sedimente übernommen, welche der historische Prozeß in ihren signa als Metaphorik oder Begrifflichkeit hinterließ. Sprache bedeutet, bzw. denkt stets schon als solche, und ihr Bedeutetes und Gedachtes bringt um so umstandsloser sich zur Geltung, je weniger darauf reflektiert wird. Die Berufung aufs solipsistisch vereinzelte Subjekt, welches die Mittel seiner sprachlichen Rekreation nicht hinterfragt, kann nur im breiten Strom des tradierten Denkens und Bedeutens münden, sie findet in der Tradition sich wieder, und diese ist eben die geronnene Geschichte, welche als seine *Form* dem Gegebenen sich aufstülpt.

»Den Buchstaben wohnt auch ein Bestreben inne, sich zu Bildern zurückzuformen, etwa in der Wendung zum Ornament. Sie gewinnen bei diesen Versuchen, wie in den Moscheen, etwas Starres – gleich einem, der erfundene Träume erzählt. Wenn ich meinen Stil bedenke, über den die Auguren streiten, so liegt das Eigentümliche an ihm wohl darin, daß noch Teilchen der alten Bilderwelt in ihm lebendig sind, ein Tropfen heraklitischen Salböls: alles andere ist Schaum der Zeit« (26. 12. 1939. GS 68).

»Die Wendung zum Ornament«, die »erfundenen Träume«, die »alte Bilderwelt« sind die Stichworte einer Einsicht, welche als relativ fragmentarische an ihren Bruchstellen die Wahrheit freigibt – noch der »Schaum der Zeit«, mit dem ›das Zeitliche‹ entmächtigt wird, wie Heidegger es tat, verzeichnet implizite die sich als »heraklitisch« verkennende Starre des Subjekts samt dessen schon fast manischem Versuch, sich an die archaischen Fetische der Sprache anzuklammern.

Wo jedoch das Denken einzig an der Gedanken*form* sich festhält, wo es poetologisch als ›Formprinzip‹, als ›Stil‹ sich mißversteht, da gibt es gleichsam den Geist, den Widerstand, die Kon-
trollfunktion auf. Es wird nachgiebig gegenüber der Diskursivität
seiner Erfahrungen. Seine Logik wird in dem Maße poetologisch
wie die Poesie bloß noch logisch. Hatte die Poesie am ›Formprinzip‹ ihren traditionellen Maßstab, so wie das Denken an seinen
Theoremen, so muß ein Denken, das sich als Poesie, und eine
Poesie, die sich als Denken mißversteht, nicht nur diese beiden
verfehlen; sondern zugleich kann das Denken stets sich aufs poetologische Verfahren – auf die ›Stilisierung‹ – und dieses auf den
Gedanken sich berufen. Beide sind durch einander abgestützt und
sie wehren damit die doppelte Bedrohung ab, welche die Konsequenz des Gedankens einerseits und die schutzlos-impressionisti-
sche Preisgabe an die Erfahrungswelt andererseits mit sich bringen
müßte.

Wie tief der Jüngersche Impressionismus in ein Denken verstrickt ist, welches schlecht mimetisch die Schablonen des Durch-
schnittsdenkens repetiert, bezeugen gerade manche poetischen Passagen:

»Der Kuckuck rief zum erstenmal in den Moorwäldern. Der Wein am Haus
bricht üppig, strotzend aus den Trieben; im Laubwerk, im Ausbruch schon
verrät sich die dionysische Kraft. Einmal, vor Jahren, schnitt ich ihn zu spät
und hörte in der Nacht den Saft aus den Wunden wie Blut herabtropfen.
    Aus den Beeten dringt köstlicher Duft herauf. Auch das ist Sprache, und
wunderbar ist es, wenn die Pflanze im Augenblick ihrer höchsten Kraft und
Fülle und zugleich des tiefsten Glückes in einer stillen Frühlingsnacht das
Schweigen bricht und ihr Geheimnis auszuströmen beginnt. Auch das ist
Macht, ist schweigende Werbung, die unwiderstehlich wird. In den Worten
der Alten wie odor, aroma, balsamon klingt diese königliche Seite an,
während in unseren Namen Dunst, Ruch und Duft die Dunkelheit und das
Geheimnis der Botschaft vorwiegen« (8. 5. 1945. JO 44).

Das Empfundene ist zugleich *gedacht*. Nicht die ›natürliche
Natur‹ gerät in den bewundernden Blick, sondern deren »Sprache«, deren »Macht« und »dionysische Kraft«, kurzum: die königliche Seite. Auch die rein als poetische sich lesenden Metaphern
geraten in den Sog der Jüngerschen «Botschaft« gegenüber der
natürlichen, so die superlativische Übersteigerung der »Kraft«, der
»Fülle« und des tiefsten »Glücks«, so das ausströmende »Geheimnis«, die »Macht« und die »schweigende Werbung«. Selbst auf die
Philologie wird nicht verzichtet, und mit ihr treten sogleich »die
Alten« auf den Plan, welche zusammen mit den Wortschöpfern
Germaniens die Szenerie zugleich beschließen und zurückbezie-

113

hen. So wie aus der Natur gleichsam herausgedichtet wird, was sie an »Sprache« preiszugeben scheint, so wird in sie hineingedacht, was der Dichter von ihrer Sprache zu verstehen wünscht: die königliche Seite einer Welt, die von Königen nichts weiß, jedoch dem Dichter hilft, als ein solcher sich zu fühlen.

Im Gegenzug zur keineswegs nur gelegentlichen Verschränkung von Poesie und Gedanke verfällt nun andererseits ein Denken, welches abstrahierend die Gegenständlichkeit zusammenzufassen unternimmt, nicht selten der impressionistischen Obsession durch sein Substrat, durch seinen Gegenstand. D. h. der Gegenstand wird nicht eigentlich *gedacht,* die Bewegung des Gedankens zieht ihn nicht in einen von ihm abgehobenen theoretischen Zusammenhang mit causa und finum; vielmehr wird der Gegenstand bereits als solcher zum ›Gedankending‹, zum Maße an und für sich selber. »Es gibt einige große und unveränderliche Maße, an denen sich die Bedeutung des Menschen erweist. Zu ihnen gehört der *Schmerz;* er ist die stärkste Prüfung innerhalb jener Kette von Prüfungen, die man als das Leben zu bezeichnen pflegt« (WA 5,151).

Der Gegenstand – der Schmerz – fällt mit seinem eigenen ›Theorem‹, mit seinem ›Maß‹ zusammen. Insofern dies Maß nur eine subjektive Setzung, also die subjektive Seite des denkerischen Prozedierens, der Gegenstand aber dessen objektive Seite ist, finden sich Subjekt und Objekt, Gedanke und Gedachtes umstandslos in eins gesetzt. Die allererst durch subjektive Abstraktion gewonnene Allgemeinheit des Gedankens, der verallgemeinerte Schmerz, ist zwar sicherlich Reflex der aktuellen geschichtlichen Verhältnisse, die ihrerseits die Relation von Subjekt und Objekt umgekehrt und die realen Subjekte an die reale Gewalt faschistischer Bürokratien ausgeliefert hatten; aber solche Verkehrung wird nicht etwa selbst thematisch, sie wird vielmehr blockiert vom absolut gesetzten ›Phänomen‹ des Schmerzes, welches alle kausalen Faktoren sich einverleibt hat und daher den Autor dazu nötigt, ein konsequenzlogisches finum zu konstruieren, nämlich einen Menschen mit der »Fähigkeit, sich selbst als Objekt zu sehen« (WA 5,187).

Die radikalisierte Subjektivität treibt vermittels ihrer eigenen Bewegung ihre radikalisierte Determination hervor. »Es gibt offenbar Haltungen, die den Menschen befähigen, sich weit von den Bereichen abzusetzen, in denen der Schmerz als unumschränkter Gebieter regiert. Die Abhebung tritt dadurch in Erscheinung, daß der Mensch den Raum, durch den er am Schmerze Anteil hat, das heißt den Leib, als Gegenstand zu behandeln vermag« (WA 5,164). »Die Kommandohöhe«, von der herab es möglich wird, daß der

Mensch den Leib »aus großer Entfernung im Kampf einzusetzen und aufzuopfern vermag« (ebd.), ist zwar noch immer die der absoluten Subjektivität; aber indem diese sich und uns verschweigt, welche Mächte dies Opfer einfordern mögen, hat sie sich diesen Mächten a priori unterworfen, und die subjektive Autonomie erweist sich als die objektive Heteronomie der historischen Verhältnisse ums Jahr 1934. Die Jüngersche ›Phänomenologie‹ nimmt sich nicht zufällig wie die blinde und bedenkenlose Anwendung einer philosophischen Methode aus, die unter diesem Namen seit 1901 Epoche gemacht hatte. Bei Edmund Husserl wie bei Jünger besteht eigentlich kein Unterschied zwischen Ich und Welt, Subjekt und Objekt; die beiden Seiten des denkerischen Prozedierens gehen ebenso auseinander hervor, wie sie ineinander übergehen. Auch das Husserlsche »Ich« »folgt« »dem Reiz« (des sog. »intentionalen Objekts«) und »gibt nach« (Husserl 81). Es »läßt sich das Hereinkommende gefallen« (Husserl 83).

An anderer Stelle bemerkt derselbe Husserl allerdings: »Alles, was wir [weiter] erfahren, muß in einen Zusammenhang der Einstimmigkeit zu bringen sein, wenn es als Gegenstand für uns gelten soll; andernfalls erhält es den Nichtigkeitsstrich, wird nicht als Wirklichkeit rezeptiv hingenommen« (Husserl 415). Denn nunmehr möchte Husserl einer Verfahrensweise, welche den Taktiken der Wahrnehmungspsychologie entspräche, den Rang der Logik – der Einstimmigkeit – zuerkennen, und diese hat kaum zufällig eine überraschende Verwandtschaft mit der Jüngerschen ›Einstimmigkeit‹ als ›subjektiver Ordnung‹. Ontologisch gleichsam durchzustreichen, was in »Einstimmigkeit« nicht aufgeht – und was in Wahrheit bloß in der schieren und ontischen Wahrnehmung nicht aufgeht – ist auch das Verfahren eines »Stils«, welcher die Phänomene aus ihrer geschichtlichen Verflochtenheit herauspräpariert und sie seinen eigenen Gesetzen (in der Husserlschen Terminologie: seinen ›Intentionen«) unterworfen hat.

Noch wo die Eindrücke nach dem Konkurrenzprinzip einander den Rang abzulaufen drohen, setzt das Husserlsche Prinzip der »Einstimmigkeit« sich durch. »Der neue gegenständliche Sinn ›grün‹ in seiner impressionalen Erfüllungskraft hat Gewißheit in Urkraft, die die Gewißheit der Vorerwartung als rot-seiend überwältigt« (Husserl 95). Auch solche »Urkraft« nämlich sieht sich wider Erwarten an »Umstände« gefesselt, »die unter Stilformen der Normalität und Anomalität stehen« (Husserl 439f.). Anders als im »Stil der Normalität« darf auch der vom Strom der Wahrnehmungen Überwältigte das »Ding« sich nicht denken, da es sonst zu jenem Unding werden könnte, gegen welches dieses Denken sich ähnlich energisch sperrt wie der Jüngersche ›Stil‹ der Unverhältnismäßigkeit von Verhältnissen, denen die stilistische »Normalität« – die ästhetische »Einstimmigkeit« – erst aufgenötigt werden mußte.

Allerdings rinnen bei Jünger subjektive und objektive »Intentionen«, welche der redlichere Husserl theoretisch auseinanderhielt, ununterscheidbar zusammen. Sie bezeugen die je schon vorgegebene »Einstimmigkeit« mit dem *Wesen* des Faschismus selbst. Auch der Faschismus erscheint ja »unter Stilformen der Normalität«. Sie sind Momente seiner Selbstdarstellung, wie er denn überhaupt wesentlich sich selbst zu inszenieren trachtete. Der Einzelfakt, der Terror der SA, die nächtliche Verhaftung, die Einrichtung von Konzentrationslagern, ist solchem Theater je so subsumiert wie die Vorgänge *hinter* der Bühne den Vorgängen *auf* der Bühne. Das faschistische ›Gesamtkunstwerk‹ entkräftet den Schrecken je zu einer seiner notwendigen Bedingungen und sucht insofern die »Stilformen der Normalität« zu wahren.

Wie in der Versenkung verschwunden sind aber nicht nur die »Bedingungen seiner Möglichkeit«, sondern ebenso seine historischen Bedingungen. Auch damit korrespondiert er nolens volens dem ›Wesen‹ einer Phänomenologie, die noch die antagonistischsten historischen Prozesse heim ins Reich der »Einstimmigkeit« zu bringen weiß. In der »Totalen Mobilmachung« von 1930 findet sich der Passus:

»Durch einen über hundertjährigen Zeitraum hindurch spielten sich die ›Rechte‹ und die ›Linke‹ die durch optische Täuschung des Wahlrechts geblendeten Massen wie Fangbälle zu; immer schien bei dem einen Gegner noch eine Zuflucht vor den Ansprüchen des anderen zu sein. Heute enthüllt sich in allen Ländern immer eindeutiger die Tatsache ihrer Identität, und selbst der Traum der Freiheit schwindet wie unter den eisernen Griffen einer Zange dahin. Es ist ein großartiges und furchtbares Schauspiel, die Bewegungen der immer gleichförmiger gebildeten Massen zu sehen, denen der Weltgeist seine Fangnetze stellt. Jede dieser Bewegungen trägt zu einer schärferen und unbarmherzigeren Erfassung bei: und es wirken hier Arten des Zwanges, die stärker als die Folter sind: so stark, daß der Mensch sie mit Jubel begrüßt« (WA 5,145).

Die phänomenologische »Einstimmigkeit« ist hier ganz einfach die mit einem »Weltgeist«, der nur ein anderer Name für das *Wesen* des Faschismus ist. Der Schritt vom ›Phänomen‹, nämlich von der Kontroverse zwischen Links und Rechts, überspringt gelenkig alle relevanten Stationen des visierten historischen Prozesses, nach der Husserlschen Rede »klammert er sie ein«, und eben damit bringt er, was eigentlich den Längsschnitt erforderte, im Querschnitt zusammen, nämlich die dominanten faschistischen Tendenzen der

Epoche – ihre Ideologie – und deren Phänomenalität. So wird etwa das ›Phänomen‹ der »optischen Täuschung des Wahlrechts« zum durchgehenden Prinzip erhoben und damit – ganz wie im Faschismus selbst – unausdrücklich positiv gesetzt. Das Phänomen wird ›phänomenologisch‹ in dem Maße, wie seine eigene Logik zum logischen Maßstab selbst erhoben wird.

Vehikel ist natürlich die spezifisch Jüngersche Rhetorik, der mitreißende ›Stil‹, der zur persönlichen Sache des Subjekts überhöht, was dieses eigentlich nur vorgefunden hatte. Durch rhetorische Identifikation mit dem »Weltgeist« bläst sich die subjektive Ohnmacht auf zur objektiven Allmacht. »Mögen [die fortschrittlichen]... Parolen auch vielfach eine rohe und grelle Färbung tragen«, heißt es in der gleichen Schrift, »an ihrer Wirksamkeit kann kein Zweifel sein; sie erinnern an die bunten Lappen, mit denen dem Wild bei der Treibjagd die Richtung auf die Gewehre gegeben wird« (WA 5,134).

Im Bilde der virtuellen Massenexekution spiegelt sich ein Masochismus wider, der dem »Weltgeist« ebenso bedingungslos das Wort zu reden, wie sich ihm bedingungslos zu unterwerfen trachtet. Kein Zweifel, daß Jünger ihm auf der Spur war. Zwar kann er das Gegebene nicht von seiner Ideologieförmigkeit unterscheiden, aber es ist ja gerade die ideologische *Verfassung* des Gegebenen, die sich – die Sympathie vorausgesetzt – schon als sein »Geist« beschreiben läßt. Wie Husserl »erschaut« er nur, was selbst schon »Wesen«, Geist – und damit unausdrücklich positiv gesetzt ist. Gerade angesichts der »phänomenologischen« Methode erweist sich die Brauchbarkeit der *dialektischen* Methode. So wie jene die Phänomene logisch und methodisch *positiv,* so setzt diese sie logisch und methodisch *negativ.* Jene sucht stets das Einzelphänomen einem angenommenen oder in der Tat beobachtbaren *Wesen* zu subsumieren, diese sucht im Gegenteil die *Differenz* von Erscheinung und Wesen – oder um im Bilde zu bleiben – von Kulisse und Bühnenwirklichkeit zu erfassen.

»Wir sprechen von der ›Wesens-*erschauung*‹ und überhaupt von der Erschauung der Allgemeinheiten«, sagt Husserl. »...Wir gebrauchen den Ausdruck Erschauen hier in dem ganz weiten Sinn, der nichts anderes besagt als *Selbsterfahren,* selbst gesehene Sachen haben und auf Grund dieses Selbst-sehens die Ähnlichkeit vor Augen haben, daraufhin jene geistige Überschiebung vollziehen, in der das Gemeinsame, das Rot, die Figur etc. ›selbst‹ hervortritt, und das heißt, zur schauenden Erfassung kommt« (Husserl 421).

Die intellektuelle Tätigkeit beschränkt sich darauf, Ähnlichkeiten der Phänomene zu »erschauen« und ihnen so ihr »Wesen«

abzudestillieren. Nicht dieses selbst ist Gegenstand der *Reflexion*, die vielmehr ausschließlich mit seiner *Konstitution* beschäftigt ist – ähnlich wie schon die Propagandamaschinen der politischen Bewegungen selbst. Die politische Propaganda ist insofern nichts als ›Phänomenologie‹ im eigenen Interesse. Der Nationalsozialismus richtete bekanntlich ein Fachministerium für sie ein. Es betrieb die »Volksaufklärung« und die »Propaganda« in der Tat in dem doppelten Sinn von *Analyse* und von (propagandistischer) *Konstitution* des nationalsozialistischen »Wesens«. So wie dieses dem Einzelfakt und Einzelphänomen der »Volksaufklärung« immer schon vorgegeben war als »leer vorgreifender Glaube« (Husserl), so war der Einzelfakt, die »originär gebende Erfahrung« (Husserl) nur Funktion (Bedingung) des Wesens und damit – gegebenenfalls – entkräftet.

»Erkenntnis«, schreibt Husserl, *»ist das Bewußtsein der ›Übereinstimmung‹ eines leer vorgreifenden Glaubens… mit der entsprechenden originär gebenden Erfahrung vom Geglaubten, prädikativ Geurteilten, seiner evidenten Gegebenheit –* eine Übereinstimmung, in der der vorgreifende Glaube mit dem erfahrenden zur synthetischen Deckung kommt und sich in ihm erfüllt« (Husserl 341).

Freilich *analysierte* Husserl ein Verfahren, das bei Jünger stets schon *Praxis* ist. Insofern stehen seine und Jüngers »Phänomenologie« im Verhältnis von in sich schlüssigem theoretischem Entwurf und praktizistischer Anwendung. Und so wie die Anwendung der phänomenologischen Methode bei Heidegger, dem Schüler Husserls, zu jenem »Jargon der Eigentlichkeit« (Adorno) führte, der sich gerierte, als redete »das Wesen« selbst, so bei Jünger – der Husserl möglicherweise gar nicht gekannt hat – zu jenem Jargon der »Einstimmigkeit«, welcher mit Tonfall und Rhetorik die Stimme des »Weltgeists« nachzuahmen sucht. Mit der Leichtigkeit des sicheren Stilisten, der sich im Einverständnis mit dem *Wesen* der Epoche – weniger schon mit ihrer Wirklichkeit – wußte, ordnete der Phänomenologe das konkrete zeitgeschichtliche Datum je schon in den neuen ideologisch-phänomenologischen Kontext ein – und wertete es damit zum Symptom fürs Wirken eines »Weltgeists« ab, vor dessen Allmacht die Kapitulation des eigenen geraten schien. Es gehört zur spezifisch Jüngerschen Gebrochenheit, daß er zwar das *Wesen*, aber keineswegs die *Wirklichkeit* des Faschismus referierte – und verteidigte. So wie er der realen Macht im Deutschland des Jahres 1933 auszuweichen suchte, so bekundete er vor ihrem *Wesen* Subalternität.

Das wahre Axiom der Jüngerschen Phänomenologie ist daher

nicht ›das Phänomen‹, sondern gerade dessen Nichtiges, wie schon die absolute Dominanz der Subjektivität es nahelegt. Hinter der beredten Apologie der Phänomenalität steckt das ästhetische Bekenntnis zu einem Theater und zu einer Szenerie, für die er jedenfalls der bessere Regisseur zu sein bestrebt war. Die Rhetorik und damit das ›Formprinzip‹ bilden auf der Ebene der subjektiven Imagination wie auf der Ebene der objektiven Politik das Herzstück. Der Faschismus zehrte wesentlich von seiner eigenen Repräsentation, und das scheinbar naturwüchsige Prinzip des »Willens zur Macht«, das Nietzsche evoziert hatte, entpuppt sich als das leer laufende Prinzip des »Willens zum Willen« (Heidegger). Gleichsam haben die Mittel die Zwecke verschlungen. Nicht erst die Gegenwart, das elektronische Zeitalter, huldigt dem Geist der *Instrumentalität*. Sie war schon das Geheimnis der verschiedenen faschistischen Bewegungen.

Das *Wesen* des Faschismus ist ebenso praktischer Nihilismus wie die Phänomenologie Jüngers oder des jungen Heidegger. Zu ihrer näheren Explikation diene daher die Nihilismus-Debatte, die sie miteinander führten. Jünger widmete Heidegger 1950 seine Nihilismus-Studie »Über die Linie«, Heidegger antwortete ihm fünf Jahre später mit der Widmungsschrift »Über ›Die Linie‹«.

3. Die Phänomenologie des Nihilismus
Zur Nihilismus-Diskussion Jüngers mit Heidegger (Jünger: »Über die Linie«; Heidegger: »Über ›Die Linie‹«)

Erst für Heidegger engte sich die Phänomenologie qua Transzendentale Subjektivität, welche den Denkakt immerhin als autonomen festgehalten hatte, zur ›Ontologie‹ der Existenz als sog. ›In-der-Welt sein‹ ein. Indem er das Verhältnis Ich–Welt aus dessen immanenter Genese entfaltete und damit ›ontologisierte‹ als eines, das sich nicht in Frage stellen, das sich nicht zurücknehmen und wiederherstellen kann im dialektischen Spiel von Attraktion und Repulsion, schrieb er es endgültig fest. Er regredierte auf seinen prälogischen Ursprung und interpretierte das »Vorhandene«, die alte res extensa, als das »zuhandene Zeug« des ursprünglichen Werkzeug-Benutzers, des um alle ›Transzendenz‹ gebrachten homo faber. »Je weniger das Hammerding nur begafft wird, je zugreifender es gebraucht wird, um so ursprünglicher wird das Verhältnis zu ihm, um so unverhüllter begegnet es als das, was es ist, als Zeug« (Heidegger, »Sein und Zeit«, 69).

Die prätendierte ›Unmittelbarkeit‹ des »Zeugs« läßt keinen Schluß mehr zu auf seinen gesellschaftlichen oder kulturellen Rahmen. Dieser ist gerade jenem ›Zeug‹ noch anzusehen, welches einer faßbaren historischen Vergangenheit entstammt. Mag auch ein Werkzeug wie der Hammer auf das Ornament verzichtet haben, es ist gerade das Ornament, welches die ›Zuhandenheit‹ auch des Gebrauchsdings mit einer ›Vorhandenheit‹ verknüpfte, in der stets die seiner gesellschaftlichen oder kulturellen Herkunft wiederkehrt. Heidegger könnte freilich teils die funktionellen Gebrauchsdinge der Gegenwart, teils die der älteren Steinzeit im Auge gehabt haben. Aber solche Verwandtschaft zwischen Prä- und Posthistorie, sollte sie bestehen, wird keineswegs thematisch, vielmehr verrät sich die unbewußte Regression gerade mit der Insistenz auf einer Unmittelbarkeit zur Arbeit, der Arbeit zu ihren Arbeitsgegenständen, welche gerade *nicht* mehr signifikant ist für die Arbeitscharaktere in der entwickelten Maschinenindustrie. Aber der Rekurs aufs Nächste, aufs unmittelbar Zuhandene hat prinzipielle Konsequenzen vor allem für die Erkenntnisfunktion.

»Das Vernehmen hat die Vollzugsart des *Ansprechens* und *Besprechens* von etwas als etwas... Dieses vernehmende Behalten einer Aussage über... ist selbst eine Weise des In-der-Welt-seins und darf nicht als ein ›Vorgang‹ interpretiert werden, durch den sich ein Subjekt Vorstellungen von etwas beschafft, die als so angeeignete ›drinnen‹ aufbewahrt werden, bezüglich derer dann gelegentlich die Frage entstehen kann, wie sie mit der Wirklichkeit ›übereinstimmen‹« (S. 62).

Erkenntnis wird auf die »Vollzugsart des Ansprechens und Besprechens« – auf in letzter Linie magische Verfahren – eingeschränkt. Entsprechend ist sie kein Prozeß, kein »Vorgang« mehr, »durch den sich ein Subjekt Vorstellungen von etwas beschafft«, und die Frage der Übereinstimmung (von Begriff und Sache) kann ebenso entfallen wie die kritische Instanz des Denken selber.

Unwiderruflich gleichsam kettet Heidegger das Sein von Subjektivität an deren Faktizität. Die ontologischen Existentialien der »Angst« und der »Sorge«, die in Wahrheit nichts als die ontisch negativen Charaktere banalen »Existierens« sind, verdüstern »ontologisch« eben das freie »Seinkönnen«, das aus ihnen sich herleiten soll und das zugleich an sie gefesselt bleibt, ganz wie das sich selber »entwerfende« Subjekt an den unentrinnbaren Status seines »Geworfenseins«. Die faktische Dialektik zwischen Möglichkeit und Wirklichkeit, »existentialer« Freiheit und realer Auslieferung ans unabdingbare »Man« des prinzipiellen Tauschverhältnisses der Menschen weicht deren archaistischer Petrifizierung als »Ontologie«.

Heideggers Realismus oder, wie Adorno es genannt hat, Heideggers ›Sachlichkeit« wird im selben Maße zum unentrinnbaren Verhängnis negativer geschichtlicher Erfahrung überhaupt, wie er diese als ›ontologisch‹ präsentiert. Gerade die Ontologisierung von Geschichte bzw. Urgeschichte betreibt so etwas wie den definitiven Einschluß der Individuen in die je einzelne Zelle ihrer selbst und des je schon »Geschickten«. Ihrer verzweifelten Lage, Ergebnis des geschichtlichen Verhängnisses, das wie immer auch ihr Seinsverhältnis und -verständnis mitbestimmt haben mag, wird zusätzlich das Siegel *ontologischer* Verzweiflung aufgedrückt. Das Aposteriori, die Erfahrungssumme, wird so zum Apriori erhoben. Es setzt als ›positiv‹, als unmittelbar gegeben, was als Gesetztes, als vom Begriff Vermitteltes, sich nicht erkennt und so das wahrhaft Negative als Positives interpretieren kann. Die Heideggersche Lehre vom Sein als In-der-Welt-sein ist nichts als die umständliche Affirmation geschichtlicher Negativität schlechthin. Gerade mit deren ›Theoretisierung‹ bekennt sie ihren ›praktischen‹ Nihilismus ein.

Der Nihilismus ist gleichsam das Gelenk zwischen Heidegger und Jünger. Beiden galt er weithin als »Normalzustand«, bei beiden blieb er an seine eigene ›Phänomenologie‹ gefesselt. Ein wichtiger Unterschied ist freilich festzuhalten. Jüngers Phänomenologie bleibt weit mehr der sinnlich-genüßlichen Erfahrung von Negativität verhaftet. Aber diese leiht seinem Begriffsinstrumentarium nicht etwa die größere Plastizität und Transparenz, sondern macht es im Gegenteil – gemäß dem Kantschen Diktum – »blind«. Das hat Heidegger gesehen: »Je mehr wir über ›die Linie‹ – welche die nihilistische von der postnihilistischen Epoche scheiden soll – nachdenken, um so mehr verschwindet dieses unmittelbar eingängige Bild« (Heidegger 1955).

Es ist eben das »eingängige Bild«, welches Jünger die begriffliche Rezeption des Phänomens verwehrt. Schon das »geistige Abenteuer« (ÜL 5), als das er den Nihilismus bezeichnet, reduziert den Geist konkretistisch auf eine Erlebnisinstanz und löst das konkrete Abenteuer wiederum in Geist auf. Das Ergebnis ist notwendig gleich Null, so wie schon das Nichts gleich Null ist. »Die Schwierigkeit, den Nihilismus zu definieren, liegt darin, daß der Geist vom Nichts unmöglich eine Vorstellung gewinnen kann« (ÜL 12).

Bis an die Grenze unfreiwilliger Komik wird analog der Subjekt-Objekt-Distinktion der *Nihilismus* von seinen eigenen Schöpfern abgetrennt. Blind schon für das ›Nichts‹, bleibt Jünger notwendigerweise nicht weniger blind für den Nihilismus selber. Die »volle Entfaltung des aktiven Nihilismus« (ÜL 6) ist daher für ihn nicht, wie doch für Nietzsche, die Überwindung des tradierten Wertsy-

stems durch dessen Negation, sondern gerade dessen ›Phänomenologie‹ im Stadium der Zersetzung dieser Werte. Dies Stadium selbst
gilt ihm als ›nihilistisch‹, und demnach bestehen für ihn implizit die
Werte weiter, denen Nietzsches Angriff galt.

Nietzsche: ». . . man entdeckt, aus welchem Material man die ›wahre Welt‹
[der Werte] gebaut hat: und nun hat man nur die verworfene [Welt] übrig
und *rechnet jene höchste Enttäuschung mit ein auf das Konto ihrer Verwer-
flichkeit*« (Nietzsche III,533). Und: »*die moralischen Werturteile sind
Verurteilungen, Verneinungen* [des Daseins] (III,568)«, ja mehr noch: sie
sind »Resultate bestimmter Perspektiven der Nützlichkeit zur Aufrechter-
haltung und Steigerung menschlicher Herrschafts-Gebilde« (III,678).

Der wahre »geistige Vorgang«, die Negation des Negativen,
bestand nicht erst seit Nietzsche in der Konstatation einer »Ge-
samt-Abirrung der Menschheit von ihren Grundinstinkten«
(Nietzsche III,661) und in der Einsicht in die »Nutzlosigkeit der
modernen Welt« und »nicht der Welt und des Daseins« selbst
(Nietzsche III,849). Noch der Wille zur Macht, unter dessen
Namen die späten Aphorismen Nietzsches – wie wir heute wissen,
erst nachträglich – zusammengestellt worden sind, gerät vor die
beharrliche Instanz seines Denkens: »Die Vielheit und Disgrega-
tion der Antriebe, der Mangel an System unter ihnen resultiert als
›schwacher Wille‹; die Koordination derselben unter der Herrschaft eines einzelnen resultiert als ›starker Wille‹« (III,696).

Angelegt ist freilich schon bei Nietzsche die Verdinglichung
eines Phänomens, das er meist nicht unter dem Titel des Nihilismus, sondern unter dem der »décadence« zusammenfaßt: »Die
Skepsis ist eine Folge der *décadence*: ebenso wie die Libertinage des
Geistes« (Nietzsche III,774). – Man weiß, was aus solchen Sätzen
resultierte, so schon in jenen Aphorismen selbst: »Der *Wert* einer
solchen *Krisis* ist, . . . daß sie die verwandten Elemente zusammen-
drängt und sich aneinander verderben macht... – auch unter ihnen
die schwächeren, unsicheren ans Licht bringend und so zu einer
Rangordnung der Kräfte, vom Gesichtspunkt der Gesundheit, den
Anstoß gibt: Befehlende als Befehlende erkennend, Gehorchende
als Gehorchende« (III,856).

Jedoch noch solcher Klarheit verschließt sich Jüngers ›Phäno-
nologie‹. Konkretistisch beschwört sie die »Grundmacht des
Nichts« (ÜL 13), zu der ›der Nihilismus‹ nur über deren »Gürtel«,
über deren »Vorfelder« sich in Beziehung setzen könne (ÜL 12).
Kaum ist aber jene »Grundmacht« mehr als das schon von Jacobi
denunzierte Nichts eines Denkens, das sich auf die »transzendentale Subjektivität« eingeschränkt hatte, auf die creatio ex nihilo des

deutschen Idealismus. Dafür spricht schon Jüngers Berührungsangst vorm Nichts: »Denkbar indessen ist auch die unmittelbare
Berührung mit dem Nichts, doch dann muß plötzliche Vernichtung die Folge sein, als spränge ein Funke vom Absoluten ab«
(ÜL 9).

Solche »plötzliche Berührung« entspränge nur der eigenen
Bewegung eines Denkens, welches im »Absoluten« nur noch das
absolute Nichts gewahrte. Blind um die blinde Stelle eines Denkens
kreisend, das in der progressiven »Vernichtung« durch immer
allgemeinere Begriffe (Arendt 41) alle Sachhaltigkeit aus sich entfernt hatte, nimmt noch der spätzeitliche Phänomenologe notwendig nur wahr, was nunmehr im Zeichen der faktischen »Vernichtung« steht: die geschichtliche Landschaft jenes unter dem Namen
des Idealismus angetretenen bürgerlichen »Subjektivismus und
Individualismus«, welcher »vom Prozeß der Geschichte [sich]
losgelöst« hatte als die »bürgerliche Fortsetzung des Aristokratismus« (Arendt 93).

War nämlich im ›Aristokratismus der Aristokratie‹, nach dem
Modell der alten Ständegesellschaft, negativ ›das Volk‹ mitgesetzt
als das Substrat von Geschichte und blieb zudem alle Metyphysik
auf ›Theologie‹ reduzierbar, auf das Summum Bonum einer ›Obersten Instanz‹, von welcher alle Instanzen der Gesellschaft sich
konnten ableiten lassen, so hatte der »bürgerliche Aristokratismus« sich ohne das überlieferte Modell entfalten müssen. *Sein*
Leitwert war ja gerade die Gleichheit aller Glieder der Gesellschaft,
wie sie vom neuen anonymen Markt- und Konkurrenzverhältnis
nahegelegt worden war. In der deutschen Literatur seit dem Sturm
und Drang nahm ›das Volk‹ nicht zufällig den Rang des Idols, des
literarischen Fetischs ein. Der faktische Land- oder Manufakturar-
beiter war in ihm so wenig mitbegriffen, daß es umgekehrt gelang,
›das Volk‹ zum Inbild nicht-entfremdeter menschlicher Verhältnisse zu stilisieren (Schlaffer 60f., 64, 65).

Arendts Formel vom »bürgerlichen Aristokratismus« behält
noch beim späten bürgerlichen Jünger recht, so dort, wo das
namenlose Nichts des absenten Substrats – das Volk – zum ausdrücklich benannten Negativen wird, zum »Niedersten und Unter-
sten«, zum (verführten) Volk der kleinen Nazis (MK 44). In
solcher absolut gesetzten Negativität wird eben jenes Nichts *konkret*, mit welchem seinem eigenen Begriff nach nichts als das Sein
von Negativität bestimmt werden sollte. Freilich bleibt der Zusammenhang dem Phänomenologen selber dunkel. Einer Erfahrungs-
weise ausgeliefert, welche den sinnlichen Eindruck auf den Begriff,
den Begriff auf Sinnliches verpflichten möchte, läßt er begriffliches

›Nichts‹ und sinnliche ›Negativität‹ (des Volkes) nebeneinanderstehen. Psychoanalytisch gesprochen: Was, nach dem Modell des Verdrängungsmechanismus, im ›Nichts‹ ontologisch untergehen konnte, das taucht als negativiertes Ontisches, als ›Ersatzbildung‹, als ›Projektion‹ gegen die bewußte Intention des Schreibers wieder auf: »Immerhin ist es außer einigen echten Soldaten, wohl nur der Kirche zu verdanken, daß es [zwischen 1933 und 1945] nicht unter dem Jubel der Massen zum offenen Kanibalismus und zur begeisterten Anbetung des Tieres gekommen ist« (ÜL 32).

Einseitig wird das geschichtliche Verhängnis den Massen aufgebürdet, und so sind es die Massen – und nicht der Philosoph – welche vom »Leviathan« (vom Nichts) »begeistert« sind. »Wir haben stramm nihilistisch einige Jahre mit Dynamit gearbeitet« (WA 7,132), hieß es noch im »Abenteuerlichen Herzen« (Erste Fassung), und so ist die Frage nicht unberechtigt, ob der Phänomenologe im Bilde der sog. Massen nicht zum Teil bloß exteriorisierte, was zu seiner eigenen Vergangenheit gehört. Für Exteriorisierungstendenzen sprechen auch seine Versuche, das Phänomen des Nihilismus zu verlagern und zu verallgemeinern.

»...man wird kaum behaupten können, daß der Nihilismus nur alten Völkern eigentümlich sei. Es lebt in diesen eine Art der Skepsis, die sie eher feit. Auf jungen und frischen Stämmen wird er, falls einmal angenommen, sich stärker durchsetzen. Das Primitive, das Ungesonderte, Unkultivierte erfaßt er mächtiger als die mit Geschichte, mit Tradition und kritischem Vermögen begabte Welt« (ÜL 19f.).

Wie wäre es dann wohl zu erklären, daß der Nihilismus geschichtlich eine Frucht der »Skepsis« und des »kritischen Vermögens« war? Wieder scheint der Wunsch der Vater des Gedankens, und der inzwischen »skeptisch« gewordene Phänomenloge glaubt sich vor allem persönlich gegen nihilistische Tendenzen »gefeit«. – »Die primitiven Kräfte... schießen ins Aufgepfropfte ein. Man wird daher gerade dort auf eine Art von Inbrunst stoßen, mit welcher nicht nur die Maschinentechnik, sondern auch die nihilistische Theorie ergriffen wird. Sie wird zum Religionsersatz« (ÜL 20). Das war sie doch wohl auch für Jünger selbst!

War in der Figuration des ›Arbeiters‹ (von 1932) der von Heidegger bekräftigte Verdacht nahegelegt, »daß in Ihren Darlegungen über das Verhältnis zwischen dem totalen Arbeitscharakter und der Gestalt des Arbeiters ein Zirkel das Bestimmende (die Arbeit) und das Bestimmte (den Arbeiter) in ihrer wechselseitigen Beziehung verklammert« (Heidegger 1955), konnte mit solchem Zirkel das Objekt des Arbeitsprozesses, der Arbeiter, gut demagogisch als

Subjekt figurieren, so wird dem neuen geschichtlichen Subjekt nun angekreidet, daß in seinem »Machtbereich« die »fürstliche Erscheinung« fehle (ÜL 11). Auch die »totale Mobilmachung« der Gesellschaft für die Kriegsvorbereitung, die mit Hitlers Krieg geendet hatte, kann so von einem ihrer Experten auf die *Masse* abgeschoben werden.

Heidegger: Die Gestalt des Arbeiters »...ist [im Jahre 1950], wenn ich recht sehe, nicht mehr die einzige Gestalt, ›darin die Ruhe wohnt‹. Sie sagen vielmehr, der Machtbereich des Nihilismus sei von einer Art, daß dort ›die fürstliche Erscheinung des Menschen fehlt‹« (Heidegger 1955).

Die »fürstliche Erscheinung« ist wie in den phantastischen Erzählungen nur das logisch-positive Korrelat zur negativ gesetzten *Masse*. »Behält das Metaphysische«, fragt Heidegger zu Recht,

»auch jenseits der Linie den gleichen Sinn wie im ›Arbeiter‹, nämlich den des ›Gestaltmäßigen‹? Oder tritt an die Stelle der Repräsentation der Gestalt eines menschentümlichen Wesens als der vormals einzigen Form der Legitimation des Wirklichen jetzt das ›Transzendieren‹ zu einer Transzendenz und Excellenz *nicht*-menschentümlicher sondern göttlicher Art? Kommt das in aller Metaphysik waltende Theologische zum Vorschein?« (Heidegger 1955).

Heideggers radikale Frage wirft nicht nur auf die »metaphysische« Herkunft der »fürstlichen Erscheinung« Licht. Tatsächlich spricht Jünger von der »metaphysischen Beunruhigung« der Massen (ÜL 34), die ihm jählings wieder zum positiven Projektionsobjekt geraten, und es ist nicht auszuschließen, daß er damit nur wiederum einer Modeströmung folgte. »Nie zuvor«, schrieb beispielsweise ›Der Spiegel‹ am 3. 1. 1951, »hat... [das ›Anno Santo‹ von 1950] die Universalität der Kirche großartiger demonstriert... Nie zuvor haben mehr gläubige Katholiken in Rom Ablaß erhalten.«

Tiefer als je in seiner Anfangsphase verstrickte sich Jünger mit der Behauptung, ›der Nihilismus‹ passiere just ums Jahr 1950 seinen »Nullmeridian«, in die modische Apologetik der Zeit. Es ist in diesem Zusammenhang zu sehen, wenn er die Formel Nietzsches umkehrt und nicht mehr die *Negation* der bürgerlichen Werte intendiert, sondern vielmehr ihren *Schwund* beklagt, und zwar pauschal den Schwund des »Schönen«, des »Guten«, des »Wahren«, der »Wirtschaft«, der »Gesundheit«, ja noch der »Politik« (ÜL 23,25). Sieht man nämlich diese Werte im Rahmen ihres historischen Kontexts, so repräsentieren sie etwa dieselbe negative Wertekonstellation aus wahrer Politik, gesunder Wirtschaft usf., welcher die historische nihilistische Attacke galt.

Jedoch die Wendung ins Positive, Metaphysische oder Theologische ist nur Schein. Schon die »Strahlungen« bereiten diese Wendung vor. Sie verhält sich zum Nihilismus der Frühzeit nicht anders wie die »fürstliche Erscheinung« zur »kannibalischen« Masse. In beiden Fällen wird auseinanderdividiert, was eigentlich zusammengehört: Faktizität und Wunschvorstellung, die Schrecken des Geschichtsprozesses und die Illusion, ihn nicht mitverantwortet zu haben. »Täter-Ich« und kontemplatives Ich denken angestrengt sich auseinander. Die Schwierigkeit wird nicht geringer, wenn der historische Nihilismus, wie natürlich auch Jünger nicht ganz leugnen kann, zugleich seinen positiven Aspekt bewahrt. Im Anschluß an Nietzsche und im Gegensatz zur Theorie vom ›Schwund der Werte‹ legt er ihn als »günstiges Zeichen« aus, beeilt sich allerdings, ihm lediglich die diffusen Abstrakta zuzugestehen: »Beschleunigung, Vereinfachung, Potenzierung und Trieb zu unbekannten Zielen« (ÜL 25). Sie könnten so fast auch in einer Festansprache zur Wiedereröffnung einer Firma während der westdeutschen Wiederaufbauphase stehen. Auch »bringt« der Nihilismus, so hören wir weiter, »oft eine letzte Schönheit wie in den Wäldern der erste Frost« und »eine Feinheit, die klassischen Zeiten nicht gegeben ist. Dann schlägt das Thema um, zum Widerstande; es stellt sich die Frage, wie der Mensch im Angesichte der Vernichtung im nihilistischen Soge bestehen kann« (ÜL 19).

Die Stelle bezieht sich auf die Literatur, auf die literarischen »Varianten in ein- und demselben Spiel«, welches als eines der »Vernichtung« phänomenologisch absolut setzt, was bei den genannten Autoren, so bei Proust, Trakl, Lautréamont, keineswegs ein ›Spiel der Vernichtung‹, das bloße Liebäugeln mit einem passivisch gedachten Nichts ist, sondern meist die handgreifliche Negation des geschichtlichen Standes der Gesellschaft. Die »Feinheit, die klassischen Zeiten nicht gegeben ist«, auch die »letzte Schönheit«, sind zwar sicherlich Merkmale solcher Literatur; aber mehr als deren phänomenale Außenansicht halten auch sie nicht fest.

Keineswegs ohne das notwendige dialektische Verständnis blieb Heidegger gegenüber der nihilistischen Phänomenalität. Zwar ist sie auch für ihn ein »planetarischer Vorgang«, welcher *alles anzehrt* (1955), ja er gilt ihm gar als das »Heil-lose«. Aber schon indem er das Heil-lose zugleich als eine »einzigartige Verweisung ins Heile« festhält, bleibt das Moment der Negation darin erhalten. Zugleich läßt Heidegger sich Spielraum zwischen der herrschenden – freilich nicht als solche, sondern als unumschrieben-allgemeine festgehaltenen – Vernunft als »Rationalisierung aller Ordnungen, als Normung, als Nivellierung« und den »dazugehörigen Fluchtversuchen in das Irrationale« (1955). Gleichsam wegretuschiert ist solcher Spielraum erst wieder durch sein »ontologisches« Mißtrauen in den Begriff und durch die Abstinenz von der Erfahrung, welche doch allein den Begriff zu korrigieren vermöchte. »Man leugnet... jede Möglichkeit ab, nach der das Denken vor ein Geheiß gelangen könnte, das sich außerhalb des Entweder-Oder von rational und irrational hält« (1955).

Die beiden Seiten des denkerischen Prozedierens, Subjekt und Objekt, rational und irrational, werden mit den (irrationalen) Begriffen des »Außerhalb« und des »Geheißes« ihrer Potentialität beraubt. Freilich kann er damit der konventionellen Subjekt-Objekt-Distinktion auch wieder entschlüpfen. Diese ist ihm nicht allein die neutralisierte und spannungslose zwischen distinkter Beobachterposition und distinktem verdinglichtem Objekt – wie doch weithin für Jünger, der sich von seinen Beobachtungsobjekten oft durch eine förmliche Theaterrampe abgehoben weiß:

»Noch sinnt das Auge über die Veränderung der Dekorationen, die von denen der Fortschrittswelt und des kopernikanischen Bewußtseins zu unterscheiden sind. Es hat den Eindruck, daß der Plafond nicht minder als die Szenerie auf höchst konkrete Weise heranzurücken und in eine neue Optik einzutreten scheint. Schon ist vorauszusetzen, daß auf diesem Theater auch neue Figuren auftreten« (ÜL 27).

Heideggers Rekurs auf die vorlogische »Sage des andenkenden Denkens«, auf das Bauen des Weges, »der in die Ortschaft der Verwindung der Metaphysik zurückführt...« (1955), setzt ihn immerhin instand, die negative Erfahrungssumme zu ziehen, welche Jünger beim Überschreiten des »Nullmeridians« abzubuchen versäumte: »In Wahrheit ist jedoch [das Selbst des Menschen] nichts anderes mehr als der Verbrauch seiner Ek-sistenz in die Herrschaft dessen, was Sie den totalen Arbeitscharakter nennen« (1955).

Die Herrschaft des totalen Arbeitscharakters, welche die Individuen zum »Verbrauch« ihres Selbst anhalte, visiert nichts anderes als die entfremdete und heteronome Herrschaft selbst. Mit dem wie immer verschlüsselten Verweis auf sie verwahrt sich Heidegger gegen die Jüngersche Rede von der »Gestalt« (des Arbeiters), die auch in der Studie von 1950 wiederkehrt, vom vorgeblichen subjektum gesellschaftlicher Arbeit als eines autonomen. Daß sich seine Antwort vor allem auf den »Arbeiter« konzentriert, begründet er zu Recht mit der Feststellung, »daß Sie im ›Hinüber‹ über die Linie, d.h. im Raum diesseits und jenseits der Linie die gleiche

Sprache sprechen« (1955). In der Perspektive der Existentialontologie, welche die alte Metaphysik destruiert hatte mit dem Rekurs
aufs nackte In-der-Welt-sein, blieb sowohl die Schrift von 1950 wie
die von 1932 unübersehbar der Metaphysik verpflichtet. »Die
metaphysischen Vorstellungen . . . lassen sich zwar historisch in
ihrer Abfolge als ein Geschehen darstellen. Aber dieses Geschehen
ist nicht die Geschichte des Seins, sondern dieses waltet als das
Geschick des Übersstiegs. Daß und wie ›es‹ das Sein des Seienden
›gibt‹, ist die Meta-Physik in dem bezeichneten Sinne« (1955).

So wie nun aber die gut nihilistische Schrift »Der Arbeiter« als
»metaphysisch« bezeichnet werden könnte, so umgekehrt die
Metaphysik der späten Nihilismus-Studie als »nihilistisch«. Auch
daß der Schrecken nunmehr zum »Schrecken der inneren Leere«
hinfand (ÜL 35), hat nur den alten Aktivismus in die neue Resignation gerettet: ›das Phänomen‹ bleibt das schier tabuierte, welches
dennoch das Subjekt – paradox genug – besetzt hält. »Wenn es
gelänge«, klagt die neue Resignation, »den Leviathan (das Nichts)
zu fällen, so müßte der nun frei gewordene Raum erfüllt werden.
Zu solcher Setzung ist aber die innere Leere, der glaubenslose
Zustand unfähig« (ebd.).

An die Grenze der Wahrheit über den Nihilismus gelangte
Heidegger mit der Frage: »Wie, wenn gar die Sprache der Metaphysik und die Metaphysik selbst, sei sie die des lebendigen oder
toten Gottes, *als* Metaphysik jene Schranke bildeten, die einen
Übergang über die Linie, d.h. die Überwindung des Nihilismus,
verwehrt?« (1955).

128

1. Der Tod als Erzieher
Über »Heliopolis« (I)

Schon für die Kriegsbücher galt, daß ideologische und ästhetische Intentionen weithin zusammenfallen. Der Heroismus, das heldische Subjekt, die virtuelle Unbesiegbarkeit werden für die Schablonen eines Stils bestimmend, der stets auszusparen sucht, was sie nicht mehr bestätigen würde. Gleichwohl ist das Realitätsprinzip nicht völlig außer Kraft gesetzt, ähnlich wie in den realistischen Erzählungen von den »Afrikanischen Spielen« bis zur »Zwille«. Erst die Reihe der freien Phantasien, die mit der Erzählung »Auf den Marmorklippen« anhebt, verarbeitet Erfahrungselemente unabhängig von ihren zeiträumlichen Bedingungen, und der Erzähler kann ideologische und ästhetische Intentionen noch weit willkürlicher zur Deckung bringen. Die Klammer beider bildet das spezifisch Jüngersche Verfahren, anschauliche und begriffliche, Traum- und Wunschtraumelemente so ineinanderzuschieben, bzw. ineinander aufzulösen, daß weder eine einheitliche *Szenerie* noch eine verbindliche *Idee* entstehen kann. Das hat Hansjörg Schelle im Auge, wenn er über die »Marmorklippen« schreibt: »Doch ergibt die Häufung von einzelnem kein Ganzes. Statt daß sich die Vielfalt, die Fülle des Lebens vor dem Leser ausbreitet, wird nur der Eindruck des Zusammengestückelten erreicht« (Schelle 47).

Was sich in den »Marmorklippen« wie eine *Idee* lesen ließe: die schematische Werte-Dichotomie, welche Menschen, Dinge und Ereignisse nach den Maßstäben von *hoch* und *nieder, edel* und *verächtlich* einteilt, will sich zugleich als erzählerische Anschauung verstanden wissen. »Zwar nennt Bruder Otho«, bemerkt Schelle, »›die Menschen gern die Optimaten, um anzudeuten, daß alle zum eingeborenen Adel dieser Welt zu zählen sind, und daß ein jeder von ihnen uns das Höchste spenden kann‹ (MK 22). Dennoch werden die Menschen in Jüngers Buch nach verschiedenem Maß gemessen. Sie scheinen auf der Stufenleiter gestellt, deren äußerste Sprossen man mit ›hoch‹ und ›nieder‹, zwei Lieblingswörtern dieses Textes, benennen könnte« (Schelle 26).

Daß die Poesie gleichsam kopflos wurde, daß sie reflexionslos die Reflexionsform, nämlich das ideologische Raster übernahm, wonach die Welt – dies gilt von den verschiedenen Faschismen bis zum trivialen Abenteuerbuch – einseitig in Freund und Feind, Edle und Verächtliche geschieden ist, ist möglicherweise als Reaktionsform zu verstehen, die von den Verhältnissen nahegelegt wurde. In diesem Sinne würde Jünger auf höherer Ebene wiederholen, was die Nazis mit dem simplen Gegensatz von Deutsch/Undeutsch, Arisch/Nicht-Arisch zu benennen trachteten: eine *höhere* Menschenart von einer *niederen* zu unterscheiden. Das Gegensatzpaar Hoch/Nieder übernimmt dabei mit der ästhetischen zugleich eine moralische Funktion und umgekehrt. Stets erscheint die eine in Gestalt der anderen Funktion, und wo wir daher – etwa über den ästhetischen dégout vorm sog. »Waldgelichter« des Oberförsters – ästhetisch zu urteilen haben, drängt sich zugleich das moralische Werturteil auf (und umgekehrt). Das verleiht dem Werk seine spezifische Zweideutigkeit. Weil es zugleich beides sein möchte, ist sein Effekt weder eindeutig »moralisch« noch eindeutig »ästhetisch«. Gleichsam behindert der moralische Katechismus die Erzählung und deren stilistischer Glanz die nüchterne Plausibilität der Moral. Auch sind historischer Raum und historische Zeit nicht aufgehoben in einem imaginativen zeiträumlichen Kontinuum, sondern verschwinden im Immer-schon und Immer-wieder des Märchens und der Legende. Dem fehlenden Zeit-Zusammenhang entspricht die Ausklammerung des Schuld-Zusammenhangs, in dem der Autor wie jeder andere Zeitgenosse stand.

Wahrscheinlich ist kein ästhetischer dégout ganz ohne ethischen Impuls. Die historische Stellung der L'art-pour-l'art-Bewegung zur Gesellschaft war ursprünglich nicht weniger kritisch als Brechts Lehrstücke. Die Jüngersche Mutprobe der »Marmorklippen« ist freilich zugleich die Probe aufs Exempel einer *Ästhetik*, die sich um so aufdringlicher als *Moral* verstanden wissen wollte, je weniger sie ihrer Wirkungen noch sicher sein konnte. Indem sie sich grob-dinglich, als ein künstlich-moralistischer Gut-und-Böse-Kodex, präsentierte, verriet sie zugleich die Ethik und die Ästhetik. Nichtsdestoweniger tritt darin der historische Zusammenhang nur greller – eben in perverser Gestalt – an den Tag. Moralisierendes Schwarzweiß und nahtlos durchgebildete Form, wo sie so konvergieren, ergeben bestenfalls das Zerrbild eines Ordnungsprinzips, in dem die alte Einheit von Gut und Schön, die ja auch die geläufige Rede bewahrt, zur Ideologie zusammengebraut ist. Jüngers *ästhetische* Erziehung ist nicht trivial, weil sie *moralische* Erziehung sein will, sondern weil er beide identisch setzt, weil die eine die andere gleichsam taschenspielerhaft vertritt.

Allerdings löst erst der Nachkriegsroman »Heliopolis« ganz ein, was in den »Marmorklippen« intendiert war: den ästhetischen zugleich mit dem moralischen Anspruch vorzutragen und beide an eine Trivialität zu zedieren, die sie zugleich vereinigt und aufhebt. In gewisser Weise ist »Heliopolis« nur noch Räsonnement. Noch die poetischste Metapher ist nie ohne die bekannte Absicht, die verstimmt, und noch das ethisch anspruchsvollste Räsonnement ist tendenziell dem Formprinzip untergeordnet, d. h. es begreift die Welt als harmonistisch-deterministisches Puzzle. Als prototypisch dafür kann der Satz des Philosophen Serner gelten: ». . . Mörder und Opfer sind aufeinander angelegt wie Mann und Frau« (H 118), d. h. auch noch die Untat aller Untaten wird zum harmonistisch-fugenlosen Ineinander, sie wird zum Akt der Zeugung und der Liebe stilisiert.

Hatte Jünger in den »Marmorklippen« Form und Inhalt, Ideologie und Zeitstoff zu einer Geschichte zusammengewoben, die ihre Spannung unmittelbar aus der Moral und die Moral aus der Geschicht' beziehen konnte, so wirkt »Heliopolis«, wenn man von der Entwicklung absieht, die der Kommandant de Geer durchmacht, nur noch wie ein statisches Gemälde des aufdringlichen Kontrastes Hoch und Nieder, Gut und Böse. Die Offiziere und Beamten des sog. Prokonsuls und Fürsten, welcher grob das gutzuheißende Prinzip vertritt, sind »erzogen in einer Sphäre klarer, legaler, sichtbarer Macht« und kommen sich in ihrer neuen Lage, die der Lage nach dem Ausbruch der Naziherrschaft nachgebildet ist, vor

»wie bei einem Gastmal, das in den Formen der besten Gesellschaft begonnen hat, obwohl es unter den Gästen einige von dunkler Herkunft gab. Nach aufgehobener Tafel ziehen diese allmählich Freunde in den Saal. Noch sucht man die Ungehörigkeiten zu übersehen, für Scherz zu nehmen oder auch zu rügen, und weiß doch schon im Innern, daß nur Gewalt den Platz behaupten wird. Und ach, schon wird es ungewiß, ob man es dazu kommen lassen soll, ja, ob man noch im Besitz des Hausrechts ist. Inzwischen nahm der Saal das Aussehen der Kneipe an, und die gewohnten Waffen verlieren die Wirksamkeit. Noch will man auf das Silber achten, noch wird darum gestritten, ob man vorm Nachtisch rauchen darf – da tritt ein Kerl mit einem abgeschnittenen Kopf herein. Nun weiß man, was die Stunde geschlagen hat. Der Streit verstummt. Man trennt sich schweigend und mit Gedanken, wie man einander ermorden kann. Doch laufen die Geschäfte fort« (H 53).

Prokonsul und *Landvogt*, *Aristokratie* und *Pöbel* heißen die moralisch-ästhetischen Positionen, an denen Jüngers Urteile aufgehängt sind. Der Klassengegensatz, wie er geschichtlich wurde, wird zu einem Klassenantagonismus stilisiert, der, wie schon in den »Marmorklippen«, von kleinbürgerlichem Ressentiment genährt ist und sich buchstäblich an das Tafelsilber klammert. Die

mysteriöse »dunkle Herkunft« fehlt ebensowenig wie die »Ungehörigkeiten« und die »Kneipe« einer Gesellschaftsschicht, von der
um jeden Preis sich abzusetzen zum ästhetischen und moralischen
Hauptanliegen wird.

Auf das omnipotente *Formprinzip* lassen sich beide im wesentlichen reduzieren. In ihm zentrieren die literarischen und die gesellschaftlichen Ambitionen, es leitet das ästhetische Verfügen ebenso
wie das prätendierte faktische auf bestimmter gesellschaftlicher
Stufe. Denn stets ist seine Ordnung eine verfügte und verfügende,
sie ist eine von oben her, ohne daß solches gesellschaftliche Oben
realhistorisch begründet oder ausgewiesen wäre. Es ist zur leeren
Ordnungs-Obsession geronnen, und so findet Jünger bereits die
»Ordnung in der Gewalt« (H 70) in Ordnung, so als würde die
Ordnung nicht gerade von der Gewalt erheischt. Mitten in den
Zeiten des ›Personenkults‹ hält er es für möglich, »daß einzelne von
hohem Range Gewalt durch Macht ablösten und den Frieden
sicherten« (H 71). Stil, »hoher Rang« (ebd.), die Gerechtigkeit »in
den Sternen«, »das Absolute« (H 91), die Desinvoltura (H 101) als
»eine Art der höheren Natur, wie sie den freien Menschen ziert,
…gewonnen an den Höfen der Fürsten, in ihrem stolzen und
edelen Gefolge und in der freien Rede, die sich in ihrem Rat
erhebt« (ebd.) – sie alle sind nicht minder Ausdruck der *Herrenmoral* als Ziel und Absichten des »plebiszitären« Gegenspielers, des
sog. Landvogts. Der Unterschied ist wesentlich rhetorisch, er ist
vorwiegend ein solcher der Behauptungen, die stur dem Schema
von Edel und Verächtlich folgen und daher wie fertige Ettiketten
verteilt werden können.

Daß die beiden Parteien im Kern dasselbe System repräsentieren,
nämlich eine Herrschaft, die von keiner demokratischen Tendenz
getrübt ist – auch das alte sächsische Recht (mit der Versammlung
des Thing) ist meilenfern – gilt im Prinzip schon für die »Marmorklippen«, entfaltet aber erst in »Heliopolis« seine *politische* Dimension. Nirgends läßt die Herrenmoral, wie doch noch in der Frühzeit, das Moment von Revolte wider den zivilisatorischen Domestikationsprozeß erkennen, das sich bei Nietzsche oder dem Mar-
quis de Sade findet. Sie ist nur mehr starrer *Aufblick,* der sich als
Heruntersehen mißversteht. Gewinnen z.B. bei Nietzsche im her-
rischen Gestus der philosophischen Revolte Menschen und Dinge
virtuell zurück, was sie im Domestikationsprozeß verloren, so hat
der kleinbürgerliche Aufblick Jüngers umgekehrt Entqualifizierung zur Folge. Auch das Böseste kann sich bei ihm noch in
Harmonie, die schrillste Dissonanz ins ethisch zu Fordernde auflösen. Denn bei aller Vorsicht, ja selbst Skepsis, die er der alten

Obsession nun angedeihen läßt: sobald er sich mit ihr auf der rechten Seite glaubt – und diese Seite kann der Romancier willkürlich selbst bestimmen – überläßt er sich ihr wie eh und je. Die ›rechte Seite‹, nämlich ein oberstes, wenn nicht ein göttliches Prinzip, vertritt nun aber vor allen andern der sog. Welt-Regent, und so laden die Äußerungen seines Zorns, als er in einer Seeschlacht über den Planeten siegt, ohne alle Einschränkungen zur erprobten Jüngerschen Verzückung ein: »Und von den Panzertürmen hüben und drüben hoben sich langsam wie die Zeiger von ungeheuren Uhren die Rohre der Geschütze steil in die Luft« (H 190).

Nicht die harmlosen Uhrzeiger, sondern der *Phallus* wird von diesem Bild evoziert. Die feindlichen Schiffe der sog. Liga tragen ausnahmslos die Namen von Störenfrieden des Geschichtsverlaufs: Giordano Bruno, Brutus, Kopernikus, Robespierre. Mit unverkennbarem Sadismus werden sie »vom konzentrierten Feuer der Saint-Louis, Carolus Magnus, Chateaubriand und der schweren Schiffe der Kosmos-Klasse wie im Brennpunkt eines Vernichtungsspiegels sprühend atomisiert« (H 190f.).

Eine Seeschlacht wie nach Maß. Der heilige französische Ludwig, Karl der Große und der Romantiker Chateaubriand schmücken die Schiffe eines Obersten, ja absoluten Kriegsherrn, welcher die Schiffe mit den um vieles problematischeren, aber nicht minder großen Namen der Geschichte » wie im Brennpunkt eines Vernichtungsspiegels sprühend atomisieren« darf. Das ist natürlich kein einfacher kriegerischer *Akt* mehr, sondern ein »geistiger Akt«, eine »feurig-strahlende Berührung von Systemen, die ewig formend in den Menschenstaaten verborgen sind« (H 191). – Auch hier die beiden »Systeme«, von denen eines freilich übermächtig, göttlich, wenn nicht von Gott-Vater selber inspiriert ist. Zumindest läßt sich aus den Namen der »atomisierten« Schiffe schließen, daß mit der Macht, die wider den Welt-Regenten angetreten ist, die Macht von aufsässigen *Söhnen* visiert ist. Selbst die »Furcht« (der Söhne) wird beredt: »In der Entscheidung schmilzt die Furcht dahin; sie weicht wie Luft aus einer Hohlform; die mit glühendem Erze ausgegossen wird« (ebd.). Wobei sich die alte Frage stellt, ob nicht die Vernichtung durch den Vater, der die »hohle« Macht der Söhne »mit glühendem Erze ausgießt«, das eigentliche Triebziel darstellt.

Auch die Stadt Heliopolis scheint in Gefahr, von ihm vernichtet zu werden. Sie gehört zu den »Städten, auf die in jedem Augenblick aus dem Sehr-Fernen ein Blitz auftreffen könnte, der sie als weiße Asche hinterließ« (H 182). Denn im »Sehr-Fernen» können wir wieder nur den Welt-Regenten vermuten, der nach seinem

Exodus allerdings friedlich geworden ist. Er widmet dem Planeten kaum mehr als eine divinatorische Betrachtung und erwartet von seinen Söhnen – fast hätte man sich's denken können – eine »neue Konzeption des Wortes *Vater*…« (H 426).

Auch Lucius de Geer, der positive Held, welcher gegen das Ende hin von glaubhaften moralischen Skrupeln geplagt und zu einer Art von Konversion gezwungen wird, ist von der alten Obsession seines Urhebers nicht frei.

»Da tauchten die alten Bilder auf, sich spiegelnd in der Röte der Flammen und im vergossenen Blut. Ich spürte, wie ihre Nähe mächtig an den Angeln der Tiefe rüttelte – in der Versuchung, sich, wenngleich nicht an der Untat, so doch im wilden Zorn am Rasen zu beteiligen. Es war Genuß dabei – ein Durst, den man durch Wasser nicht löschen kann« (sondern, so dürfen wir wohl hinzufügen, durch Blut) (H 194).

Am Ende beteiligt sich Lucius, »wenngleich nicht an der Untat«, so doch an einem Stoßtrupp-Unternehmen gegen eine Behörde des Landvogts. Das Institut des »intelligenten Kannibalen« Dr. Mertens in die Luft sprengend, darf er sich noch einmal am »Glanz der Brände« (H 305) weiden. »Der Anblick des Flammenstrahles hatte Lucius mit ungeahnter Lust durchzückt. Er fühlte jetzt höchste, standbildhafte Sicherheit und ritterlichen Glanz in der Erhebung, die ungeheure Macht verleiht« (H 379).

Der orgastische Einschlag ist hier ähnlich unverkennbar wie das Bild des Phallus in den Geschützrohren der Seeschlacht, und dem »ritterlichen Glanz«, der »standbildhaften Sicherheit« usw. widerspricht die landsknechthafte Stimmung einer Truppe, die ausnahmslos aus »Edlen« zusammengesetzt ist. »Wir können dich schon etwas vorrösten«, sagt einer dieser »Edlen« zu einem Gefangenen, der nicht sprechen will (H 371). Denn im militärischen Einsatz muß selbst der Edle »den Zynismus… in Kauf« nehmen (H 373). Nicht auszumachen ist nun einmal die unsichtbare Grenze zum unverhohlen sogenannten »l'art pour l'art« der Kriegskunst.

Die Identifikation mit der Vaterfigur des sog. »Chefs« (seines unmittelbaren Auftraggebers), des sog. Prokonsuls und in erweitertem Sinn auch des »transterrestrischen« Regenten sorgt nach bewährtem Muster für den Umschlag der bösen Lust in jene gute, mit der der Tapfere sich Anerkennung, ja wohl gar eine militärische Auszeichnung verdienen kann. Zwar ist der Kommandant de Geer mit einer Sensibilität ausgestattet, die der Leutnant Jünger noch nicht kannte, aber auch sein Unbehagen angesichts eines Gefangenen, der von seinen Leuten »niedergemacht« wurde, führt nicht zur Selbstanklage oder zur Feststellung der Schuldverstrickung, in die er geraten ist, vielmehr beruft er sich auf das geschichtliche Verhängnis, daß der »Stern« zu Bethlehem den »alten Glanz zerstört« habe und daß Christi Leiden seitdem »gerade die Besten, die Edelsten« anklage – zu denen er sich also nach wie vor zählen darf. »So war es wohl besser«, folgert der noch jugendliche Held resigniert, »den Untergang zu wählen, wenn sich kein neuer Weg erschloß« (H 377).

Mit dem Bild des Untergangs ist zugleich das Anathema angeschlagen, das zum Thema der Gewalt komplementär hinzutritt. Es ließe sich grob als die passive – gegenüber der aktiven – Entäußerung des Todestriebs bezeichnen und es durchzieht daher das ganze Werk. Schon im vertrackten Solipsismus des Philosophen Serner erhebt Jünger den Tod zum Mittelpunkt einer wahren pädagogischen Provinz. Ihre Schrift, sagt der Erzähler Ortner, »nimmt wie jede überlegene Betrachtung des Menschen den Tod zum Mittelpunkt und sieht das Leben als eine Schleife, die sich in ihm schürzt« (H 127).

Die Banalität, die ja nichts anderes enthält, als was dem Augenschein sich aufdrängt, bezeichnet tautologisch eben die neue psychische Besetzung selbst. Letzten Endes ist es diese, welche das von Serner entworfene »Kaleidoskop« der Menschen um das sog. »Urbild, die Idee, die Substanz, das An-Sich-Sein« (H 117) herum entqualifiziert und zu dem fabulösen Schluß verleitet: »Es gibt Urtexte, die für alle Rollen geschrieben sind« (ebd.). – Erst die Annahme von Urtexten, die schlechthin nichts mehr sagen, ermöglichen dann die schon genannte Folgerung, daß »Mörder und Opfer aufeinander angelegt [sind] wie Mann und Frau«, oder daß in Adam *Kain* und *Abel*, der Mörder und das Opfer, »als Qualitäten... verborgen gewesen sein« müssen (H 118). Denn werden im »Stammvater« Adam die beiden Qualitäten gleichsam wieder eingezogen, so sind auch Mann und Frau, gemäß dem biblischen Mythos, ursprünglich das Eine und kehren der Mörder und das Opfer, für die sie stehen, nur in dieselbe Qualitätslosigkeit zurück, welche den Mord als deterministisch-harmonistisches *Zusammenspiel* auszulegen erlaubt.

Buchstäblich bestimmt *der Tod* alle lebendigen Verhältnisse als solche seiner selbst, und nicht nur Mörder und Opfer lösen sich gleich Wolken in ihm auf. »Auch ist es möglich«, doziert der Philosoph mit dem Hinweis auf Ödipus und Alexander, »daß sich im Mörder mehr Substanz verbirgt als im Ermordeten« (ebd.) – unter der Voraussetzung nämlich, daß er seine Mission, die Beförderung zum Tode, notwendigerweise besser versieht als sein Opfer. Denn daß es offenbar vor allem um die Beförderung zum

Tode geht, verrät die Komplementarität der beiden Demonstrationsbeispiele Ödipus und Alexander.

Könnte man den alten kriegerischen Impuls, zur Waffe zu greifen, der Intention nach noch als den gewalttätigen begreifen, der die eigene Autonomie erzwingen will, sich aber dazu je heteronom in Dienst muß nehmen lassen, so sieht die neue Resignation das alte Leitbild nur noch im Tode selber in Erfüllung gehen. »Die Liebe zum Tode blieb ja der einzige und letzte Schmuck des Edlen in dieser Welt« (H 193). Nur mit dem Tode nämlich wäre dem irdischen Verhängnis, welches vulgär die Heteronomie erheischt, zu entrinnen.

»Wer heute vornehm leben will, der muß den Tod erwählen als letzten Anschluß an die absolute Welt« (H 339). – »Anschluß« zu finden, ist, auf welcher Stufe immer, der natürliche Wunsch der Entfremdeten, und die »absolute Welt« Metapher für jene richtige, in welcher das entfremdete Verhältnis, die starre Disjunktion von Oben und Unten, Mörder und Opfer, Subjekt und Objekt, ins Dialogische zurückübersetzt wäre. Spuren des objektiven Leids solcher Erfahrung bewahren die Sätze: »Der Staub der Überwundenen und Überwinder mischte sich auf den verlassenen Märkten, im Vorhof der brandigen Paläste, in den verödeten Lustgärten. Für welche Augen waren diese Schauspiele erdacht?« (H 180).

Konsequent wird im Kapitel »Auf dem Pagos« ein kompletter Totenstaat entworfen. »Er stellte das dunkle Gegengewicht des städtischen Lebens und seiner flüchtigen Ziele dar. Hier residierte die Grundmacht, die dem Fortschritt entgegengetreten war. Das Unterfangen des Fortschritts liegt ja darin, daß er den Tod verneint. Das fordert dann den Herrn der Welt heraus« (H 211). – Der »Herr der Welt«, die »Grundmacht«, »das ungeheure Reich der Grüfte und Katakomben..., das gleich den Waben eines dunklen Bienenstockes sich mit den Abgeschiedenen bereicherte« (H 208), gar die »obsolet gewordenen Grüfte«, wo »das Schweigen ungeheuer tief« ist, die »Fluchten, in denen die Toten nach Kategorien lagen« (ebd.) – keins dieser Bilder bringt das wahre oder falsche Verhältnis der Menschen zum Tode an den Tag. Gleichsam bleibt Jünger in jenen Katakomben selber eingeschlossen. »Die Gräber sind ja die eigentlichen Fix- und Richtungspunkte im tieferen Systeme dieser Welt. Und dieses Bewußtsein breitete sich in der Nähe des Todes mächtig aus« (H 207).

So richtig es ist, daran zu erinnern, daß »die Oberfläche dieser Erde [sich] als Decke eines ungeheuren, geheimnisvollen Grabes erkennen ließ« (H 210), so zweideutig wird solcher Zungenschlag, wo er zur besessen-subjektiven Feier jener »Kalvarienberge« übergeht, »deren Schrecken sich mystisch verklärten –« (H 211). Die Verklärung nämlich, die sich als »mystisch« erfährt, ist »geheimnisvoll« nur für den Schreiber, der die subjektive Obsession poesiefähig machen zu können hofft. Viel zu unbedacht greift er nach ›Reizwörtern‹ für sie, welche die *Absicht* schon durch ihre Allgemeinheit und Abgegriffenheit verraten.

Aber die passive Auslieferung an die Todesobsession führt nicht nur zur durchgehenden *Entqualifizierung* aller Phänomene oder Wertvorstellungen. Wie in der Frühzeit kann sie bis zur ausdrücklichen Entwertung des Lebens selbst fortschreiten.

»Das Leben, sann Lucius, wäre also eine Art von Schimmel, von Aussatz, der auf der Erde wuchert, und wo er sich zur höchsten Bildung auswächst, im Menschenleibe, am verruchtesten? Wenn man vernünftig überlegte, was diese Magier behaupteten [die sog. Parsen], schien der Gedanke nicht so absurd. Der Mensch blieb schließlich die eigentliche Plage, der Unheilstifter dieser Welt, die überall vollkommener und glücklicher als dort, wo er sie schändet, sich offenbart.

»Die Menschen wären demnach die Todesträger, die dunklen Punkte in einem Meer von Licht. Demgegenüber wären die Elemente in ihrer Reinheit die Träger des wahren Lebens und seiner heiligenden Kraft. ... der Gedanke schien durchaus würdig, daß man sich mit ihm beschäftigte, und sei es auch nur, damit man einmal gründlich die Optik wechselte und sich gewissermaßen von außen aus dem Lebendigen als Toter sah« (H 390).

Das Vexierbild von der Verkehrten Welt verkehrt die Welt nur scheinbar. Die tote Materie als belebte, die belebte als tote auszulegen, heißt wiederum nichts anderes, als das Prinzip des Todes positiv – und das des Lebens negativ zu setzen. Maßgebend bleibt dabei die Kategorie des Lebens, die den Tod, die Jüngersche »Kristallwelt«, hinter dessen Rücken zum anthropomorphen ›Anblick‹ umfälscht, wie ihn allein die Lebenden genießen könnten. Auch sind der »Schimmel« und der »Aussatz«, ob nun »lebendig« oder nicht, keineswegs unbedingt *häßlicher* – und keineswegs verächtlicher – als etwa ein Trichterfeld des Ersten Weltkriegs. Die tote Materie ist nicht von sich aus einfach *schön*, verehrungswürdig oder positiv, – sowenig wie das Leben von sich aus einfach *häßlich*, verabscheuenswert oder negativ wäre. Solche Urteile sind allein aus ihrem Zusammenhang zu gewinnen. Auch Jünger muß sie aus ihrem Zusammenhang beziehen. Weil er ihn aber selbst nicht mitdenkt, weil ihm sein eigener Anthropomorphismus unbewußt bleibt, kehrt auch in der Verkehrten Welt nur wieder, was zu erwarten stand: das einseitige Plädoyer fürs Todesprinzip. Blindlings schlägt Jünger dem Prinzip des Bösen zu, was sich am Maß und an der Wirklichkeit der Gut-und-Böse-Dialektik überhaupt erst selbst erfahren konnte: das Leben nämlich.

2. Die Moral der Hierarchie
Über »Heliopolis« (II)

Der Ausfall jener Zweiten Reflexion, die Theodor W. Adorno nicht nur für die Theorie der Kunst, sondern auch für ihre Praxis forderte – »Kunst widerstreitet soweit dem Begriff wie der Herrschaft, aber zu solcher Opposition bedarf sie, gleich der Philosophie, der Begriffe« (Adorno 7, 148) – erklärt nicht, aber er illustriert eine Praxis, die sich ohnehin nicht bloß als die des Künstlers verstanden wissen will. Wenn Schiller in den »Briefen zur Ästhetischen Erziehung des Menschen« dem ästhetischen Schein »Selbständigkeit« attestiert (Schiller V, 397) und ihn rigoros dem »eigenen Gesetz« (des Menschen) unterwirft, so nähert er sich mit solcher Zweiten Reflexion, welche mit ihm und Kant anhebt, jenem Begriff des Begriffs, in dem die Selbstreflexion von Kunst und Philosophie konvergieren. Mediativ und damit dem Prinzip nach abgehoben von aller »Realität«, auf die er nach Schiller »keine Rücksicht« nehmen darf (V, 398), ist ja nicht nur der Begriff, sondern auch *der Schein,* welcher das Kunstwerk konstituiert. Als Schein von Realität bleibt er mit dieser zwar notwendigerweise verbunden, aber so, daß ihm »das Lebendige nur als Erscheinung, ...das Wirkliche nur als Idee gefallen« (ebd.). Denn konstitutiv für ihn ist eben seine Autonomie als die des Bewußtseins (Geistes), sonst wäre er »nichts als ein niedriges Werkzeug zu materiellen Zwecken, und [könnte] nichts für die Freiheit des Geistes beweisen« (ebd.).

Schillers Konzeption der »ästhetischen Stimmung« bliebe ohne die Emphase, mit der er auf der »Freiheit des Geistes« besteht, nicht nur leer und unverbindlich; in ihr entspringt vielmehr die Freiheit, sie gibt ihr »erst die Entstehung« (V, 394). Es ist die »Freude am Schein«, die Freude am Mediativen der ästhetischen Stimmung selbst, die sich als Freiheit erfährt, indem sie »der Sklaverei des tierischen Standes« entspringt (V, 395). Opposition gegen den »Mechanismus der ganzen Natur« (Kant), der inneren und der äußeren, der ersten und der zweiten, ist die Triebfeder zu jener Selbstkonstitution von Kunst, die Schiller in den Briefen bis zum Entwurf eines »ästhetischen Staates« weitertreibt: »In dem ästhetischen Staate ist alles – auch das dienende Werkzeug ein freier Bürger, der mit dem edelsten gleiche Rechte hat, und der Verstand, der die duldende Masse unter seine Zwecke gewalttätig beugt, muß sie hier um ihre Beistimmung fragen« (V, 408).

Dem autoritären *Befehl* wird die demokratische *Frage* gegenübergestellt, und die zweifellos gewagte Konstruktion der klassischen ästhetischen Erziehung erweist sich dem Prinzip nach als ebenso oppositionell, verbindlich und demokratisch wie die moderne faschistische oder faschistoide als subaltern, unverbindlich und hierarchistisch. Beide haben den *totalitären* Aspekt gemeinsam. Beide zielen auf Ästhetisierung ohne Rest, aber die eine mit Blick auf das »Ideal der Gleichheit« (ebd.), die andere mit Blick auf das Ideal der Hierarchie, auf jenes »Burgenland« der »edelen Ritter«, dessen Erwähnung nach Jüngers eigenem Bekenntnis »fast metaphorisch« – mit anderen Worten: ideal – geworden ist.

Weil Jüngers »Idee« um die Dimension der Anschauung (Erfahrung) verkürzt ist, kann er als schön, als harmonisch, als wünschenswert festhalten, was gerade das Gegenteil ist: den hierarchischen Zustand der Gesellschaft, die prinzipielle Disjunktion von Oben und Unten, Herr und Knecht, Mörder und Opfer, oder mit anderen Worten: das Prinzip der herrschenden Entfremdung selbst. Weil umgekehrt die anschauende Erfahrung Schillers auf die Idee nicht verzichtet, kann sie der herrschenden Entfremdung das »Ideal« entgegenstellen: die Freiheit, das gleiche Recht, die Frage um »Beistimmung«, mit einem Wort: die *Demokratie* des »ästhetischen Staates«.

Das Kantsche Diktum, daß Begriffe ohne Anschauung leer, und Anschauungen ohne Begriff blind sind, ist zugleich das Diktum der Zweiten Reflektion. Insofern fällt Jünger hinter Kant und Schiller zurück. Weder räumt er dem *Begriff* noch räumt er dem *Schein* »Selbständigkeit« ein. Sie sind ihm nicht Produkte des »Geistes« (der Freiheit), in denen die Realität in den Simultanprozeß übersetzt ist, der sie als *Ganzes* wiederholt und doch an keiner Stelle mit ihr *konvergiert*, sondern sie sind Spaltprodukte der Realität selbst. So wie sie schon untereinander sich wechselseitig abzustützen suchen: der *Begriff* des Schmerzes wird aus seiner *Phänomenalität* bezogen, das *Bild* der Verhältnisse, das »Heliopolis« bietet, aus der *Idee* der zweigeteilten Welt, so ist der Schmerz nur seinerseits das Introjekt der heroisch-asketischen Tendenzen des Zeitalters oder ist die zweigeteilte Menschheit nur ihrerseits das Derivat von Wunschvorstellungen, die vom kleinen Nazi bis hinauf zum Bildungsbürgertum geteilt worden sein dürften. Nicht zufällig bereiten häufig gerade die realistischen Erzählungen den Erfahrungsstoff so zu, daß er sich vom konventionellen Erfahrungsmodus abheben läßt. *Begriff* und *Schein* sind nicht mehr »leer«, die *Anschauung* ist nicht mehr »blind« – und besonders dort nicht, wo sie von einem soliden *Modell* »beleuchtet« werden kann. Das Modell des Don Quixote, das Jünger für die »Afrikanischen Spiele« adoptierte, inspirierte ihn nicht wie sonst zu einem unverbindlichen und vagen Spiel mit ›Traditionen‹, sondern gestattete umgekehrt das autonome Spiel mit Erfahrungen, die anders kaum ihr eigenes Gesicht, ihre immanente Komik preisgegeben hätten.

Auf den Fall »Heliopolis« bezogen: Die Zweite Reflexion hätte im durchwegs ästhetischen Impuls die keineswegs notwendig ästhetische Anziehungskraft durch das hierarchische Prinzip, also dieselbe *Moral der Hierarchie* entdecken müssen, die dem Impuls von außen nicht anzusehen war; und sie hätte im moralischen Impuls, in der blinden und vergeblichen Willensanstrengung, einem jeglichen Phänomen den Wertmaßstab des Guten oder Bösen aufzuzwingen, die Anziehungskraft durchs Prinzip der Schönheit, also dieselbe *gesellschaftliche Harmonie* entdecken müssen, welche vom ›Ideal‹ der festgefügten Hierarchie den Menschen vorgespiegelt wird. Weil beide nicht zu ihrem eigenen Begriff gelangten, blockieren sie sich gegenseitig. Nicht nur bleibt die intendierte ›aristokratische Ethik‹ schlechterdings ungreifbar – auch ein ästhetisches Konstrukt, ein *Kunstwerk* kommt nicht mehr zustande. Die ›Moral von der Geschicht‹ steht dem im Wege.

Ähnlich blieb nun aber auch die faschistische Moral an die Kategorie des Ästhetischen, an die leere Ordnungsobsession, an »Form und Zucht« gebunden (Benn) – und die faschistische Ästhetik, wie sie z. B. in den großen Massenaufzügen entfaltet wurde, an eine moralische Forderung, an die Preisgabe des Egoismus: Du bist nichts, Dein Volk ist alles! Und das *Ideal* des Burgenlandes, das höhere Menschentum, die frei erfundene Adelskaste Jüngers haben ihr politisches Pendant im nationalsozialistischen Traditionalismus, in den nationalsozialistischen Ordensburgen, in den Phantasien von einer höheren Rasse. Beide, die Pädagogik und die Ästhetik, der Altruismus und die Zucht, das Ideal und das Leben, höheres und niederes Menschentum, Aristokratie und Plebs, die gebildeten Besatzungsgeneräle und die scheußlichen Massenmörder bilden je nur die beiden Seiten ein und desselben Phänomens. Es ist die Welt des Faschismus, eine zweigeteilte Welt auch sie, die in Jüngers Buch, freilich hinter dem Rücken des Autors, Einzug gehalten hat. Zwar wäre es zu einfach, den Pariser Besatzungsgeneral, Herrn v. Stülpnagel, mit dem sog. Prokonsul, und den sog. Landvogt mit Hitler gleichzusetzen (die Stimmgewalt!); aber phänotypisch haben sie mit Sicherheit einiges gemeinsam.

Ähnlich wie für Nietzsche war für Jünger Herrschaft in die Hände des Pöbels gefallen. Daß sie den brutalen Zwang, die Gewalttat nicht entbehren, sondern nur modifizieren kann, war ihm sowenig wie Nietzsche unbekannt geblieben, aber im Gegensatz zu diesem bemühte er sich nun, *Gewalt* und *Macht* auseinanderzudividieren. Solche Ehrenrettung könnte ihren Grund in einer Erwartungshaltung haben, für die das *Gute* und das *Schöne* ausschließlich in einer bestimmten gesellschaftlichen Höhenlage angesiedelt sind. Sie war vielleicht schon Merkmal des deutschen Bürgertums in der zweiten Hälfte des 19. Jahrhunderts. Es hatte die Adelsherrschaft aus eigener Kraft nicht abschütteln können und es mußte sich daher mit dem *Aufblick* – und mit dem korrespondierenden *Heruntersehen* auf Kleinbürgertum und Proletariat – begnügen. Weil jedoch das Schöne, Gute, Vornehme usf. von *oben* lediglich *erwartet* und nicht auch *erfahren* werden konnte, konnte es notwendigerweise nur angenommen, d.h. phantasiert werden. Daher die Tendenz zu seiner *Verhimmelung*. Sie reicht vom alten Fürstenpreis über den späten Wilhelminismus bis zu Jünger und zum zeitgenössischen Hoffotografen. Der Prokonsul verfügt, so lesen wir z.B., über »Autographen-, Münz- und Bilderkabinette und [eine] Antikengalerie«.

»Weiträumig«, so führt der ohnmächtige Bewunderer solcher Besitzvollkommenheit aus, »schlossen sich die Wirtschaftsräume, die Gärtnereien, die Ställe mit offenen und gedeckten Bahnen und die Lager der Wachen an. ... Am Südhang war eine Kette von Treibhäusern entlanggeführt, ...wahre Schlösser aus jenem Glase..., das inneres Leben wie die Chamäleonhaut besaß« (H 197). Aber »Berühmt vor allem war das große Palmarium, ein Bau von über hundert Ellen Höhe, im morgenländischen Stil. ... Auf weiter Fläche wechselten Palmengruppen mit Urwaldinseln und Hibiskusbüschen ab... Als großer Freund der Wärme und des lässigen Behagens pflegte der Prokonsul hier nach Tisch den Kaffee einzunehmen, ein dunkles Elixier, zu dem er kubanische Zigarren mit noch grünem Deckblatt anbieten ließ« (H 198).

Unwillentlich wohl, aber konsequent hat Jünger seinem utopischen Jahrhundert die Züge des vorrevolutionären 18. oder 17. Jahrhunderts eingeschrieben, und die Parkanlagen, die Gärtnereien und Gewächshäuser, das Palmarium, die Bibliotheken und Museen sind ausnahmslos in aristokratischen Besitz zurückgekehrt. »Meinen Sie nicht, daß Ihr Prokonsul in einem Schlosse wohnt, an dem die Zeit vorüberfließt?« fragt das Parsenmädchen Budur Peri keck ihren Liebhaber. »›Er darf es wagen‹, erwiderte Lucius, ›weil seine Fundamente in die Tiefe gehen‹« (H 348).

Ganz wie die faschistischen Autokraten (und Besatzungsgeneräle) steht der Fürst »über dem Gesetz«, und man darf ihm daher »mit dem Herzen«, also blindlings, folgen (H 415). Zwar hat Lucius de Geer, als er so zu seinem »Fürsten« sich bekennt, zuvor die widersprechende Feststellung getroffen: »Es war vorauszusehen, daß der Fürst sich nie zum Gottesgnadentum erheben und besten Falles mit seinen Palladinen Höhen ersteigen würde, um die der Schrecken waltete« (H 386). Aber bestimmend bleibt für ihn die Sympathie, die er bereits bezeugt, als er ihn dem *Landvogt* gegenüberstellt:

»Wie anders dagegen klang die Stimme des Prokonsuls – ein wenig müde, liebenswürdig, nicht ohne Ironie« (H 268). Nichtsdestoweniger trifft diese Stimme »in wenigen Sätzen die Entscheidung, nach der zu handeln war«. Auch gibt der Prokonsul »als Feldherr... die Befehle flüssig; die Klarheit und Reihenfolge seiner Dispositionen war berühmt. ... Auf solchen Kommandohöhen entscheidet, *was*, nicht *wie* man spricht. So war er auf das Wort nicht angewiesen, denn man gehorchte auch seinem Wink« (H 269).

Nur noch dem Wink zu gehorchen, also der Anstrengung des Einwands überhoben zu sein, ist seinerseits einer der ›Vorzüge‹ faschistischer Befehlsgewalt. Sie setzt beim Befehlenden eine »Sicherheit« voraus, die notwendig »eher im Charakter als in der Intelligenz begründet ist« (H 358). Denn allein der »Charakter« besitzt jene unzweideutige »Legitimation«, die vom Abhängigen nicht je erst nachgeprüft werden muß. In ihm hat »der Wille sich vor dem Mythos« (und nicht vor der Nachprüfbarkeit) zu legitimieren (ebd.). Vergleichbare »Charaktere« brachte ursprünglich allein das sog. »Burgenland« hervor, das daher nachdrücklicher noch als seine leibhaftigen Vertreter die Herkunft aus der Wunschphantasie verrät. Die »Residenz«, der »Schatzgrund«, die »Urheimat«, wie es genannt wird, heißen im romantischen Frühfaschismus noch schlicht »Déesse France«, aber das »übermenschliche Leben« und die Teilhabe »an der Majestät des Ewigen« sprach auch Charles Maurras ihr schon zu (Nolte 146). Bei Jünger ist solche »Majestät« zur absoluten und zugleich absolut abstrakten eingedampft, vor welcher das konkrete Volk weit greifbarer noch als bei Maurras zum dumpfen, bösen, kulturschänderischen plebs herabkommt. Unwiderruflich trübt es den »Schimmer des frühen Fürstentums« (H 360).

Ist Jüngers Traumland also nur noch depotenziertes »Kennwort« und zugegebenermaßen eine »Metapher«, liegt es buchstäblich im Abseits und Jenseits der Geschichte, so erstreben seine politischen Missionare nichtsdestoweniger »eine historische Ordnung«, und zwar im Gegensatz zum Landvogt, welcher »außerhalb der

Geschichte ein Kollektiv zum Staat erheben« will (H 176). Beide Potentaten stützen sich jedoch auf »Trümmer«, die Adelspartei »auf die Trümmer der alten Aristokratie« (und der »Senatspartei«), der Landvogt »auf die Trümmer (und Hypothesen) der alten Volksparteien« (H 175f.). Solcher doppelten Zertrümmerung hat in der Tat nur die »Metapher« des Burgenlands selbst standgehalten. Denn immerhin gibt Jünger zu bedenken, »daß Uradel, außer den transhesperischen, den burgenländischen Familien nicht mehr vorhanden ist« (H 177). Was also tun? »Die Auswahl (der neuen Elite)«, meint Lucius' »Chef« realistisch, »ist also angewiesen auf Leistung, das heißt, auf einen Kreis von Menschen, die sich, sei es durch Taten, sei es durch Wissen oder Können auszeichnen. Das ist der schwächere, doch einzig mögliche Weg der Elitebildung in dieser Zeit« (ebd.).

Ganz ähnlich ergeht es nun aber auch dem Landvogt, der die »technische Überlegenheit« erstrebt und daher auf der »Suche nach Spezialisten« ist (H 176). Freilich führt seine Suche, im Gegensatz zu der des »Chefs«

»automatisch auf Typen, die verkümmert sind. Es ist dies nicht etwa ein notwendiges Übel, sondern eine der Grundvoraussetzungen, da seine Ordnung ja auf die Vernichtung des Menschlichen gegründet werden soll. Daher ist von zwei Anwärtern gleichen Ranges jener geeigneter, der weniger Würde, weniger Gewissen, weniger Freiheit mitbringt – jener kurzum, bei dem der technische Impuls auf den geringsten menschlichen Widerstand trifft. Praktisch wird das insofern sichtbar, als man in seinen Ämtern auf eine Mischung von Automaten und ausgesprochenen Verbrechern stößt« (ebd.).

Nicht nur war von der »Würde«, vom »Gewissen« und von der »Freiheit« auch bei der Leistungsauswahl der Burgenländer keine Rede; es ist auch nicht ersichtlich, warum der Landvogt seine Ordnung »auf die Vernichtung des Menschlichen« anlegt. Was hätte er davon? Selbst ein Hitler visierte nicht einfach die »Vernichtung des Menschlichen«, es war dies vielmehr erst die Folge einer Politik, die aus der These, es gäbe Menschen Zweiter Ordnung (wie z. B. Jüngers plebs), oder es gäbe unter Menschen zugleich die »Erbfeinde« des Menschen (wie z. B. die Juden), die blutige Konsequenz gezogen hatte. Die »praktische« Folge der Leistungsauswahl des Landvogts, »eine Mischung von Automaten und ausgesprochenen Verbrechern«, ist denn auch ein Unding, das schlechterdings existenzunfähig wäre. Es ist nur noch Produkt einer Entrüstung, die als gut bürgerliche darüber erstaunt ist, was da im eigenen Volk herangewachsen (herangezüchtet worden?) ist: verbrecherische Automaten? automatische Verbrecher?

Das »vollkommene Menschenbild«, auf das die »Absicht« der Adelspartei »gerichtet« ist, soll zwar »sich in der Erscheinung selten und stets nur angenähert« zeigen (H 176 f.), ist aber zugleich im »Vorbild« des Prokonsuls und Fürsten manifest. Nach Auskunft des »Chefs« nämlich ist der Fürst »Träger der trefflichen, gerechten und zur Herrschaft berufenen Tugenden«, in dem »zugleich die demokratischen Prinzipien intakt« sind (ebd.).

Es bestehen nun zwar wenig Zweifel, daß Jünger im »Chef« und im »Prokonsul und Fürsten« die aristokratischen Teilnehmer am Aufstand gegen Hitler vom 20. Juli 1944 im Auge hatte – so hören wir z.B. von »geheimen Akten« und von »Plänen zur Bildung einer Volksvertretung«, in die Lucius de Geer (sprich: der Hauptmann Jünger) Einblick hat –; aber statt sich an die historischen Fakten zu halten, benutzt der Romancier sie nur, um die eigene edelfaschistische Imagerie zu stützen. Noch die *Tugend*, die den Fürsten auszeichnen soll, ist ihrem eigenen Begriff nach nicht aristokratisch, sondern bürgerlich. Aber selbst vorausgesetzt, es ließe sich ernsthaft von *aristokratischen Tugenden* sprechen: erst die bürgerlich-demokratischen Grundsätze machen die Komplexität einer Aufstandsbewegung aus, die von Jünger einseitig dem Adel zugeschrieben wird und die daher außer rhetorischen Beteuerungen kaum etwas für sich vorzubringen weiß, das sich in der Tat *demokratisch* nennen ließe. Mit dem »Vorbild« des Prokonsuls und Fürsten ist die Existenz des Landvogts jedenfalls so gut vereinbar wie der General v. Stülpnagel mit Hitler oder wie die Philosophie Serners mit der Technokratie der »Volkspartei«. Auch die geschlossensten »Systeme« pflegen höchst verschiedene Tendenzen, Rivalitäten usw. zu vereinigen.

Die Auflösung der bürgerlichen Werte, die sich hinter Jüngers Wunschwertwelt versteckt, ist nun freilich nicht mehr, wie diejenige Nietzsches, das immanente Resultat philosophischer Kritik, sondern indiziert nur noch die realhistorische Zersetzung dieser Werte. Stück für Stück werden sie durch Wunschwerte ersetzt, so daß die Trias Schön/Gut/Oben sich je wie Dominosteine zusammensetzen läßt. Dem widerspricht es nicht, daß auch in der Adelskaste völkische oder gar »gewerkschaftliche« Tendenzen kursieren – auch der Nationalsozialismus war in dieser Hinsicht ein Kostümball. So trägt Lucius de Geer gelegentlich »die soldatische Gewerkschaftstracht – den braunen Overall mit dem in Silber eingestickten Adler auf der linken Brust« (ist das der Adler der Wehrmacht? die Position ist jedenfalls die gleiche). »Es war kein Widerspruch«, so erläutert Jünger, »daß er, Lucius, zugleich Standesherr aus dem Burgenland à la suite des Heeres und Mitglied des großen Gewerkschaftsbundes war« (H 181 f.). Jedenfalls konnte es nicht schaden, so würde ein Praktiker ergänzen.

Kostümiert sind auch die Juden. Sie werden zu den mysteriösen – und praktischerweise auch gleich *arisierten* – Parsen stilisiert. Im Parsenmädchen Budur Peri tritt die sozusagen *arische*, in den Verdächten des antisemitischen »Chefs« die *nicht-arische* Seite dieser Phantasie zutage. »Die Parsen«, meint der Chef, haben »Bräuche beibehalten, die befremdend sind. Dann sind da die Leihhäuser, die kleinen Wucherer und die Banken, und endlich ist auch nicht alles erlogen, was man von ihren Hotels und Wärmbädern erzählt« (H 83).

Die gewollte Zweideutigkeit, die nichts als die *idealisierte* des durchschnittlichen bürgerlichen Antisemitismus ist, erlaubt es zugleich, die Parsen-Juden mit derselben sexuellen Schlüpfrigkeit auszustatten, in der für Jünger das Prinzip des Bösen gipfeln dürfte. Darf man in solcher Schlüpfrigkeit die Manifestationen des Lebenstriebs wiedererkennen, so eben als die verzerrten, die sich der einseitigen Parteinahme für den Todestrieb verdanken. Jünger ist extremer Asket. Aber solcher Extremismus ist wieder nur der idealisierte gegenüber dem realen. Der Zug der Askese war noch Hitler und vielen seiner Palladine eigen. Kaum öffneten diese, wie etwa der Landvogt, dem Sexus Tür und Tor. Die sexuelle Entfesselung ist dem wesentlich der Askese verpflichteten politisch-militärischen Sadomasochismus im Gegenteil meist höchst suspekt. Gerade im asketischen Ideal treffen sich vulgärfaschistische und edelfaschistische Besetzungen und fallen die von Jünger prätendierten Unterschiede schier zusammen. Sie sind nicht weniger künstlich als die von den Faschisten selbst behaupteten: nicht nur die semitische Schlüpfrigkeit der »Warmbäder« bezeugt das. Zwar soll Jünger selbst seinen Tag mit einem kalten Bad beginnen, aber im Allgemeinen werden »Warmbäder« auch von Ariern bevorzugt. Der Ausdruck ist nur noch böswillig, seine Herkunft aus einem antisemitischen Impuls ist schwerlich zu bestreiten. – Auch Messer Grande, der wohl zum Teil für Heydrich steht, hat schier obszöne Erlebnisse und Phantasien (H 258), und noch im Höllenzirkel der Schlußphantasie fehlen die »betrunkenen und grell geschminkten Freudenmädchen« nicht (H 400).

Mit der losgelassenen Obszönität der Schlußphantasie endet der Jüngersche Entwurf der Welt als Wunschvorstellung. Zwar wird Lucius bei der Konfrontation mit der Hölle die höchst persönliche Einsicht seines Autors in den Mund gelegt: »Das bist du!« Aber auch solches Zu-sich-selber-kommen des subjektiv Halluzinierten kann die objektive Hölle nicht ernstlich evozieren. Der Zwang einer Mimesis, die blind gehorcht, anstatt in die kritisch-autonome *Reaktion* zu übersetzen, was Angst machen sollte, kann das objektiv Veranstaltete der Höllen des SS-Staates nicht mitdenken und verfällt daher selbst der Veranstaltung. In der Tat *spielt* Jüngers freie Phantasie das *Schicksal*, das der SS-Staat selbst zu spielen suchte und auf das die Opfer in der Tat hereinzufallen pflegten. Von der organisierten Fatalität der Konzentrationslager findet sich nichts. Die gesamte Bürotäterschaft tritt in die Kulisse zurück. Auch trifft das Schicksal nicht mehr bestimmte Menschengruppen, sondern der Tendenz nach alle Menschen, so daß Opfer und Henker zusammenfallen können. Entqualifizierung auch hier. Lucius »fühlte nichts mehr, was ihn unterschied, auch keine Neugier mehr« (ebd.). Die freie Phantasie verrührt zum Brei, was im historischen Raum so gut wie in der Phantasie der Menschen in grelle Gegensätze zerfiel.

Es ist mit Sicherheit kein reiner Zufall, daß die psychische Tortur, die sich in der Figur des »Kreisens, des Zyklischen« ausspricht, daß der »Bann – in Walzen, Rollen, Mühlsteinen und Rädern jeder Art« (H 399) schon wenige Seiten später, im Kapitel »Ortners Garten«, als positive Figur wiederkehrt. Die Tortur des »Kreisens, des Zyklischen«, die offenbar so unerträglich ist, daß sich »das Auge... schon erleichtert... [fühlte], wenn es auf Schneckenlinien und Spiralen oder auf die Ovale von Schildkrötenpanzern traf« (ebd.), wird für den Erzähler Ortner, der ganz wie der Erzähler Jünger »unregelmäßig und für Stunden im Garten zu erscheinen« und dann »zu seinem Manuskript« zurückzukehren pflegte (H 419), unmittelbar zur Figur des Lebens: er »liebte das Beständige im Kreisen, das Kreisen im Beständigen« (H 421).

Symbol des Immergleichen, vertritt das Bild des Kreises ebenso den absoluten Unfrieden wie den absoluten Frieden, ebenso die Hölle der Vernichtung wie das Paradies eines Schreibers, welcher alles Seiende aufs Nichtige ursprünglicher Qualitätslosigkeit zurückzuführen trachtet.

3. Die klassische Ästhetische Erziehung und die moderne Rechtfertigungsmoral

Friedrich Schiller, gestützt auf Kant, forderte für die Ästhetik das ethische Regulativ, den »Vernunftbegriff der Schönheit«, der »aus keinem wirklichen Falle geschöpft werden kann, vielmehr unser Urteil über jeden wirklichen Fall erst berichtigt und leitet« (Schiller V, 340). Nicht minder rigoros als Kant begründete er seine Forderung mit der Erfahrung, daß »die Reize des Schönen« zwar

»zu löblichen Zwecken wirken« können, daß es ihrem Wesen aber nicht widerspreche, »gerade das Gegenteil zu tun, und ihre seelenfesselnde Kraft für Irrtum und Unrecht zu verwenden« (V, 338). »Welche gefährliche Dialektik haben die Leidenschaften nicht erlernt«, so fährt er fort, »seitdem sie in den Gemälden der Dichter mit den glänzendsten Farben prangen und im Kampf mit Gesetz und Pflichten gewöhnlich das Feld behalten« (V, 339).

So fragwürdig die Einführung eines »Spieltriebs« sein mag, der »Stoff- und Formtrieb«, wie er sie nennt, versöhne und deren immanente Dialektik je zum Austrag bringe, so weit greift Schiller mit der Entfaltung dieser Dialektik selbst. Nicht nur leitet er den »Formtrieb« von der »vernünftigen Natur« des Menschen ab und schreibt ihm virtuell die »Behauptung der Persönlichkeit«, die Aufhebung der »Zeit« und der »Veränderung« zu (V, 345f.); er ist nach ihm dem Ursprung nach gar keine ästhetische, sondern eine anthropologische Kategorie. Das erweist sich spätestens an seiner wie immer skizzenhaften Genesis, mit der sich Schiller bereits den Einsichten nähert, die Horkheimer und Adorno in der »Dialektik der Aufklärung« entfaltet haben.

»Die Betrachtung (Reflexion) ist das erste liberale Verhältnis des Menschen zu dem Weltall, das ihn umgibt... Die Notwendigkeit der Natur, die ihn im Zustand der bloßen Empfindung mit ungeteilter Gewalt beherrschte, läßt bei der Reflexion von ihm ab, in den Sinnen erfolgt ein augenblicklicher Friede, die Zeit selbst, die ewig Wandelnde, steht still, indem des Bewußtseins zerstreute Strahlen sich sammeln, und ein Nachbild des Unendlichen, die *Form*, reflektiert sich auf dem vergänglichen Grunde... Aus einem Sklaven der Natur, solang er sie bloß empfindet, wird der Mensch ihr Gesetzgeber, sobald er sie denkt« (V, 391).

Die erste Regung des »Formtriebs« ist zugleich die erste rudimentäre Regung des Denkens, welches für die ursprüngliche Empfindung das Vehikel bereitstellt. Form, Reflexion, Gedanke sind insofern *eines* Ursprungs, sie alle schaffen die »rohe Natur« zu einem »Objekt« des Menschen um. »Die ihn vordem nur als *Macht* beherrschte, steht jetzt als *Objekt* vor seinem richtenden Blick« (ebd.) ... Und: »Was ihm [dem Menschen] Objekt ist, hat keine Gewalt über ihn, denn um Objekt zu sein, muß es die seinige erfahren« (ebd.).

Wohlgemerkt: Schiller bewegt sich in Begriffen der Ästhetik, und das Baconsche Motiv der Macht über die Natur, mit dessen Reflexion die »Dialektik der Aufklärung« anhebt, ist lediglich eine anthropologische, keine philosophiegeschichtliche Spekulation von ihm. Was bei Schiller »Schönheit« oder »Form« heißt, ist zwar handgreiflich jene Erste Reflexion, die der Erkenntnisfunktion des

Kunstwerks korreliert (Adorno), aber im Gegenzug zur idealistischen Philosophie, die mit dem Schritt von Kant zu Fichte die »Einheit des sich selbst erhaltenden Gedankens« zum Prinzip erhoben hatte (Adorno 1966, 31), ist nach Schiller die Schönheit »zwar *Gegenstand* für uns, weil die Reflexion die Bedingung ist, unter der wir eine Empfindung von ihr haben; zugleich aber ist sie ein *Zustand unseres Subjekts*, weil das Gefühl die Bedingung ist, unter der wir eine Vorstellung von ihr haben« (V, 393).

Schillers Theorie ist ausdrücklich dialektisch. Die »Einheit des sich selbst erhaltenden Gedankens«, das Fichtesche Ich, ist ihr ähnlich fremd wie das schroff davon abgehobene Fichtesche Nicht-Ich. »Geist« und »Natur« werden erst durch ihre dialektische Vermittlung zu relativ identischen Begriffen. Die Schönheit, sagt Schiller, ist »zwar Form, weil wir sie betrachten, zugleich aber ist sie Leben, weil wir sie fühlen. Mit einem Wort: sie ist zugleich unser Zustand und unsere Tat« (ebd.). Der »Zustand« charakterisiert sie als naturabhängige Empfindung (Passion), die »Tat« als freie und autonome Betrachtung (Aktion).

»Und eben weil sie dieses beides zugleich ist, so dient sie uns also zu einem siegenden Beweis, daß das Leiden die Tätigkeit, daß die Materie die Form, daß die Beschränkung die Unendlichkeit keineswegs ausschließe – daß mithin durch die notwendige physische Abhängigkeit des Menschen seine moralische Freiheit keineswegs aufgehoben werde« (ebd.).

Zwar bestreitet Schiller den »moralischen Ursprung« der Freiheit, die in der »ästhetischen Stimmung« erfahren werde (V, 394); aber daß solche Freiheit in der »Freude am Schein« entspringe, wie er sagt, kennzeichnet sie unzweideutig als die autonome jener ästhetischen ›Begrifflichkeit‹, die es für Schiller insbesondere von der empiristischen (des Verstandes) abzuheben gilt. »Die höchste Stupidität und der höchste Verstand haben darin eine gewisse Affinität miteinander, daß beide nur das *Reelle* suchen, und für den bloßen Schein gänzlich unempfindlich sind« (V, 395). Denn: »Die Realität der Dinge ist ihr [der Dinge] Werk; der Schein der Dinge (und in erweitertem Sinne: der Begriff der Dinge) ist des Menschen Werk, und ein Gemüt, das sich am Schein weidet, ergötzt sich schon nicht mehr an dem, was es empfängt, sondern an dem, was er *tut*« (V, 396). Daß solche »Tat« gleichwohl des Gegenstands bedarf, also keineswegs gleich der leeren Satzung kategorialer Philosophie ist, drückt der einfache physiologische Tatbestand aus: »Der Gegenstand des Takts [hier: der Berührung] ist eine Gewalt, die wir erleiden; der Gegenstand des Auges und des Ohrs ist eine Form, die wir erzeugen« (V, 397).

Die »Selbständigkeit« des ästhetischen Scheins, auf der Schiller so energisch beharrt, ist ihrerseits keine leere Formel, keine auf ihre bloße ›Selbsterhaltung‹ bedachte ästhetische Kategorie, sondern Resultat immanenter Kritik an solchem Schein. Das »wirkliche Dasein« schreibt nach Schiller »von der Natur als einer fremden Macht« sich her – als Natur ist sie nicht zufällig zugleich entfremdete Natur – »aller Schein aber ursprünglich von dem Menschen als vorstellendem Subjekt«. Mit »ungebundener Freiheit« darf daher der Mensch im Reich des Scheins nur unter der Bedingung walten, daß er »die Markung in Acht nimmt, welche *sein* Gebiet von dem Dasein der Dinge, oder dem Naturgebiete scheidet« (ebd.). ....und »nur, so lange er sich im Theoretischen gewissenhaft enthält, Existenz davon auszusagen, und so lange er im Praktischen darauf Verzicht tut, Existenz dadurch zu erteilen« (V, 398).

Was das in praktischer Hinsicht bedeutet, belegt Schiller unzweideutig genug am Beispiel. Der Mensch »kann die Intensität, welche die tätige Kraft erheischt, auf die leidende legen, durch den Stofftrieb dem Formtriebe vorgreifen, und das empfangende Vermögen zum bestimmenden machen. Er kann die Extensität, welcher der leidenden Kraft gebührt, der tätigen zuteilen, durch den Formtrieb dem Stofftriebe vorgreifen, und dem empfangenden Vermögen das bestimmende unterschieben. In dem ersten Fall wird er nie *Er selbst,* in dem zweiten wird er nie *etwas anderes* sein; mithin eben darum in beiden Fällen *keines von beiden,* folglich – null sein« (V, 349).

Etwas anderes sein können, und nur unter dieser Bedingung auch *Er selbst,* ist der unzweideutige Prüfstein für den Künstler, welcher »das andere« nicht hätte, wäre er nicht autonom, und welcher die Autonomie nicht hätte, ließe er sich aufs andere nicht ein. »...einzelne Menschen sowohl als ganze Völker, welche entweder ›der Realität durch den Schein, oder dem Schein durch Realität nachhelfen‹ – beides ist gerne verbunden – beweisen zugleich ihren moralischen Unwert und ihr ästhetisches Unvermögen« (V, 399). – Beide, Realität und Schein, sind für Schiller nicht zu trennen, ja sie gelangen überhaupt erst in der sie je als solche ausschließenden Vermittlung zu sich selbst. »...denn [der Mensch] kann den Schein nicht von der Wirklichkeit reinigen, ohne zugleich die Wirklichkeit von dem Schein – von ihrer Ideologie, würden wir heute sagen – frei zu machen« (V, 398). Unbestritten ist daher der Erkenntniswert des Kunstwerks, das am »Realen« teil hat, aber nur über dessen konsequenten Ausschluß im ›aufrichtigen und selbständigen Schein‹ von ihm, welcher vom ›falschen und bedürftigen‹ Schein, in dem die Abhängigkeit vom »Reellen« roh und stofflich bliebe, streng zu trennen ist. » – wie sie [die Kunst] das Wirkliche

ganz verlassen und doch auf das Genaueste mit der Natur übereinstimmen soll und kann« (»Über den Gebrauch des Chors in der
Tragödie«, II, 247), darin eben besteht ihr »Rätselcharakter«, »sie
ist Begriff so wenig wie Anschauung, und eben dadurch protestiert
sie wider die Trennung. Ihr Anschauliches differiert von der sinnlichen Wahrnehmung, weil es stets auf ihren Geist sich bezieht. Sie
ist Anschauung eines Unanschaulichen, begriffsähnlich ohne
Begriff« (Adorno 7, 148).

Solche notwendige begriffliche Aporie über den »Rätselcharakter« der Kunst war entgegen Adornos allergischer Kritik an Schiller
handgreiflich schon Schiller selbst bekannt. Mit kaum einem Argu-
ment hat er sich einseitig auf jene ›Selbsterhaltung‹ des ästhetischen
›Gedankens‹ verlegt, die Adorno zu Recht der zeitgenössischen
Philosophie vorwirft.

Auch die explizit kritische Dimension der Dichtung hat Schiller vorskiz-
ziert. »Freilich darf der Dichter auch die schlechte Natur nachahmen... Ist
er nur er selbst, in dem Moment wenigstens, wo er schildert, wahre
menschliche Natur, so hat es nichts zu sagen, was er uns schildert: aber
auch schlechterdings nur von einem solchen können wir ein treues Gemälde
der Wirklichkeit vertragen« (»Über naive und sentimentalische Dichtung«,
V, 492).

Durchwegs ist in den Schillerschen Begriffen angelegt, was in
Adornos »Ästhetischer Theorie« zur immanenten Dialektik des
Kunstwerks entfaltet worden ist. Daß keine Mimesis ohne ver-
pflichtende Kontrolle durch den Intellekt sein dürfte, und keine
Formanstrengung ohne Rückbezug auf den ursprünglichen »mime-
tischen Impuls«, kann schon aus Schillers Theorie abgelesen werden und wirft ein Licht noch auf den späten Jünger. Der Realität
durch den Schein, dem Schein durch Realität »nachzuhelfen«, wird
bei Jünger zu einem förmlichen Verfahren. Immer wieder zehrt die
»Intensität« des »Formtriebs« an der »Extensität« des »empfangenden« Vermögens, oder schwächt die Faszination, die von den sog.
»Feuerwelten« ausgeht, das aktive, reflektorische (das »moralische«) Vermögen. Denn im »aktiven« Vermögen des Menschen –
im Geist – hängen »formale« und »moralische« Intentionen zusammen und bilden seine »wahre Natur«, welche nicht sich konstituieren kann, ohne daß Passion und Aktion, Anschauung und Reflexion, das »andere« und das »Ich« des Künstlers in ein dialektisches
Verhältnis zueinander treten. Wo sie planlos und unkontrolliert
ineinander übergehen wie bei Jünger, da ist der Erzähler weder
mehr »Er selbst« noch das »andere« (»Reelle«) – »und folglich
null«. Aktives und passives, moralisches und sinnliches Vermögen

»greifen« einander »vor«, oder mit anderen Worten: sie müssen einander taschenspielerhaft vertreten.

Das immanente Movens solcher Vertretung ist die Rechtfertigung schlechthin. Die Natur, das Phänomen, der gegebene gesellschaftliche Trend finden in der Reflexion tautologisch sich bestätigt, die Zweite Reflexion wiederholt nur noch die Erste, aber schon die Erste ist, indem sie sich an der Ideologieförmigkeit der Phänomene festmacht, nicht mehr die freie Übersetzung des Stoffes ins Medium der autonomen Form, sondern ihrerseits nur eine Wiederholung. Vorgängige Konformität mit dem Gegebenen und nachträgliche Rechtfertigung des immanenten Konformismus verbauen die Anschauung ebenso wie den Begriff.

Am klassischen *Ideal* erst erweist sich, was der »heroische Realismus« Jüngerscher Prägung in letzter Linie ist: die umstandslose Transformation der Realität in den heroischen Schein und die Ausstattung solchen Scheins mit Elementen der Realität. Sie ist die konsequente Einebnung einer Differenz, die es gestattet, was wir empfinden oder auch vorfinden, in jenen Simultanprozeß zu übersetzen – und dadurch überhaupt erst einsichtig zu machen – der als »Schein« des Kunstwerks, Konstrukt der Philosophie usf. von aller sog. Wirklichkeit scharf abgehoben ist. Das legt schon die Konstitution unserer Sinnesorgane nahe. Noch der Tastsinn ist ein *Sinn,* der erst zusammensetzen muß, was er ertastet hat. Nicht zufällig spricht Schiller vom *Takt* und nicht vom Tastsinn und hebt dagegen die kompositorische Leistung des *Auges* ab. Der Einebnung der Differenz entspräche nun allerdings ein Auge, welchem die Linse ausgebaut wurde. Ein solches Auge wäre nicht mehr Auge. Auch Jünger *komponiert.* Aber seine Kompositionen sind nur die Reproduktionen des selbst schon Produzierten. Jünger ist vorwiegend *ideologisch* orientiert. Der seit Marx so viel bemühte Ausdruck ist noch bei ihm nicht zu vermeiden. In freier Variation des Marxschen Terminus ließe sich formulieren, daß eine jede Ideologie aufs gesellschaftliche *Ist* und nicht aufs Werden oder ein Gewordenes abzielt. Wie gerade an Heidegger sich zeigen läßt, ist noch der Traditionalismus nur scheinbar an der Vergangenheit orientiert. Ideologie ist unfreiwilliger Ausdruck des je geltenden sozialen status quo – daher die Tendenz zur ›Dekoration‹, und sei es als ›Traditionalismus‹ – und dient im wesentlichen dessen Selbsterhaltung. Nicht die *Tradition,* sondern das *Immergleiche* ist ihr inhärent – und der *Tod* gleichsam ihr Fluchtpunkt. Jüngers Ästhetische Erziehung des Menschen ist ebensosehr Erziehung zum Immergleichen und zum Tode, wie diejenige Schillers Erziehung zum Progreß und zum Leben. Daß kein Stillstand sei, eben das visiert der wechselseitige dialektische Anstoß des Leidens durch die Tat, der Fatalität durch die Freiheit, der Natur durch den Geist. Jüngers »Kreisen im Beständigen« dagegen ist die Feier und die Huldigung des Immergleichen selber. Es zielt dem Prinzip nach auf die Aufhebung von Geschichte. Die ihr adäquate Ästhetik wäre eine ›Naturästhetik‹, und diese implizierte nicht allein die Aufhebung des moralischen, sondern auch des ästhetischen Prinzips als solchen. Dieses war – und ist – durch den Geist (durch den Begriff) vermittelt, und indem solche Vermittlung kassiert wird, wird auch sein Anspruch auf Wahrheit kassiert, der doch von ihm untrennbar war. Denn, was wäre Dichtung ohne Wahrheit? Die scheinbare Realität nicht weniger als der nach Realität süchtige Schein.

Die Interdependenz von Ethik und Ästhetik hat ihre Ursache in einem Gemeinsamen: im Geist. Aber dieser ist so wenig isolierbar, daß vielmehr jede Isolierung eines »geistigen Prinzips« die dialektische Vermittlung zu seinem »anderen« durchschneidet. Der ›Geist als solcher‹ ist unmittelbar der Ungeist, die Autonomie als solche unmittelbar die Heteronomie, der auf seine ›Selbsterhaltung‹ dringende Gedanke unmittelbar der leere Gedanke, das wiederkäuende Eingedenken des Nichts. Ohnmächtig ist der Geist gerade als *Geist*. Ohnmächtig muß er ›über sich ergehen lassen‹, was er nicht selbst ist, wenn er nichts anderes mehr sein will als Er selbst. Daher Jüngers Vorliebe für die Vokabel *Geist*. Mit ihr isoliert er, was nur mit seinem anderen vermittelt – Geist sein könnte. Mit ihr löst er alles Seiende ins Spirituelle, in jenes wolkenhafte *Nichts* auf, das ihm nur deshalb als wirklicher denn alles Wirkliche gilt, weil es den *Tod* evoziert. Keineswegs zufällig bezeichnet er die größte Seeschlacht aller Zeiten, wie sie wohl genannt werden könnte, als »geistigen Akt«. Die lustvoll inszenierte »Atomisierung« von Gegnern, die sich auf den Fortschritt berufen – oder in erweitertem Sinn: auf das Leben – ist nichts als eine opernhafte Inszenierung der »Vernichtsung« (Nietzsche) selbst.

Die Jüngersche *Geistigkeit* muß sich um so willfähriger dem Gegebenen ausliefern, je herrischer sie auf ihrem Schein beharrt. Es ist letzten Endes dieser Schein, der Jünger als ›ästhetisch‹ gilt. Aber auch er ist noch von der Realität erborgt. In ihm kehrt wieder, was an dieser selber Schein ist: die Veranstaltung einer Gesellschaft aus unverbundenen und autonomen Einzelnen. Eine solche Gesellschaft ist die von ihr selber prätendierte Illusion: die Autonomie als Solipsismus, der Solipsismus als ihr einziges – und zugleich ihr »einigendes« – Prinzip. Sie wäre die schlechthin *negative Gesellschaft*. Als Ausweg aus ihr bietet sich in der Tat allein der Tod an... der immanente Fluchtpunkt ihres status quo.

Drei weitere diskussionswürdige Aspekte mußten vernachlässigt
werden: der symbolistische, der dandystische und der momentani-
stische. Indessen ist in der Schrift von Gisbert Kranz, »Ernst
Jüngers symbolische Weltschau«, der Symbolismus so gut wie
erschöpfend dargestellt und stets adäquat interpretiert worden. Ich
werde einige mir wichtig erscheinende Auszüge im Rahmen von
kurzen Kommentaren wiedergeben. – Die dandystischen Elemente
im Weltverhältnis Jüngers hingegen werden in dem kenntnisrei-
chen Aufsatz Rainer Gruenters, »Formen des Dandysmus«, nachgezeichnet. Gruenters Ansatz folgend, werde ich neben »Ortners
Erzählung« (aus dem Romen »Heliopolis«) zwei weitere Demonstrationsbeispiele behandeln: Die Kriegserzählung »Sturm« (1923)
und die Erzählung »Der Hippopotamus« aus dem »Abenteuerlichen Herzen«, Zweite Fassung. – Endlich hat Karl Heinz Bohrer
Jüngers Frühschriften aus der Perspektive einer »Ästhetik des
Schreckens« interpretiert. Bohrer besteht auf der exzessiven Emp-
fänglichkeit des jungen Autors für die moderne ›Schrecksekunde‹
(»Momentanismus«) und auf seiner Fähigkeit, mit einer adäquaten
Metaphorik darauf zu antworten. Auch die von Walter Benjamin
für die Literaturanalyse fruchtbar gemachte Schock-Kategorie Sigmund Freuds erprobt Bohrer an Jüngers Schrifttum.

1. Symbolismus

Gisbert Kranz konnte einen detaillierten Katalog der von Jünger bevor-
zugten *Symbole* zusammenstellen. Dabei stößt er auf die *Polarität* der
Symbolwelt Jüngers und stellt sich die Frage:
»Aber versuchen wir nicht, indem wir die einzelnen Symbole in ein
System einordnen, mit rationalen Mitteln Zusammenhänge zu erhellen, die
eigentlich irrational sind? Manches Symbol scheint seiner Mehrdeutigkeit
wegen bald dem Lichte, bald dem Dunkel; bald dem Feuer, bald dem Blute;
bald der blauen, bald der roten Farbe zugeordnet zu sein. Das Feuer selbst
kann ebenso Leben spenden wie Leben vernichten; Blut und Dunkel
vermögen ebenso fruchtbar und heilsam wie tödlich und unheilbringend zu
wirken; Blau kann das Geheimnisvolle wie das Berechenbare, das Wunder-
bare wie das Nichts bedeuten; im Rot können das Hohe wie das Niedrige,
Herrschaft wie Aufruhr, Liebe wie Haß, Leben wie Tod zum Ausdruck
kommen« (S. 238).
Daß die verwendeten Symbole gelegentlich das Lager wechseln können,
ändert nichts an ihrem prinzipiell *polaren*, wenn nicht binären Gebrauch.

Unverkennbar führen sie eine ›zweigeteilte‹ Welt vor, für deren Struktur der Terminus *System* daher nicht ungerechtfertigt wäre. Zwar würde Jüngers ›Welt‹ damit in die Nähe einer mehr begrifflichen als symbolischen Konstitution rücken; aber das würde die Zweideutigkeit nur von einer anderen Seite beleuchten, die in seinem Sprachgebrauch beobachtet werden konnte. Sie ließe sich auf die Formel bringen: Zwar verwendet Jünger mit Vorliebe *Symbole*, jedoch verwendet er sie im Rahmen eines Koordinatensystems, auf dem sie – im Sinne einer prinzipiellen Zweiwertigkeit – ihren festen Platz einnehmen. Insoweit sie damit die Bedeutung von Axiomen oder Aprioris annehmen, wird ihr Symbolcharakter eingeschränkt oder aufgehoben.

Bemerkenswert ist ferner, was Kranz zur Erhellung der Beziehungen zwischen den beiden viel verwendeten Termini *Abbild* und *Urbild* beiträgt. »In vollkommener Weise werden die Urbilder erst im Tode sichtbar: Dann tritt das Urbild in sein Abbild ein, ist ›Urbild und Spiegelbild zugleich, ...gegenwärtig, durch kein Symbol verhüllt‹ (BG, S. 90)*. So lehrten auch Platon und Poe (S. 452) – In den Urbildern ist alle Wirklichlehrten auch Platon und Poe (S. 452). – In den Urbildern ist alle Wirklichdagegen besitzen nur ein abgeschwächtes Sein. Sie ›sind‹ nur, insofern sie am Sein der Urbilder teilhaben. Ihnen eignet nur eine Scheinwirklichkeit. Das gewöhnliche Bewußtsein freilich hält die Urbilder für Hirngespinste, die Erscheinungen der Welt dagegen für die einzige Wirklichkeit (AH, S. 144f., S. 180). Für das Bewußtsein Jüngers aber sind die Dinge nur ›Projektionen aus dem Jenseits in den ausgedehnten Raum. In der Beziehung zum Ganzen, Unausgedehnten allein liegt ihre Wirklichkeit, und ohne diese werden sie lächerlich und sinnlos‹« (S, S. 388) usw.

Darin lassen sich zweierlei Tendenzen erkennen. Erstens daß die Abbilder nach einem hierarchischen System geordnet sind und um so mehr »Substanz« und »Rang« beanspruchen können (Kranz S. 42), je näher sie dem Urbild sind; zweitens daß das Urbild der Urbilder, die Wirklichkeit der Wirklichkeiten, erst mit dem *Tode* in Erscheinung treten wird. Daß der Tod in »Heliopolis« der »Herr der Welt« genannt wird, folgt also seinerseits einem Systemzwang, welcher möchte, daß der Tod an der Spitze der hierarchischen Pyramide steht... als das wirklichkeitsentwertende Prinzip schlechthin. Manche der Ausdrücke Jüngers für diese ›letzte Wirklichkeit‹ bestätigen die primäre Funktion des Todesprinzips relativ direkt, so u. a. »das Unausgedehnte«, »das Ungemischte«, »das Ungesonderte«, »das Weiße«, »das ungeteilte Licht« (Kranz S. 44).

»Die große Bahn des Geistes«, zitiert Kranz (S. 44f.), »führt immer reiner ins Absolute, ins Ungemischte«, zu großen »Vereinfachungen«, »zu höheren Einheiten«. »Im Paradiese, ... im Gottesgarten herrscht höchste Einheit« (S, S. 333f.). Dort finden wir »Kain und Abel, Johannes und Judas, das Lamm und den Wolf an festlicher Tafel vereint. Das Mahl ist bereitet für Besiegte und Sieger, für das Opfer und den, der das Opfer vollzog« (VIII, S. 344).

---

* Der Abkürzungsschlüssel innerhalb dieses Abschnitts bezieht sich auf Kranz' eigenes Abkürzungsverzeichnis (s. d.).

In seiner »Kritik zur symbolischen Weltschau Jüngers« unterscheidet Kranz die »metaphysischen«, die »ästhetischen« und die »ethischen Folgen« von Jüngers Symbolismus. Zu den »metaphysischen Folgen« führt er aus: »Da nur das Unsichtbare, Geistige und Ewige die eigentliche Wirklichkeit ist, wird das Sichtbare, Materielle und Zeitliche entwirklicht und entwertet. Diese irdische Welt sei nur Schein, dieses irdische Leben nur ein Traum. Das ist die spiritualistische Folgerung, die Jünger wie Plotin zieht...« (S. 247).

Die bedenklichste Folge der Entqualifizierung des Wirklichen sieht Kranz in der Verbindung des Neuplatonismus, bzw. Plotinismus »mit mythischer Weltdeutung«. »Der Mensch erscheint im Mythos nicht als Persönlichkeit, sondern als Glied der Gemeinschaft, die der Natur eingeordnet ist. Nicht das Individuum ist wichtig, sondern der Typus; nicht das einmalige Ereignis, sondern die Wiederkehr des Gleichen. Die mythischen Figuren werden von der Geschichte ›kaleidoskopisch wiederholt‹ (H, S. 118). Im Grunde glaubt Jünger, ›daß es nur *einen* Menschen gibt... Jeder, der lebt, gelebt hat, leben wird, ist Repräsentant‹ (H, S. 116). Die einzelnen Menschen sind nur die ›Abbilder‹ des ›absoluten Menschen‹«... »Nicht auf das Konkrete, geschichtlich Einmalige kommt es ihm an, sondern auf das Allgemeine, Typische, Urbildliche; nicht auf das Unwiederholbare, Unvertretbare, Unwiederrufliche und persönlich zu Verantwortende, sondern auf das ewig Wiederkehrende, das Ungesonderte und allen Gemeinsame« (S. 248).

Die »ästhetischen Folgen« der Entqualifizierung lassen sich nach Kranz insbesondere an Jüngers Auffassung von der Geschlechterliebe studieren. »Wie alles Irdische sind auch menschliche Verhältnisse und Beziehungen für Jünger *nur* Symbole. Selbst die Liebe zwischen Mann und Frau ist davon nicht ausgenommen, vielmehr ist gerade sie durch ihre Leibgebundenheit besonders der Vergänglichkeit, der Wesenlosigkeit unterworfen und muß enttäuschen (H, S. 395). ›Es gibt nur *eine* Liebe, jenseits von Zeit und Raum, alle Begegnungen auf Erden sind Gleichnisse, sind Farben des einen und unteilbaren Lichts.‹ Irdische Liebe ist ›*nur* Abglanz der astralen Liebe‹. Diese ›herrscht im Unausgedehnten, metaphysisch, trifft uns aus ungeheurer Entfernung mit unsichtbarem Strahl. In ihr beruht, was hoch, was ewig, was unverlierbar an der Begegnung ist‹ (H, S. 97; S, S. 637). ›Die innigste Umarmung ist *nur* das Symbolon, das Gleichnis‹ der ewigen ›Untrennbarkeit – dort werden wir im Schoße, der nicht vermodert, verbunden sein‹ (S, S. 601). ›Menschliche Liebe ist *nur* ein flüchtiges Symbol‹ (H, S. 383) für die immerwährende ›Vermählung im Absoluten, von der die Liebesumarmung *nur* eine Ahnung gibt – so wie der Schatten *nur* eine Ahnung gibt vom Licht‹« usw. Kranz fährt fort: »Diese Sätze, ursprünglich in der Absicht gesammelt, Jüngers Auffassung von der symbolischen Bedeutung der erotischen Liebe zu belegen, wurden mit ihrem ständig wiederholten ›nur‹, das erst nachher auffiel, zu Belegen auch für Jüngers Entwertung des Individuellsten, Persönlichsten und Intimsten im Menschenleben. Sie könnten auch bei Plotin stehen, der sich ähnlich geäußert hat« (Plotin, S. 64; Kranz 249).

Die »ethischen Folgen« ergeben sich zwanglos aus den »metaphysischen«

und »ästhetischen«. »Wenn das Irdische vergänglich, trügerisch, ja, unwirklich ist; wenn in der Geschichte sich dieselben Figuren kaleidoskopisch wiederholen und alles unverändert immer wiederkehrt; wenn das Geschehen sich im Banne einer Notwendigkeit vollzieht, der kein Handelnder entrinnen kann, dann lohnt es sich nicht, sich aktiv am Weltgeschehen zu beteiligen, dann liegt Freiheit nur darin, sich des Mittuns zu enthalten und die Ereignisse aus großer Distanz leidenschaftslos zu betrachten. Zu diesen ethischen Folgen führt Jüngers symbolische Weltschau« (S. 252).

Natürlich vergißt Kranz nicht, daß sich Jünger keineswegs immer des »Mittuns« enthielt, er findet lediglich, daß der spätere Quietismus die ihm gemäßere Haltung darstellt. Mit Recht beschränkt sich Kranz im wesentlichen auf Zitate. »Im übrigen, so glaubt Jünger mit Plotin (S. 158f.), ist auch das Böse ein notwendiger Bestandteil der Weltordnung. Es hat seine Funktion im Weltgeschehen. Weshalb es also bekämpfen? Die Menschen spielen auftragsgemäß ›eine Rolle in der Zeit‹. Dabei ist es ›gleichgültig, ob wir sie als Mann, als Frau, als Fürst, als Bettler, als Räuber oder als Gerechter durchführen‹ (H, S. 117). ›Ich glaube, daß der ärgste Verbrecher ewiger Wonnen teilhaftig wird... Wir sind notwendig gut oder böse, je nach dem Orte, der uns zugewiesen ist. Das Böse wirkt am Weltplan mit, so wie am Licht der Schatten; es mündet, wenn es seinen Lauf im Zeitlichen erfüllte, die Qualität verlierend, in den Urquell ein‹« (H, S. 395) (S. 254).

Auch das Fluchtmotiv hat Kranz hervorgehoben. »Wem alles Irdische, Zeitliche wesenlos erscheint, wer jedes Handeln in dieser Welt als vergeblich und zum Scheitern verurteilt ansieht, flieht aus dem schmutzigen Hiesigen und wendet sich ›den unberührten Reichen, sowohl im Innern als in der Ferne zu‹ (H, S. 432). So bereits Plotin. Wer möchte schon in einer Welt, in der alles ›nur Abbild, Abdruck, Schatten‹ ist, ›nur mit Schatten zusammenleben‹? ›So laßt uns fliehen in die geliebte Heimat!‹ ruft Plotin aus...« (S. 255).

»In Jüngers Werk ist die *Flucht* ein wichtiges und häufiges Motiv. Ihre Symbole sind die Insel, der Waldgang und die *Schleife*. Unter der ›Schleife‹ versteht Jünger ›eine höhere Art, sich den empirischen Verhältnissen zu entziehen‹ (AH2, S. 36; H, S. 295). Er vollzog sie bei seiner Flucht aus der ihm widerlichen Welt spätbürgerlicher Zivilisation (A; AS), später in seinem Rückzug aus der ihm ebenso widerlichen Welt der Politik und Technik in metaphysische und mythische Regionen, aus der bewegten Zeit in die ruhende Zeitlosigkeit, aus dem äußeren Umtrieb in die Innerlichkeit« (S. 255f.) usw.

Zum Motiv der *Prüfung* konnte Kranz einen ganzen Katalog von Belegen zusammenstellen (S. 257ff.). Besonders interessant ist das Traumstück »Die Prüfung« (Sg. S. 106–107). Es sei daher vollständig wiedergegeben. »Ich wurde vor das Modell geführt. Es glich einem Irrgarten und war zur Ermittlung bestimmt. Die Prüflinge stuften sich selber ein. Die Gänge des Irrgartens führten immer wieder vor zwei geschlossene Türen, vor ihnen wurde dem Prüfling eine Frage gestellt. Je nach seiner Antwort öffnete sich die eine oder die andere. Zur Prüfung von Intelligenzen war das Modell vorzüglich geeignet; es konnte kein Zweifel über den Vorrang sein. Es handelte sich nicht um den groben Vorrang – der Prüfling erschloß sich vielmehr durch seine Antwort die Räume, die ihm zukamen. Es gab auch andere Systeme, die einwirkten und etwa den Grad des physischen Mutes oder die ethische Substanz ermittelten. Dann kamen physiognomische Entscheidungen. Der Prüfling wurde immer wieder vor zwei Frauen geführt, zwischen denen er zu wählen hatte, und die Wahl war schwer. Es waren immer nur kleine Unterschiede, und dennoch führte die eine Reihe auf große Höhen, die andere in den Schlamm... Es war etwas Unheimliches in diesen von blanken Spiegeln erfüllten Labyrinthen, deren Türen sich lautlos schlossen und öffneten. Hier hatte der richtende Geist sein ideales System ersonnen, das räumliche Sinnbild jener Theologien, die streng nach Lohn und Strafe abmessen. Hier herrschten die furchtbaren Dämonen des Entweder-Oder, deren Kennwort Entscheidung heißt. Ich wandte den Blick ab und fühlte mich erleichtert wie nach einem bösen Traum... Wie gut, daß nicht nur zwei, sondern daß viele Türen dem Menschen offen stehen und daß hinter jeder zwar Irrtum, doch auch Hoffnung ist. Und welcher Segen, daß die Welt nicht so gebaut ist, wie Menschen sie ersinnen möchten; sie würden sie in einen Stern verwandeln, von dem die freie Gabe und die Vergebung ausgeschlossen sind« (S. 259f.).

Es scheint, daß Jünger hier zum ersten (und vielleicht auch zum letzten) Mal an der Grenze zur Aufklärung eines Traummotivs stand, an dessen Bedeutung für das Abhängigkeitsverhältnis kein Zweifel besteht. Er spricht vom »richtenden Geist«, vom »Sinnbild jener Theologien, die streng nach Lohn und Strafe abmessen«, von den »furchtbaren Dämonen« und betrachtet es als »Segen, daß die Welt nicht so gebaut ist, wie Menschen sie ersinnen möchten« (als Erziehungsanstalt nämlich). Auch weiß der Träumer die Prüfung aller Prüfungen durch eine weitere Prüfung zu übersteigern... er selbst nämlich prüft sich, ob er die Kraft hat, sich dem Prüfungstrauma zu entziehen – und er entzieht sich ihm tatsächlich und *besteht:* »Ich wandte mich zu dem Landrat, der immer noch neben mir stand, und sagte ihm, daß meine Neugier erloschen sei. Er lächelte und führte mich hinaus. Ich fühlte, daß das die Prüfung gewesen war« (Sg, S. 107. Kranz 260).

2. Dandysmus

Die »Leitbegriffe« der Dandysmus-Studie Gruenters lauten: »Macht – Désinvolture – Sulla (»Aristokratismus«) – Kälte – Welt als Schauspiel – Maske und Maskierung – Provokation – Manierismus (»zerebrale Klassik«) – Huysmans als Bildungserlebnis – das Aparte (der florilegische Zug) – Selbstbewußtsein (S. 183).

Gruenter stellt zunächst fest, daß sich die Jünger-Deutungen darin einig sind, »in der Person Jüngers ausschließlich Zügen des 20. Jahrhunderts zu begegnen« und hält dem entgegen: »Jüngers eigentlicher Bildungsboden ist das 19. Jahrhundert, und der ›heroische Nihilismus‹ seiner Entre-deux-guerres-Schriften ist das verwickelte Ressentiment, die melancholisch-hitzige Abrechnung mit den Verheerungen, die das 20. Jahrhundert in der ursprünglichen Gefühls- und Geschmackswelt Jüngers anrichtete« (S. 183).

Es war nach Gruenter vor allem das westliche, das französische 19. Jahrhundert, welches die »Geschmacks- und Denkrichtung Jüngers« geprägt hat. Die vorgeschlagenen Leitbegriffe treffen nämlich weder auf einen zeitgenössischen noch auf den deutschen Intellektuellentypus zu, sondern konstituieren die »Erscheinung« des Dandy, »wie ihn die Theoretiker der französischen Romantik bis zu Huysmans und Bourget schilderten . . .« (ebd.). Schon im »Wäldchen 125«, notiert Gruenter, komme es zu einer »panegyrischen Solidaritätserklärung« mit Fliegern einer jungen Kampfstaffel, denen die »Partie auf Leben und Tod . . . ein eleganter Sport« und der Kampf »Mittelpunkt einer besonderen Kultur« sei, mit dem »unausbleiblichen Höhepunkt . . . einer Dekadenz, oder besser eines *Dandytums*, das in seltsamem Gegensatz steht zu der furchtbaren Kraft, die es maskiert« (Wä 79). Auch der Essay »Über den Schmerz« spreche von einem »romantischen Dandysmus, in dem sich der feinere Geist inmitten eines uferlos demokratischen Zustands gerne gefällt« (»Blätter u. Steine«, Leipzig 1943, 164). In einer Tagebuchnotiz vom 10. 8. 1944 plane Jünger sogar, »bei meiner Arbeit über den Nihilismus den Dandysmus als eine seiner Vorstufen einzubeziehen« (Gruenter 184). Einen weiteren Beleg für dandystische Tendenzen sieht Gruenter in dem Erzählstück »Ortners Erzählung« aus dem Roman »Heliopolis«, das hier eingehender erörtert werden soll. Gruenter stößt auf die folgende Passage: »Ich richtete in allen Hauptstädten, an allen Börsenplätzen kleine, erlesen ausgeschmückte Villen ein, pieds à terre. Die ersten Schneider, die besten Lieferanten standen in meinem Dienst. Ankäufer sahen sich nach Bildern und Kunstwerken für mich um. Von jeher hatte ich geliebt, mich mit Geschmack zu kleiden und auserwählte Dinge um mich zu sammeln... Ich wurde zum Dandy, der das Unwichtige wichtig nahm, das Wichtige belächelte. Selbst kleinen Mühen ging ich aus dem Weg. So war ich der Anproben überdrüssig; ich hatte Puppen, die nach meinen Maßen gebildet waren, und nach denen die Schneider arbeiteten... Ein Haushofmeister mit den Manieren und dem Gehalte eines venetianischen Gesandten ersparte mir auch den leisesten Ärger mit der Dienerschaft... ich war von absoluter Sicherheit. Dem folgte Unwiderstehlichkeit« (H 154).

»Ortners Erzählung« zählt wie manche realistische Erzählung zu den inspirierten Texten Jüngers und beleuchtet darüber hinaus die relative Authentizität einer Phantasie, die mit dem dandyesken Eigenschaftskatalog eine sehr viel verbindlichere Position bezieht als mit den Rückgriffen ins Arsenal der Lebensphilosophie oder des aristokratistischen Wunschdenkens. Tendenziell übernahm der Dandy stets auf das eigene Konto, was ihn passionierte, und bemühte dafür nicht die kursierenden gesellschaftlichen Rationalisierungen. Diese waren ihm im Gegenteil meist höchst suspekt. Seine Haltung ist eine in subjektiver Kälte erstarrte prinzipielle Protesthaltung. Als »romantisch-aristokratische Protesterscheinung« figuriert er besonders beim ersten kompetenten Interpreten des Dandysmus, bei Barbey d'Aurevilly, der »den Dandysmus als aggressive Personalkultur in Reaktion auf vulgarisierende Einebnung alter Feudalwerte« beschreibt (Gruenter S. 186 f.). Das erklärt zugleich die relative Zeit-Unabhängigkeit des Typus, die auch Walter Schmiele betont, welcher den ersten Dandy der

Geschichte bereits in Alkybiadis, dem Freunde Platos, erblickt. Sie kann als eine seiner Merkmale gelten.

»Der Dandysmus erscheint in wechselndem, doch unverkennbarem Kostüme und ist ebenso in den brutalen Formen des Sullanischen Zynismus, im Staatskalkül Macchiavells wirksam wie in der Gesellschaftsbeherrschung und dem Panskeptizismus des französischen Rokoko-Menschen« (Gruenter 191).

»... ein Gefühl des Hasses gegen die Menschen und die Gesellschaft zerfraß mich ganz und gar«, heißt es schon am Anfang von »Ortners Erzählung« (138), und auch das fundamentale Motiv des Dandysmus, das Liebäugeln mit dem *Satanismus,* die Stilisierung zum Antichristen, taucht schon am Anfang der Erzählung auf (s. dazu Gruenter 192). Der Ich-Erzähler hat sich dem Spiel verschrieben und »die Existenz des Spielers drängt mächtig auf den Aberglauben und dann auf geistige Verbrechen zu, die schwerer sind, als daß sie menschliches Urteil, menschliches Gericht erfaßten – ...« (139). Wie Faust will er »die Welt gewinnen... auf Kosten unseres Heils« (ebd.), und mit der jähen Wendung der Erzählung ins Märchenhafte und Phantastische, das hier nicht mehr Produkt der Wunschphantasie, sondern der legitimen und transportfähigen des Künstlers ist, gewinnt er sie buchstäblich. Ähnlich wie in den »Afrikanischen Spielen« erlaubt gerade die vorgegebene Schablone – die Form des Märchens – den Transport einer Erfahrung, welche keineswegs mehr märchenhaft, sondern Teil der zeitgenössischen Erfahrung selbst ist. Wie man einst ›sein Glück machte‹, so ›macht‹ man heute ›Geld‹... und kein prinzipieller Unterschied besteht mehr zwischen Roulett und Börse. »Ich sah die Welt als einen großen Automaten an; das Glück hing von dem Maße ab, in dem man seine Konstruktion erriet. Der Teufel des Mittelalters war ein dummer Wicht. ... Er bot den Menschen Schätze an ... für eine wertlose Unterschrift. Es war kein übler Wunschtraum, daß es einen Burschen gäbe, der so glänzende Geschäfte vermittelte« (140).

Mit überraschend leichter Hand – die man im übrigen Roman vergeblich suchen würde – wird der Leser ins Zentrum moderner kapitalistischer Spekulation geführt. Der Erzähler rückt sie in die Nähe der Magie und der Kenntnis von *Notwendigkeiten,* die dem Durchschnittsspekulanten als *Zufälle* erscheinen müssen (146). »Sie stehen jetzt über dem Gesetz« erklärt der Arzt dem neuen »Krösus« (148), den er am Auge operiert hat, damit er die »Bild- und Ziffernschriften« lesen kann, welche zu den »Vorgängen« im Saal – es sind *Geschäftsvorgänge* – »den Schlüssel bilden« (146). Nicht der irreale »Fürst«, den sich die Wunschphantasie erdachte, sondern die kapitalistische Allmacht steht hier »über dem Gesetz«.

»Notwendig geriet ich auf das Feld der großen Geschäfte, des großen Geldes...« – notwendig, da die konsequente und ausschließliche Beschäftigung des *make money,* wie in den Biografien der großen Magnaten, gar keinen anderen Weg mehr zuläßt. »Wie alle Mächte dieser Erde ist auch das Geld zugleich durchaus real und durchaus imaginär« – »durchaus real« ist, was es leistet, eine bloße gesellschaftliche Konvention sein Wert als solcher. »Die großen Geschäfte beruhen darauf, daß man seinen realen und seinen imaginären Charakter in das beste Verhältnis bringt. Daraus erklärt sich der

Zusatz der Phantasie, der keinem der Fürsten des Geldes fehlt und der sie zu Kompositionen fähig macht, die denen der Musik sehr ähnlich sind« (152 f.). Oder: »Man kauft ja umso billiger, je größeren Reichtum man besitzt. Bei absolutem Reichtum kauft man sogar umsonst« (158).

Aber mit dem Reichtum wachsen auch die beiden typischen Krankheitssymptome des Dandy, »die Langeweile« (ebd.) und der »spleen« (159). »Nach Jahren des Exzesses sah ich mich auf ein Leben angewiesen, wie man es in teuren Sanatorien führt. Ich liebte die graue Farbe, die lautlose Bedienung, die Tage bei verhüllten Fenstern, die ungewürzten Platten, die unpersönlichen Gespräche, die Frauen, die hohe Eleganz und Nichtigkeit vereinten« (ebd.). Allmählich erkennt der Dandy sein Treiben als »verbrecherisch«, als »Anschlag« des »Erzfeindes« (Luzifer) »gegen die Menschen« (ebd.). »Ein Wucherer, der die Gesetze des Geldes besser kennt als jene Armen, an deren Blute er sich mästet, ein Don Juan, der die Technik der Verführung kaltblütig wiederholt wie eine Spieluhr-Melodie – sie reichten nicht an meine Unfehlbarkeit heran« (ebd.). Eine ganz andere »Begegnung mit dem Nichts« als die uns bekannte abstrakte und verdinglichte bereitet sich vor. »Ja, schauerlich ist die Begegnung mit dem Nichts. Mir wurde deutlich, daß ich mich von innen her entkernt, vernichtet hatte, und daß der Reichtum mich trügerisch umgab wie jener feine Lack, mit dem man Mumien bestreicht. Und mich ergriff ein ungeheurer Ekel vor mir selbst« (163). »Zwingend« sieht sich der Dandy »auf den Selbstmord« verwiesen (165). Als er sich jedoch bei dem geheimnisvollen Arzt einer zweiten Operation unterzieht, welche die Normalsicht wiederherstellt, tritt eine neue (märchenhafte) Wendung ein, mit der er ein Leben »wie alle Welt« zu führen beginnt. Es setzt den notwendigen Kontrast zum Außergewöhnlichen und Exzentrischen dandystischer Rituale und könnte allenfalls mit seinem happy-end-Effekt an den verbindlicheren Jünger erinnern. Zugleich nämlich ist das ›Leben wie alle Welt‹ das Leben mit dem *Nächsten,* mit einer geliebten Frau. Der Bogen ist also wohlberechnet. Er führt von absoluter Armut über die absolute Machtvollkommenheit und innere »Entkernung« (in der »Begegnung mit dem Nichts«) zur Wiederbelebung jener mit »feinem Lack« bestrichenen »Mumie«, die von fern das »Bildnis des Dorian Gray« von Oskar Wilde beschwört.

Unverkennbar dandystische Züge trägt auch die Erzählung »Der Hippopotamus« aus der Sammlung »Das Abenteuerliche Herz«. Wiederum handelt es sich um ein Stück gelungener Erzählliteratur aus dem Umkreis des englisch-französischen Literatur-Dandysmus, und wiederum ist der Ich-Erzähler, obgleich dem Selbstporträt wenigstens so nahe wie Lucius de Geer, kein frei erfundener Aristokrat, sondern bürgerlicher Abkunft wie der Erzähler von »Ortners Erzählung«. Arzt nunmehr er selbst – so wie der Arzt aus »Ortners Erzählung« nur seinerseits den Typ des Dandy repräsentiert – hat er es mit einer Krankheit (und Patientin) zu tun, die zumal auf die dandyeske Haltung – die Haltung vorbildlicher Selbstbeherrschung – das bezeichnendste Licht wirft. Es ist die »Sucht, schmutzige Worte zu gebrauchen… – schmutziger, als man sie je in den Fischhallen oder in Newgate vor den Hinrichtungen hört« (AH 2,180). Die nähere Erläuterung dieser Symptomatik gibt sogleich Teile ihrer Anamnese preis. »…jedes verbindliche Wort, jede höfische Geste«, erklärt die fürstliche Patientin, »erscheint mir als allzu flüchtig, allzu lässig aufgetragene Lüge, die ein geheimes Einverständnis überdeckt. Dieses Mißverhältnis wird um so deutlicher, je glänzender die Pracht der Roben und Uniformen erstrahlt. Wenn die Gesandten ihre Fremden von Bedeutung präsentieren, oder an der gedeckten Prunktafel überkommt mich die Lust, die Kleider herunterzureißen und einen Toast zu spenden, der die Eingeweide der Erde entblößt« (AH 2,181).

Wieder gelingt es Jünger, einen Ausschnitt von Machtverhältnissen zu beleuchten. Über die Perlen der Fürstin: »Ehe auf den Malediven oder auf Bahrein ein einziges Stück von solcher Größe erbeutet wird, siechen zwei Perlen-Sklaven an der Auszehrung dahin, und der dritte wird vom Schwertfisch gespießt« (AH 2,182). Für die Behandlung empfiehlt er seiner Patientin: »Ersetzen Sie für diese Zeit die Perlen durch die Frucht der Wassernuß« (AH 2,185). Und wenn er bemerkt: »Es ist nicht die Begegnung mit dem Sonderbaren, was mich bei meiner Arbeit immer wieder überrascht. Weit seltsamer erscheint es mir, daß jeder Wahn so viele Helfer findet, wie es ihm beliebt«, so ist die Anspielung auf den zeitgenössischen Wahn der Mächtigen kaum noch zu überhören. Denn unmißverständlich hatte es einige Seiten zuvor geheißen: »Wo sich der Patient zudem in hoher Stellung befindet, arbeitet die Kritik meist zögernder, und so hat der Mächtige vor dem kleinen Volk auch das voraus, daß er die Narrheit weiter treiben darf« (AH, 2/173).

Die spezifisch dandystische Reserve spricht besonders aus der Art der Zurückweisung, als die Fürstin ihn in »Dinge« einzuweihen wünscht, die man »kaum der Luft anzuvertrauen wagt«. – »Ich darf wohl annehmen«, so hält er ihr entgegen, »daß Sie mir jetzt eines jener Geheimnisse zu eröffnen gedenken, wie sie den Großen dieser Erde vorbehalten sind, und deren Kenntnis nicht begrenzt genug gehalten werden kann. Einblicke dieser Art sind auch zum Glück zur Heilung nicht erforderlich. Auch sind die Mittel, die uns zu Gebote stehen, so beschaffen, daß uns der Bericht des Kranken nur als Quelle zweiten Ranges gilt; und es gibt Fälle, in denen wir die Absolution erteilen, ohne daß ihr die Beichte vorausgegangen ist« (AH 2,176f.).

Dandyesk ist schließlich die mehrfache Anspielung auf das »Schauspiel«, welches das »menschlich-gesellige Treiben« bietet (AH 2, 168, 177), auf »spleen und Langeweile« (S. 168), auf die désinvolture (die »freie Unbefangenheit« – S. 171), auf die Vorliebe für die »bizarreries« (das Flußpferd) und auf die Lust an der Gefahr... »daß ich die Gefahr als Wegzoll billig fand« (S. 187). – Lediglich die *Haltung* des Dandy ist aristokratisch, er selbst ist häufig bürgerlicher Abkunft, und so fehlt auch dem Dandy Jüngers jede Spur des *Aufblicks* zu einer »Hoheit«, die er vielmehr mit *Ironie* behandelt, mit der spezifisch bürgerlichen Ironie des unabhängigen Arztes, der »in den Königreichen sich eines gewissen Rufes erfreut« (S. 170).

Dandystische Elemente verarbeitet auch die Kriegserzählung »Sturm« von 1923. Aber eine literarische Kunstform – eine Märchenerzählung im Stile E.T.A. Hoffmanns, eine phantastische Erzählung zwischen Poe,

Stevenson und Wilde – gelingt nicht. »Sturm« ist aus Bruchstücken zusammengesetzt, zu denen nicht zuletzt die Erzählanfänge gehören, die der Leutnant Sturm den Kameraden vorliest. Wie Sturm selbst tragen die Helden dieser Stücke stets einsilbige und expressionistisch zugespitzte Namen. Sie sind offenbar nur Verdoppelungen des Leutnants Sturm, der seinerseits seinen Erfinder, den Leutnant Jünger, zu verdoppeln scheint. Daß dieser sich mithin in vier weitere Personen spaltet, könnte für die Schwierigkeiten sprechen, für die spezifisch eigenen Passionen ein geeignetes Modell zu finden. Bis auf *Trunck* sind zwar alle Stellvertreter ihres Autors mit dem Krieg vertraut, aber aus allen spricht auch der décadent, der Dandy, der dennoch nicht zu der festen Figuration gerät, die wir aus den beiden anderen Erzählungen kennen. Weit mehr als in den ausgeführten Kriegserzählungen zieht der Krieg ein im wesentlichen technisches oder ästhetisches Interesse auf sich. Er ist ein Abenteuer, das morbidezza-Sensationen nahelegt.

Auf einer »Kulturinsel inmiten der drohenden Wüstenei«, wie sie genannt wird, führen die Kameraden die bekannten Gespräche über ›Gott und die Welt‹. Sturms Lesungen stehen dabei im Vordergrund und erlauben manche kultivierte Anspielung auf Trakl (S. 30), Baudelaire (S. 31, 39), Wilde (S. 41), Gogol, Dostojewski und Balzac (S. 68). Im Gegensatz zur immanenten Sinn-Suche, die wir aus den anderen Kriegsbüchern kennen, wird »das Gefühl einer gänzlichen Zwecklosigkeit« evoziert und ausgekostet, »eines Seins, das für kurze Zeit wie ein Feuerwerk über nächtlichen Gewässern stand« (S. 34). Entsprechend kann der Krieg, wo er in die Gespräche einbricht, sehr viel unmittelbarer zum erzählerischen Gegenstand werden als irgendwo sonst.

»Einen von diesen stillen Leuten fanden die Kameraden eines Morgens tot auf der Latrine, er schwamm in seinem Blut. Sein rechter Fuß war nackt, es stellte sich heraus, daß er sein Gewehr gegen das Herz gerichtet und mit den Zehen den Abzug niedergedrückt hatte. Es war gerade am Tag vor der Ablösung, eine fröstelnde Gruppe stand im Nebel um die hingestreckte Gestalt, die wie ein Sack in dem schmierigen, mit Papierfetzen durchmischten Lehmbrei lag. In den zahlreichen, von Nagelstiefeln hineingebohrten Löchern schillerte ein schwarzbrauner Teer, darauf perlten Blutströpfchen wie rubinfarbenes Öl. War es der ungewöhnliche Tod in dieser Landschaft, zu der das Sterben gehörte wie die Blitzwölkchen der Geschosse, oder war es der ekelhafte Ort: heute empfand jeder besonders peinlich den Hauch von Sinnlosigkeit, der sich über einer Leiche wölbt.« (S. 9).

Auch hören wir zum ersten Mal, daß ein deutscher Leutnant, nämlich der Leutnant Sturm, »vor Angst schwitzte« (S. 44) und erfahren etwas über die Motive eines Heldentums, das sich der Leutnant einmal sogar »einsuggeriert zu haben« glaubt (ebd.). »Dagegen war es schwer, wenn man beobachtet wurde, ein Feigling zu sein« (S. 45).

Im Medium einer der Novellen, die Sturm den Kameraden vorliest, gelingt Jünger gar eine gut expressionistische Beschwörung des Krieges, die von aller Voreingenommenheit frei ist: »Ein Pferd mit großen, wilden Augen raste bügelklirrend über die Straße. Irgendwo wurde eine Tür eingeschlagen. Zwei Leute schleppten einen dritten vorüber, der die Arme am Boden schleifen ließ. Ganz nahe, in Gärten und hinter Häusern, krachte es, als ob eiserne Tonnen auseinandersprängen. Wir gingen wie durch einen Traum. Hinter dem Dorfe waren die Felder verlassen, nur einige Tote lagen am Wege...« (S. 80 f.).

Oder: »Klatschend und knallend zerriß die Luft neben unseren Schädeln. Das geht nicht gut, das geht nicht gut, brauste es in meinen Ohren, ich mag es wohl auch unaufhörlich vor mich hingeschrien haben... Kaum lag ich, als ein harter Stoß mir den Helm herunterschlug. Ich fuhr mit der Hand zum Kopfe und fühlte es warm und feucht. Als ich hinsah, war sie blutüberflossen. Ich strich über mein Gesicht, Blut brannte in den Augen, Blut floß in den Mund, schal und heiß. – Ich stand auf. Die Landschaft hatte sich seltsam verändert. Eine blutige Sonne kreiste über zinnoberroten Feldern. Geschrei, Schüsse und Gedanken waren in Rot getaucht. Vorn bei den Erdaufwürfen tanzten rote Gestalten durcheinander. Eine reißende Welle erfaßte mich und stieß mich mit unwiderstehlicher Gewalt vor. Ich raste wie ein schreiender Teufel über die Ebene und stürzte mich kopfüber in das Gemetzel.« (S. 81 f.).

Unerwartet ist auch der Kommentar, den Jünger abgibt: »Wenn ich mit anderen darüber sprach, merkte ich, wie wenig der Mensch im Grunde in sich zu Hause ist. Die einen suchten das Getane zu heiligen, die anderen zu entschuldigen, die dritten verdammten es, allen also schien nicht ihre Empfindung, sondern das, was sie später darüber gedacht und hineingelegt, das Wesentliche. Was sie erzählten, hatten sie gar nicht erlebt...« (S. 82 f.).

Solcher Anschaulichkeit und Unvoreingenommenheit entspricht – an anderer Stelle – der illusionslose Einblick ins wahre Verhältnis des Krieges: »Eine brutale Begegnung von Massen war die Schlacht, ein blutiger Ringkampf der Produktion und des Materials« (S. 12).

Auch an Kritik wird nun nicht mehr gespart: »Seit der Erfindung der Moral und des Schießpulvers hat der Satz von der Auswahl des Tüchtigsten für den Einzelnen immer mehr an Bedeutung verloren. Es läßt sich genau verfolgen, wie diese Bedeutung allmählich übergegangen ist auf den Organismus des Staates, der die Funktionen des Einzelnen immer rücksichtsloser auf die einer spezialisierten Zelle beschränkt« (S. 10).

Der »Dandy« Jünger steht den kursierenden gesellschaftlichen Schutzbehauptungen sehr fern. Gerade weil er gleichsam mit verstellter Stimme spricht, glauben wir plötzlich seine eigene Stimme zu vernehmen. »...allen schien nicht ihre Empfindung, sondern das, was sie später darüber gedacht und hineingelegt, das Wesentliche. Was sie erzählten, hatten sie gar nicht erlebt...« – Gilt das nicht auf für den Kriegserzähler Jünger? Der »Dandy« Jünger ist jedenfalls entschieden glaubwürdiger. Daß er die Rolle nur gelegentlich und in Anlehnung an literarische Traditionen spielte, ist ihm nun allerdings nicht vorzurechnen. Entgegen den Behauptungen von Gruenter und Schmiele war der Dandy durchaus unzeitgemäß geworden. Der objektiven Barbarei der Epoche vermochte er nicht standzuhalten. Auch ließe sich am Beispiel von Maurice Barrès demonstrieren, daß der »schrankenlose und programmatische Individualismus« des Dandy das Liebäugeln mit faschistischen Tendenzen von einem bestimmten historischen Augenblick an nicht mehr ausschließt. »Je ne sais plus que me répéter«, klagt Barrès in »Sous l'œil des barbares« schon 1892 und fährt fort: »O maître, maître, où-es tu, que je voudrais aimer, servir, en qui je me remets« (Gruenter 194).

3. Momentanismus

Bohrer verfolgt zunächst die Absicht einer allgemeinen Aufwertung konservativer Kulturkritik »seit Beginn des 19. Jahrhunderts«, die »relativ früh ein ästhetisches Moment isoliert« habe (S. 44). Allerdings: auch »hinter der Frivolität des Tonfalls«, den das ästhetische Urteil etwa bei Oscar Wilde anschlägt, »wird eine Leidenschaft erkennbar, die das ästhetische Erlebnis zum höchsten Wert hypostasiert. Indem dem Ästhetischen der Anspruch des ethischen Werts zugesprochen wird, ist seine Isolation und sein schließlicher Widerspruch gegenüber der moralischen Welt aufgebrochen« (S. 57).

Ich glaube, das ist selbst ein Widerspruch. Auch das »ästhetische Urteil« ist ja noch ein *Werturteil*. Gerade bei Wilde erweist es seinen stellvertretenden Charakter. Geschichtlich war seine »Isolierung« wahrscheinlich nichts anderes als die Revolte eines sich als aristokratisch verstehendes *Ethos* gegen die bürgerliche *Moral* im Namen des *Schönen*. Wie jede Revolte erforderte auch diese Bedingungslosigkeit. »Does a man die at your feet, your buisiness is not to help him, but to note the color of his lips«, zitiert Bohrer und bekräftigt: »Hier ist sozusagen im Versuch der Beweis erbracht, der sich später häufen wird, daß ästhetische Konzentration an sich schon die Tendenz zur moralischen Empfindungslosigkeit, ja zur Grausamkeit in sich trägt. Die schon angedeutete ›Désinvolture‹ des Jüngerschen Dandys ist bloß die radikale Konsequenz einer nur noch ästhetischen Aufmerksamkeit.« Und: »Eine solche ästhetische Konzentration, deren Wert durch ethische Interessen herabgemindert werden könnte, läuft in Gefahr, das Inhumane, das Böse zu beschwören in dem Augenblick, wo durch besondere historische Umstände der Gegenstand des künstlerischen Interesses ein inhumaner Gegenstand ist...« (S. 57f.).

Schon Poe, so bleibt hinzuzufügen, hat den gesellschaftlichen Mechanismus aufgedeckt, der zur Faszination durchs Böse zwingt. Dieser Mechanismus ist auch bei Wilde im Blick. Auch ist für den Dandy – sei es für Brummel, für Baudelaire oder noch für Huysmans – die böse Obsession ausschließlich Sache des *Einzelnen*. Stets übernimmt dieser, was sich ihm aufdrängt, in freier Wahl. Er verantwortet es *persönlich*. Von den spätbürgerlichen Stützbehauptungen, die etwa Jünger im »Kampf als inneres Erlebnis« vorträgt, findet sich im Allgemeinen nichts. Den Umschlag signalisiert erst Maurice Barrès (siehe oben). Verantwortung fürs eigene Tun bekundet sich zufällig noch Jüngers eigene dandystische Gestalt aus »Ortners Erzählung«.

Bohrer behauptet sodann, daß Schillers und auch Schlegels »Theorie« noch keinen »revolutionären Bruch« mit der »Kunsttheorie« des 18. Jahrhunderts bedeutet habe (S. 60). Aber außer der »spätromantischen, ästhetizistischen Radikalisierung des Begriffs vom Schönen« (S. 62) weiß auch er nichts aus der Geschichte beizubringen, was diesen »Bruch« belegen könnte.

Zum Begriff der Zweiten Reflexion, von mir in heuristischer Absicht eingeführt und meiner Auffassung nach bestimmend bis zu den Kunsttheorien der Gegenwart, findet sich kein Ansatz, der erhellte, was Schiller mit der Moderne verbindet und was Jünger von dieser abhebt: die entschiedene Selbstreflexion des Künstlers, von der die »ästhetizistische Radikalisierung« nur das immanente Resultat ist. Daß *Moral, Vernunft* usf. dem ästhetischen Blick verdächtig werden konnten, erklärt sich zudem nicht aus dessen plötzlicher und voraussetzungsloser »Radikalisierung«, sondern, wie auch Bohrer weiß, aus einer gesellschaftlichen Mobilisierung, die mit der Industrialisierung ihrerseits in die Phase ihrer Radikalisierung eingetreten war. Schon Alexis de Toqueville erkannte die zunehmende *Vergesellschaftung* der Individuen in der modernen Massengesellschaft (»Die Demokratie in Amerika«, 1835). Der Dichotomie moralischer und ästhetischer Werthaltungen entspricht im sozialen Raum die Entstehung des Proletariats und die Rebarbarisierung (Regression) des bürgerlichen Geistes, an dem der Künstler notwendigerweise partizipierte. Mit *Moral* im hergebrachten Sinn, auf die er selber sich berief, war ihm bestimmt nicht mehr beizukommen. Auch insofern wußte sich die »ästhetizistische Radikalisierung« von einem Pathos getragen, das in Wahrheit ethisch intendiert war und auf den zunehmend sich verhäßlichenden und demoralisierten bürgerlichen Kosmos reagierte. Gerade die *Verhäßlichung* und *Demoralisierung* bestätigten negativ noch einmal, inwiefern *Gut* und *Schön* zusammengehören. Der Typus des ›eiskalten Geschäftsmanns‹ und des ›eiskalten Dandy‹ haben zwar vielleicht die *Kälte*, kaum aber den *Geschmack* gemeinsam. Gleichsam wurde dieser zur letzten Bastion der Moral.

Mit der Schreck-Metapher ist Bohrer bei seinem eigentlichen Thema. Er bindet die Kategorie des *Schrecks* an die »Paradoxie von archaischer Rückwendung und schärfster Bewußtheit des epochalen Augenblicks«, welche »ein Indiz für die soziologisch wie wirkungsästhetisch bedingte Krise der bürgerlichen Literatur« sei und »als ihr poetologischer Ausdruck begriffen werden« könne (S. 77). Dieser Ausdruck vermittle, so hofft er, eine autonome, nämlich präideologische Erfahrung. »Gegenüber dem komplexen Instrument des Schreckmotivs und dem in ihm sichtbar werdenden Problemhorizont verlieren begrifflich schon festgelegte, ideologisch vorpräparierte Wörter und Wortfelder an authentischem Aussagewert, selbst dort, wo der Autor ihnen rhetorisch einen besonderen Platz einräumt.« (S. 77 f.).

Nach Bohrer gilt das insbesondere für Jünger. »Seine herausragende Bedeutung hat das früh angelegte Motiv in den beiden Fassungen der zentralen Schrift »Das Abenteuerliche Herz« (1929/1938) bekommen. Diese Schrift erweckt unser Interesse heute nicht mehr so sehr als Manifestation spätromantischer Subjektivität..., sondern als die schreckhaft-argwöhnische Wahrnehmung von Entsetzen oder Beunruhigung verursachenden Vorgängen« (S. 77).

Bohrer beginnt mit einer »definitorischen Beschreibung« des Schreckerlebnisses durch Jünger selbst. Er entnimmt sie dem Stück »Das Entsetzen«, das den Fall des menschlichen Körpers durch einen »gewaltigen Stoß« dünner Theater-Bleche beschreibt. Jünger kommentiert: »So pflegt das Entsetzen den Menschen zu vergewaltigen – das Entsetzen, das etwas ganz anderes ist als das Grauen, die Angst oder die Furcht. Eher ist es schon dem Grausen verwandt, das das Gesicht der Gorgo mit gesträubtem Haar und zum Schrei geöffnetem Munde erkennt, während das Grauen das Unheimliche mehr ahnt als sieht, aber gerade deshalb von ihm mit mächtigerem Griffe gefesselt wird. Die Furcht ist noch von der Grenze entfernt und darf mit der Hoffnung Zwiesprache halten, und der Schreck – ja, der Schreck ist das, was empfunden wird, wenn das oberste Blatt zerreißt. Und dann, im tödlichen Sturze, steigern sich die grellen Paukenschläge und roten Glühlichter, nicht mehr als Warnungen, sondern als schreckliche Bestätigungen, bis zum Entsetzlichen. – Ahnst du, was vorgeht in jenem Raume, den wir vielleicht eines Tages durchstürzen werden, und der sich zwischen der Erkenntnis des Untergangs und dem Untergang erstreckt?« (AH 2,15 f.). »...bezogen auf ihren emotionellen Gegenstand«, erläutert Bohrer, seien die »Abstraktheit und mechanische Reihung« dieses Textes »Indiz für ein rituales Verständnis der psychischen Vorgänge, so wie es auch von de Sade, einer Beziehungsfigur Jüngers, ausgebildet worden ist« (S. 80).

Auch glaubt Bohrer, daß Jünger – im Gegensatz zu Benn – die »Urzeit des Primitiven, mit deren Beschreibung die Schrift »Der Kampf als inneres Erlebnis« beginnt, nicht *ontologisiere*« (S. 82) – eine Behauptung, die sich gegenüber den von mir erhobenen Befunden kaum dürfte halten lassen. Ganz im Gegensatz zu dieser Behauptung schreibt Jünger den zeitgenössischen Menschen auf einen Urzeittypus fest, welcher die moderne paranoide »Entfesselung« geradezu als *Seinsgrund* festhält. Jüngers »archaische Rückwendung« ist insofern kaum etwas anderes als eine Wendung in die zeitgenössischen Archive (etwa des Sozialdarwinismus). Daher die Banalität seiner ›Ontologisierungen‹. Ein anthropologisch faßbarer »Höhlenbewohner« kommt nicht in Sicht. Noch die »ganze Unbändigkeit seiner entfesselten Triebe« bleibt eine »poetologische« Ersatzbildung für die privaten Triebbedürfnisse, die eben hierdurch vom eigenen Ausdruck abgeschnitten werden. Nicht zufällig gerät gerade der metaphorische Ausdruck immer wieder in die Nachbarschaft zum Kitsch. Wie der logische ist er Schablone, Übernahme. Sein Rechtfertigungsmoment ist unübersehbar. Wie anders liest sich die »archaische Rückwendung« noch bei Friedrich Nietzsche, den Bohrer nicht zu Unrecht anführt: »Ich habe für mich *entdeckt*, daß die alte Mensch- und Tierwelt, ja die gesamte Urzeit und Vergangenheit alles empfindenden Seins in mir fortdichtet, fortliebt, forthaßt ...« (S. 85). – Nietzsche entdeckte »für sich« – und er nahm folglich auch *auf sich* – was Jünger im allgemeinen mit der Hilfe und im Schutze anderer entdeckte.

Drei Begriffe sind nach Bohrer für die »anarchisch-dezisionistische Anschauungskategorie der Zeit (bei Jünger) strukturierend«: »die Begriffe der ›Überraschung‹, des ›Moments der Erschütterung‹ und des ›Anderen‹ (Fremden). Sie strukturieren alle zusammen die Ästhetik des ›Schreckens‹, sie sind die wesentlichen Elemente von Jüngers Phänomenologie der Angst« (S. 187 f.) und führen dazu, »daß die Wirklichkeit... nur noch punktuell wahrgenommen wird. Die Wahrnehmung steht unter dem Modus des ›Plötzlichen‹« (S. 190). Sie gehorcht damit der Kategorie des »Choks«, die Benjamin dem Aufsatz Sigmund Freuds, »Jenseits des Lustprinzips«, entnahm und die ich oben näher erläutert habe.

Bohrer führt dazu aus: »Wenn man die Angstszenen von AH 1 und AH 2 auf das Kriterium der sozialen und politischen Wahrnehmungsschärfe hin untersucht... so ergibt sich, daß es immer wieder Gesten eines total gewordenen Argwohns sind, der sich vor allem gegenüber überraschenden Geräuschen äußert oder aber eine unerklärte Stimmung artikuliert...« (S. 191).

Bohrer untersucht dann auf den Seiten 201–266 detailliert die einzelnen Stücke aus dem »Abenteuerlichen Herzen« und stellt sich u. a. die Frage, »ob und auf Grund welcher poetologischer und wirkungsästhetischer Eigenschaften die Bilder der Tortur trotz politisch-historischer Erkenntnisse letztlich doch eine Hypostasierung des Ästhetisch-Ungewöhnlichen, eine Ikonographie des ›Grauens‹ bedeuten, wobei die kontemplative Manier das Dargestellte nicht nur nicht kritisch versteht, sondern stoisch als gültige soziale Muster verewigt« (S. 252).

Auch räumt er ein: »Die Verrätselung, ein gewisser Grad von Undeutbarkeit, wurde für alle Traum-Bilder der Folter erkannt. Es scheint, daß sie zunächst und vor allem auch Material für das stereotype, sich wiederholende Ereignis hergeben, das Jünger in der oben erläuterten Szene beschrieb: Der ›fatale Scharfblick‹ nimmt etwas ›Absonderliches‹ wahr, ohne daß dieses ›Absonderliche‹ näher bestimmt würde. Es bleibt zunächst ein isoliertes Phänomen der ästhetischen Wahrnehmung: Diese fehlende Erklärung ist der fundamentale Unterschied zwischen Jüngers Erscheinungen des ›Schreckens‹ und den analogen Bildern und Ereignissen bei Poe und Hoffmann...« (S. 261).

Nichtsdestoweniger rückt Bohrer den erzählerischen Kosmos Kafkas auf das gleiche Niveau wie das schon dem Umfang nach bescheidene »Abenteuerliche Herz«. »In Kafkas Romanen«, sagt er, »gibt es keine übergeordnete Perspektive. Seine Figuren begegnen distanzlos ausgeliefert furchtbaren Vorkommnissen und erschreckenden Ereignissen, deren Intensität und Suggestion nicht kommentierend gebrochen wird« (S. 261).

Merkwürdigerweise beschränkt sich die Analyse Bohrers, die doch die »Ästhetik« des Schreckens demonstrieren möchte, ausschließlich auf *inhaltliche* Momente. Es ist jedoch gerade die Stilgebärde, die bei Kafka in Gegensatz zu den »erschreckenden Ereignissen« tritt. Das erübrigt den »Kommentar« nicht nur, sondern »kommentierend« verfahren im allgemeinen weder die »Ästhetik des Schreckens« noch irgendeine andere Ästhetik. Der »Kommentar« widerspräche ihren eigenen Gesetzen und würde sie um ihre Wirkung, und zwar gerade um ihre pädagogisch-ethische Wirkung, bringen. Wo Jünger das »Ereignis« durch den *Stil* unmittelbar *nobilitiert*, d. h. in ein »ästhetisches Ereignis«, in ein harmonisches Konstrukt, überführt, da treten bei Kafka *sachlich-rationale Stilgebärde* und *faktisches Entsetzen* zu der schrillen Dissonanz zusammen, die ganz im Gegensatz zu Jünger eine schreiende Unstimmigkeit kundgibt. Nicht nur sind »Form« und »Inhalt« nicht mehr kommensurabel, sondern ihre Inkommensurabilität selbst wird thematisch. In den gleichen Zusammenhang gehört Bohrers Behauptung: »Diagnostische Erkenntnisleistung lag gerade bei jenen modernen Schriftstellern (Kafka, James Joyce, H. Broch), deren pessimistische Disposition für eine aufklärerische Ideologie nicht offenstand. Vielmehr lassen sich im Umkreis der herausragenden Autoren des zwanzigsten Jahrhunderts sogar verborgene oder offene Affinitäten zum Faschismus entdecken, wenn man die Namen Pound, Eliot, Yeats nennt, ganz zu schweigen von den bedeutenden präfaschistischen Autoren Deutschlands und Frankreichs der Zwanziger Jahre.« (S. 490f.).

Der Ausdruck »aufklärerische Ideologie« hätte mindestens der Reflexion bedurft. Denn was hätte Aufklärung jemals »aufgeklärt«, wenn nicht den ideologischen Dunst, den Bohrer nun über die Aufklärung selbst verhängen will. Zerstreut man diesen Dunst, so wird unübersehbar, daß Joyce, Broch, Kafka eben deshalb keine »Ideologen« waren, weil ihr Werk der »Aufklärung« – sprich: der Wahrheit – verpflichtet ist. Pound, Eliot, Yeats in einem Atem mit ihnen zu nennen, mag in vieler Hinsicht legitim sein, aber nicht in dem Rahmen, den Bohrer für die im Ganzen sechs Autoren zimmern möchte. Auch sehe ich nicht, wer die »bedeutenden präfaschistischen Autoren Frankreichs und Deutschlands der Zwanziger Jahre« sein sollen. Wiederum Jünger? Benn? George? Barrès? Céline? Bohrer läßt das im dunkeln. »Aufklärung« hätte ich vorgezogen.

Bemerkungen zu weiterer Sekundärliteratur

Peter de Mendelssohn schrieb einen der ersten wichtigen Essays nach dem Zweiten Kriege, »Über die Linie des geringsten Widerstandes«. Versuch über Jünger (in: »Der Geist in der Despotie«, Berlin 1953). Er behandelt insbesondere die *Strahlungen,* kommt auf die Problematik des *Tagebuchs* zu sprechen und stellt dem »authentischen« Erlebnisbericht das »hergerichtete«, »zurechtgemachte«, »frisierte und auf Hochglanz polierte« Tagebuch gegenüber, das »Ursprünglichkeit« vortäusche (S. 177). Auch die narzißtische Qualität Jüngerscher Erlebnisberichte entgeht ihm nicht. »Die Person des Autors tritt an die Stelle des Werkes...« (ebd.).

Knapp wird die Entwicklung Jüngers von den Kriegsbüchern über den Ersten Weltkrieg bis zu den *Strahlungen* und bis zum *Waldgang* nachgezeichnet, wobei auch Mendelssohn der Mangel an Sensibilität für das Phänomen der Schuldverstrickung auffällt, wenn Jünger in den Tagebüchern über den Zweiten Weltkrieg Distanz zu den Verhältnissen gewinnen möchte und über einen demonstrativen *Ekel* vor diesen nicht hinausgelangt. Er konfrontiert Jüngers wiederholte Beteuerungen dieses Ekels mit der Tatsache, daß der Autor noch 1942 »Die totale Mobilmachung« wiedererscheinen ließ, also dasselbe Dokument, das seine Verstrickung in die Vorgeschichte der beklagten Gegenwart aufs deutlichste belegt (S. 226 f.).

Mendelssohn attestiert Jünger »überragende schriftstellerische Leistungen« (S. 216) und meint: »Das Verdienst dieser autoritativen Aufzeichnungen besteht« (S. 219). Zugleich aber findet er, daß Jünger »das Böse, das Niederträchtige«, also die wenigen Dokumentationen der sog. Schinderwelt, am besten gelinge (S. 217). Er stellt den »kaleidoskopischen Wechsel von Luzidität und Nebulosität«, von »Plattheit und äußerster Gespitztheit« fest und weist auf die Komplementarität einer sog. »Ritterschaft« (die Jünger freilich selbst als »tot« bezeichne) zum Begriff des »Pöbels« hin, ohne auf diese Problematik näher einzugehen. »Hier wird vom Pöbel gesprochen wie bei Hitler von den Juden« (S. 224).

Gerhard Loose (»Ernst Jünger«. Gestalt und Werk. Frankfurt/M 1957) bringt die »Gestalt« Jüngers auf die Formel des »Abenteurers« und sucht so die Positionswechsel und Widersprüche zu erklären, die dessen Werk durchziehen. Daß alle Positionen, Absichtserklärungen, Perspektiven Jüngers in der Tat auf *Anlässe* zu einem »Aktionismus« reduzierbar sind, der sich keineswegs allein auf die eigentlich »aktivistische« Phase bis gegen 1930, sondern paradox auch noch auf die passive der literarischen Eskapaden erstreckt, wird so in Umrissen zum erstenmal erkennbar und zeigt, in welchem Maße »Dezisionismus« und »Occasionalismus« zusammengehören. Bei der Einzelanalyse beschränkt sich Looses Studie im wesentlichen auf die kritische Deskription, wobei er insbesondere den »Arbeiter« hervorhebt, den er ein »bedeutendes Buch« nennt, weil mit ihm der »seltene Versuch« gelungen sei, »die totalitäre, die nihilistische Idee radikal, mit

dem Mut und der Intelligenz zu äußerster Folgerichtigkeit zu entwickeln«
(S. 95). Zugleich verkennt auch Loose nicht, daß Jünger »Opfer für einen
unbekannten Gott« verlange, daß sich in seiner Sicht »leere Eschatologie,
gegenstandsloser Glaube, ›Glaube an den Glauben‹« abzeichne (S. 105) und
daß er die »Sinnlosigkeit als Sinn« anbiete (S. 109). Auch bemerkt er die
ästhetizistische Tendenz einer »Landschaftsgestaltung«, die nach Jünger zu
»den Zeugnissen aller Zeiten« gehöre, »denen eine unbezweifelbare und
unbestreitbare Herrschaft gegeben war« (S. 112f.). »Überzeugung und
Zuversicht sind aus der Anschauung vergangener Welten gewonnen und
werden dargeboten als ›monumentale Historie‹« (S. 113), schreibt er und
stellt fest, daß Jünger tatsächlich nicht den »Träger der Leistung« (den
Arbeiter) beschreibe und würdige, »sondern nur die Leistung selbst«
(S. 121). – Loose hat in den Anhang seines Buches einen beachtlichen Teil
der politischen Publizistik Jüngers aufgenommen.

Christian v. Krockow (»Die Entscheidung«. Eine Untersuchung über
Ernst Jünger, Carl Schmitt, Martin Heidegger. Stuttgart 1958) analysiert
die Bewegung des sog. Dezisionismus in den zwanziger und dreißiger
Jahren und geht in vorbildlicher Weise dem Zusammenhang nach, der
zwischen der dezisionistischen Theorie und Praxis und der historischen
Romantik besteht. Dabei stellt sich heraus, daß die romantische Dominanz
der (poetischen) Möglichkeit über die (historische) Wirklichkeit bei Jünger
als ein *Instrumentalismus* wiederkehrt, der gar keine konkreten Ziele mehr
benennen kann. Jünger zieht sich folglich zurück, als die instrumentalisti-
schen Visionen, wie er sie insbesondere im »Arbeiter« und in der »totalen
Mobilmachung« entwickelt hatte, von den politischen Instanzen in die Tat
umgesetzt zu werden drohen. Er wendet sich jener »wesentlichen« Welt zu,
der allerdings auch schon die »Gestalt« des Arbeiters angehören sollte und
der in Heideggers Version das »eigentliche« Existieren, in Carl Schmitts
Version die historische »Substanz« entsprechen. Die drei Begriffe bezeugen
die Einheitlichkeit des essayistischen, des rechtsphilosophischen und des
existenzphilosophischen Entwurfs und sie demonstrieren darüber hinaus
den historischen Zusammenhang von Romantik, instrumentellem Nihilismus und der »Wesensschau« eines Husserl oder eines Heidegger. Da Teile
meiner Studie den grundlegenden Einsichten v. Krockows verpflichtet sind
(vgl. den Abschn. »Der Phänomenologe« S. 32ff.) kann auf ihre nähere
Erörterung verzichtet werden.

Hans Peter Schwarz behandelt Jünger unter den Gesichtspunkten von
Politik und Zeitkritik (»Der konservative Anarchist«. Politik und Zeitkritik
Ernst Jüngers. Freiburg 1962) und kommt zu dem Ergebnis, daß die
»Zeitpunkte seiner jeweiligen Wirkung… mit einer bemerkenswerten
Genauigkeit auf die Momente kritischen Bewußtseinszustandes in der
deutschen Geschichte des 20. Jahrhunderts« fielen (S. 12). Er benennt dafür
»In Stahlgewittern« (1920), worin Jünger als »einer der ersten« das »Welt-
kriegserlebnis… literarisch gestaltete«, den »Arbeiter« (1932), worin das
»Ende der bürgerlich-liberalen Ära« und der »Anbruch der Epoche eines
nationalen, sozialistischen und imperialistischen totalen Staates« angekün-

digt wird, schließlich »Auf den Marmorklippen« und »Gärten und Straßen«, mit denen Jünger sich wiederum zum Sprecher jener machte, die »aus
dem totalen Staat hinausstrebten und nach Möglichkeiten eines gerechten,
anständigen, heilen Daseins Ausschau hielten« (S. 12f.). Auch »Der
Friede« (1945) und »Strahlungen« (1949) »griffen« nach Schwarz »unmittelbar in die Auseinandersetzung um die Haltung der Deutschen zum Dritten
Reich und um die Prinzipien zukünftiger Politik ein« (S. 13).

Auch Schwarz benennt die »Selbstdarstellung als Gestaltungsprinzip«
(S. 52) und zieht eine Parallele zwischen dem »Amt« des Dichters und dem
des Theologen. »Was ist (Jüngers) ›neue Theologie‹ (nach dem Zweiten
Kriege) anderes als ein durch den priesterlichen Dichter vermitteltes Heils-
wissen?« fragt er (S. 51f.).

Ein Vergleich der Ideen Hitlers mit denen Jüngers ergibt eine weitge-
hende Verwandtschaft (S. 121ff.). Ihre Divergenz faßt Schwarz wie folgt
zusammen: »Hitlers Denken war genuin biologistisch-darwinistisch, das
Jüngers genuin metaphysisch-romantisch und heroisch.« Jünger verdächtigte nach Schwarz insbesondere den »plebiszitären Cäsarismus Hitlers«
(und keineswegs den »autoritären Charakter des Nationalsozialismus«) und
verbindet auf diese Weise »bruchlos« seine »Aversion gegen die Demokratie mit dem Widerwillen gegen Hitler« (S. 113).

Widersprüche in den Erhebungen von Schwarz ergeben sich meist aus
den Widersprüchen seines Untersuchungsgegenstandes. Daß »Jüngers
Lehre« die eines Mannes sei, »der seinen Garten liebt« und daß er von
»Abneigung gegen die titanischen Gebilde des 20. Jahrhunderts« geprägt sei
(S. 141), wird durch Jünger selbst gut widerlegt. Schwarz macht die
Bemerkung angesichts der »Strahlungen«, ohne uns das Urteil zu verschweigen, das der Kritiker des Pariser »Canard enchainé« am 26. 9. 1951
fällte. Es gebe, so bemerkt er, »in den Geschichtskatastrophen dieser Jahre
verschiedene Arten von Akteuren, Soldaten und Partisanen, die ihre Haut
aufs Spiel setzten, Schlächter und Opfer, geängstigte Massen. Il y a enfin les
artistes, les raffinés, qui sont là en spectateurs. Ils viennent de temps à autre
s'accouder au balcon, avides de sensations fortes. Ils échangent leurs
impressions, marquent les coups comme feraient les supporteurs de deux
équipes de football. Et pendant le mi-temps, ou dans les moments creux,
parlent de la seule chose qui leur importe: la littérature« (S. 147).

Schwarz gehört zu den Beurteilern, welche die mit dem unscharfen
Begriff der »Kälte« umschriebene Symptomatik als die »Maske« eines
Menschen mißverstehen, der »zur Grausamkeit« sich zwingen müsse, »um
die Tiefe seiner Empfindung zu verbergen« und den ein »tiefes Leiden an
der Zeit« auszeichne (S. 149). Nichtsdestoweniger nennt er Jüngers »Spiri-
tualismus« treffend »Sandkastenspiele des Geistes« (S. 231) und meint:
»Selbstsichere Diktion und Klarheit des Stils verbergen oft eine träumerische Unbestimmtheit« (S. 234).

Hansjörg Schelle lieferte eine Analyse der Erzählung »Auf den Marmorklippen«, die vollständig genannt werden und bis heute Gültigkeit beanspruchen kann (Ernst Jüngers »Marmor-Klippen«. Eine kritische Interpretation, Leiden 1970). Er stellt ihr eine Erzählung Edgar Allan Poes aus dem

Jahre 1841, »A descent in the Malström«, gegenüber und vergleicht das Brüderpaar aus dieser mit dem Brüderpaar aus jener Erzählung. Wo bei Jünger Unbeteiligtsein und Voyeurismus, da sei bei Poe *Beteiligung* und *Leiden* an den schockierenden Ereignissen festzustellen. Die Katastrophe der Marina werde für die Brüder Jüngers zum »Schauspiel«, »das Los der Gequälten scheint (dem Erzähler) eher den Genuß des Schauspiels zu erhöhen« (S. 13). Aber nicht nur die Rolle der Brüder, auch die Landschaft der Marina mit dem »Wald« und mit den »Marmorklippen« bleibe unbestimmt und scheine aus einzelnen Versatzstücken zusammengesetzt. Da die Deutungen stets mitgeliefert würden, komme es in Wahrheit gar nicht zum Erzählen, und die »Marmorklippen« erinnerten an ein Tagebuch, das dadurch ausgezeichnet sei, daß »ein Schauspieler... sich selbst« spiele (S. 33). Darüber hinaus sei zwischen dem Berichterstatter und den sog. Mauretaniern im Ernst kein Unterschied festzustellen.

Schelle hat einen ganzen Katalog über die Rolle des »Feuers« zusammengetragen und den trivialliterarischen Gegensatz von »Hoch« und »Nieder« – für praktisch alle Bereiche des Buches – »für die Figuren wie für die Waffen, für die Grade des Feuers wie für die Kräfte und Mächte« (S. 111) – nachweisen können. Gerade an dieser »Symbolik« läßt sich erkennen, was Schelle in den Satz zusammenfaßt: »Die Triebkräfte gehen ihre eigenen Wege und beachten die Forderungen des Denkens nicht« (S. 103).

Wer sich über »Fassungen bei Ernst Jünger« unterrichten will, muß das gleichnamige Buch von *Ulrich Böhme* zu Rate ziehen (Meisenheim am Glan, 1972). Das gilt insbesondere für die »Stahlgewitter«, die, zumeist aus Erinnerungsstützen und Stichworten entstanden, im Laufe von siebenundzwanzig Jahren insgesamt fünf Bearbeitungen erlebten. Die Motive für diese Bearbeitungen sind unterschiedlich. Teils gelten sie allein dem Stil und zielen auf literarische Prägnanz, teils gelten sie den gerade herrschenden Zeittendenzen, so wenn Jünger die frühen Fassungen der »Stahlgewitter« zusätzlich mit vaterländischem Dekor ausstattet, später eben diese Stellen wieder tilgt oder verändert. In »Strahlungen« hat er zunehmend private oder anekdotische Äußerungen eliminiert und so die »Dehistorisierung«, die »Zeitenthobenheit« gefördert, die ohnehin in seinen Intentionen lagen. Bis auf den »Arbeiter« und das »Abenteuerliche Herz«, Erste Fassung, sind so gut wie alle Schriften Jüngers mehrfachen Bearbeitungen unterworfen worden, wobei insbesondere die Kriegsbücher zum Teil erhebliche Änderungen erfahren haben.

Helmut Mörchen arbeitete vornehmlich die elitären und autoritativen Elemente im Denken Jüngers heraus (»Schriftsteller in der Massengesellschaft«. Zur politischen Essayistik und Publizistik Heinrich und Thomas Manns, Kurt Tucholskys und Ernst Jüngers während der Zwanziger Jahre, Stuttgart 1973). Elitebewußtsein erkennt Mörchen nicht allein in den frühen Schriften, sondern noch im »Waldgänger«, der sich »von den drei großen Mächten der Kunst, der Philosophie und der Theologie« Hilfe verspreche (S. 87). Einen Widerspruch konstatiert er in Jüngers Forderung, daß sich die Eliteschicht im »Arbeiter« zwar nicht mehr durch »Bildung«

auszeichne, daß aber ihr Visionär keineswegs auf sie verzichten wolle. Über sechzig Namen, die Jüngers »Bildung« demonstrieren sollen, registriert er allein im »Abenteuerlichen Herzen«, Erste Fassung. Einen weiteren Widerspruch bedeute es, wenn nach Jünger »nur einer unter hundert zum Waldgang fähig ist« und wenn der Autor andererseits behauptet, daß der Waldgänger keine »Ausnahme« sei und keine »Elite« repräsentiere (ebd.). Offensichtlich folgte Jünger damit – wie ja auch sonst – nur wieder einer Modeströmung, nämlich der neuen »Demokratisierung« Westdeutschlands.

Wichtig ist die Beobachtung Mörchens, daß der Informationsgehalt der Publizistik Jüngers »äußerst gering« sei und daß darin häufig der Ton der »protestantischen Erweckungspredigt« vorherrsche (S. 90). In diesem Zusammenhang zitiert er eine Bemerkung von Harry Pross über »autoritäre Publizistik«, die »für ein Prinzip ausgibt, was nur eine Behauptung ist« (ebd.). – In der Tat ist die Rhetorik Jüngers und ist der reale »Informationsgehalt« seiner Schriften, so viel ich sehe, bisher ununtersucht geblieben. Nicht nur von der Publizistik, sondern auch von den Essayistik oder von den Kriegsbüchern ließe sich vermutlich zeigen, daß Jünger sich häufig »vereinbarter Zeichen« bedient, die »berechenbare, dressur-ähnliche Reaktionen (beim Leser) auslösen, aber nichts auszusagen brauchen« (ebd.).

Karl Prümm bespricht die »Literatur des Soldatischen Nationalismus« zwischen 1918 und 1933 (Gruppenideologie und Epochenproblematik. 2 Bd. Cronberg/Taunus 1974). Er unterstreicht, daß die »Konservative Revolution« als oberstes Prinzip »das Leben« für sich reklamiert habe, womit sie der »Lebensphilosophie« verpflichtet sei. Begriffe wie »lebensfeindlich«, die »Negierung alles Bestehenden«, die »undifferenzierte Abqualifizierung aller gegnerischen Prinzipien«, die Schwarz-Weiß-Tendenz ... die gesamte Entwicklung weist nach Prümm in eine Richtung, wo der »Geist« zu einem »Synonym für Schwäche« zu werden drohe (S. 31). Den Grund erkennt er in der zunehmenden »Entpolitisierung des Bürgertums« (S. 62). Jüngers »Breitenwirkung« setze erst 1929 ein. Nicht nur er, sondern der gesamte Tat-Kreis hätten sich resigniert zurückgezogen, als die »Konservative Revolution« *massenhaft* zu werden versprach.

Auch Prümm bemerkt, daß in Jüngers Kriegsbüchern die »Triebentladung« zum »Opfergang« umgedeutet werde (S. 131). Entsprechend könne eine Säkularisierung der religiösen Metaphorik beobachtet werden (S. 139 ff.). Ähnlich wie bei Schauwecker verrate der Kampf häufig seine Nähe zum Geschlechtsakt (S. 152 ff.). Der »antibürgerliche Affekt« Jüngers münde am Ende in ein »Spießbürgertum der Front« ein (S. 200).

In Band zwei führt Prümm zunächst in eine zeitgenössische Bewegung ein, die unter dem Namen »Neue Sachlichkeit« bekannt geworden ist und gegen die sich nicht nur Jünger, sondern der gesamte soldatische Nationalismus gewendet habe. In typischer Zweideutigkeit werde Jünger allerdings neusachlichen Forderungen auch wiederum gerecht, so besonders der nach absoluter Funktionalität der Technik.

Inzwischen hatte sich der Soldatische Nationalismus seiner angestammten Basis mehr und mehr entfremdet. Seine starre antistaatliche Tendenz

wurde vom »Stahlhelm«, dessen Beilage »Standarte« ihm als Forum gedient
hatte, auf die Dauer nicht geteilt. Auch der »Arbeiter« stieß bei den
Konservativen auf Rezeptionsschwierigkeiten, so vor allem durch sein
Bekenntnis zur Technik (S. 437f.). Auch wurden »bolschewistische« Elemente darin wiedererkannt. Nur Ernst Niekisch äußerte sich ohne Einschränkung positiv dazu. Auch die Zeitgenossen haben dem »Arbeiter«
zum Teil den »Charakter des Zwangs« und den Manierismus vorgeworfen
(S. 440f.).

Zur Rezeptionsproblematik äußert sich ausführlich *Gerda Liebchen*
(Ernst Jünger. Seine literarischen Arbeiten in den zwanziger Jahren. Eine
Untersuchung zur gesellschaftlichen Funktion von Literatur. Bonn 1977).
Die Arbeit bietet in diskursiver Form das gesamte zur Verfügung stehende
Einzelmaterial. Jüngers Talent als Kriegsschriftsteller erfuhr nach Liebchen
eine zunehmend bewußte Förderung seitens militärischer und dem militan-
ten Nationalismus nahestehender Kreise und Interessenverbände. Seine
Fürsprecher mehrten sich von Jahr zu Jahr. Ovationen in Militärfachblät-
tern, später auch in völkischen Zeitschriften waren häufig, die Kritik
dagegen selten. Allerdings entging den »Fachleuten« des Krieges nicht, daß
Jünger den »Frontalltag dramatischer und weniger zermürbend zeichnete
als er es tatsächlich gewesen war. Die für Jüngers Kampfmoral so wichtigen, weil mit sadistischer Lust ausgekosteten Nahkampfszenen waren nach
(Kurt) Hesses Urteil Ausnahmeerscheinungen im Leben eines Weltkriegs-
infanteristen, nur ›eine Unterbrechung chaotischer Leere‹. Wesentlich früher und wesentlich intensiver habe sich die demoralisierende Wirkung der
Materialkämpfe bemerkbar gemacht als es in Jüngers Büchern dargestellt
sei« (S. 158). »Weder Hesse noch (George) Soldan zweifelten daran, daß
Jünger nur ein partiell zutreffendes Bild des Weltkriegs zeichnete...«
(S. 159f.). – Auch das Buch von Liebchen hat für meine Arbeit Verwen-
dung gefunden, so daß auf ein ausführliches Referat verzichtet werden
kann.

Benutzte Literatur

1. Schriften Ernst Jüngers

AH 1 = »Das abenteuerliche Herz«, Erste Fass. 1929. Zit. nach Ausgabe
der »Werke«, Stuttgart 1960–65 (= WA)
AH 2 = »Das abenteuerliche Herz«, Zweite Fass. Hamburg 1938
(1. Ausg.)
An = »Annäherungen«. Stuttgart 1970 (1. Ausg.)
AS = »Afrikanische Spiele«. Hamburg 1936 (1. Ausg.)
B = »Besuch auf Godenholm«. Frankfurt/M. 1952 (1. Ausg.)
E = »Eumeswil«. Stuttgart 1977 (1. Ausg.)
G = »Der gordische Knoten«. Frankfurt/M 1953 (1. Ausg.)
GS = »Gärten und Straßen«. Stuttgart o. J. 59.–61. T.
H = »Heliopolis«. Tübingen 1953. 24.–26. T.
JO = »Jahre der Okkupation«. Stuttgart 1958. 1.–16. T.

K   = »Der Kampf als inneres Erlebnis«. Berlin 1922 (1. Ausg.)
MK   = »Auf den Marmorklippen«. Hamburg 1939
SJ   = »Subtile Jagden«. Stuttgart 1967. 7.–10. T.
ST   = »In Stahlgewittern«. Berlin 1942
STR   = »Strahlungen«. Tübingen 1949. 3. Aufl. 11.–20. T.
ÜL   = »Über die Linie«. Frankfurt/M 1950 (1. Ausg.)
WA   = Ausgabe der »Werke«. Stuttgart 1960–65.
Wä   = »Das Wäldchen 125«. Berlin 1930. 13.–16. T.
Wg   = »Der Waldgang«. Frankfurt/M 1952 (1. Ausg.)
Z   = »Die Zwille«. Stuttgart 1973 (1. Ausg.)

2. Publizistik Ernst Jüngers (= P/...)

P/SM = Süddeutsche Monatshefte München
P/St = Standarte. Wochenschr. des Neuen Nationalismus. Hrsg. Ernst
        Jünger, Franz Schauwecker, Helmut Franke, Wilhelm Kleinau
P/W   = Widerstand. Ztschr. f. nationalrevolutionäre Politik. Dresden.

Die Aufsätze:
1) »Schließt Euch zusammen!« St 3. 6. 1926
2) »Reinheit der Mittel«, W 10. 10. 1929
3) »Über Nationalismus und Judenfrage«, SM 12. 9. 1930

3. Sekundärliteratur

Adorno, Theodor W.: Ges. Schriften, Bd. 7 (»Ästhetische Theorie«)
    Frankfurt/M 1972
Ders.: »Negative Dialektik«, Frankfurt/M 1967
Arendt, Dieter: »Nihilismus«. D. Anfänge von Jacobi bis Nietzsche. Köln
    1970
Benjamin, Walter: Ausgew. Schriften, Frankfurt/M 1961. Bd. »Illumina-
    tionen«
Benn, Gottfried: Ges. Werke. Wiesbaden 1968
Bohrer, Karl Heinz: »Die Ästhetik des Schreckens«. Die pessimistische
    Romantik und Ernst Jüngers Frühwerk. München/Wien 1978
Elias, Norbert: »Über den Prozeß der Zivilisation«, Bd. 1: Wandlungen
    des Verhaltens in den weltlichen Oberschichten des Abendlandes. suhr-
    kamp taschenb. wiss. 158. Frankfurt/M 1980
Freud, Sigmund: Ges. Werke. London 1952
Grenzmann, Wilhelm: Dichtung und Glaube. Probleme und Gestalten der
    deutschen Gegenwartsliteratur (1950), Frankfurt/Bonn 1964
Gruenter, Rainer: »Formen des Dandysmus«. Eine problemgesch. Studie
    ü. Ernst Jünger. In: Euphorion. Ztschr. f. Lit.-gesch. 46/1952, S.
    170–201
Heidegger, Martin: »Über ›Die Linie‹«. In: Freundschaftliche Begegnun-
    gen. Festschr. f. Ernst Jünger zum 60. Geburtstag. Frankfurt/M. 1955
Ders.: »Sein und Zeit«. Tübingen 1957

Husserl, Edmund: »Erfahrung und Urteil«. Hamburg 1972

Just, Klaus Günther: »Die Sprache Ernst Jüngers«. In: Anstöße. Hofgeismar 1961, Nr. 1, S. 11–20

Kaempfer, Wolfgang: »Eine Seele für zwei Personen«. Rez. der »Zwille«. Die Zeit 1. 6. 1973

Ders.: »Der Tod ist ein Meister aus Deutschland«. Recherches Germaniques. Strasbourg 1976. S. 137–151.

Ders.: »Der Mythos von der Macht und sein Happyend.« Zum triviallit. Aspekt in den Schr. Ernst Jüngers. Frankfurter Hefte 11/77, S. 47–61

Kerker, Armin: »Ernst Jünger – Klaus Mann«. Gemeinsamkeit u. Gegensatz. Bonn 1974

Kranz, Gisbert: »Ernst Jünger und die Magie«. In: Welt u. Wort. 5/1950, S. 453–56.

Ders.: »Ernst Jüngers symbolische Weltschau«. Düsseldorf 1968

v. Krockow, Christian: »Die Entscheidung«. E. Untersuchg. über Ernst Jünger, Carl Schmitt, Martin Heidegger. Stuttgart 1958

Liebchen, Gerda: Ernst Jünger. S. literar. Arbeiten i. d. zwanziger Jahren. E. Unters. zur gesellsch. Funktion von Literatur. Bonn 1977

Loose, Gerhard: »Ernst Jünger«. Gestalt u. Werk. Frankfurt/M 1957

v. Martin, Alfred: »Der heroische Nihilismus und seine Überwindung. Ernst Jüngers Weg durch die Krise. Krefeld 1948

Mohler, Armin: »Die konservative Revolution in Deutschland 1918–1932«. Grundriß ihrer Weltanschauungen. Stuttgart 1950

Mörchen, Helmut: »Schriftsteller in der Massengesellschaft«. Zur politischen Essayistik und Publizistik Heinrich und Thomas Manns, Kurt Tucholskys und Ernst Jüngers während der Zwanziger Jahre. Stuttgart 1972

Nebel, Gerhard: «Ernst Jünger und das Schicksal des Menschen«. Wuppertal 1947

Niekisch, Ernst: »Gewagtes Leben«. Begegnungen und Begebnisse. Köln, Berlin 1958

Nietzsche, Friedrich: Werke. München 1969

Paetel, Karl O.: »Ernst Jünger«. Weg u. Wirkung. E. Einführung. Stuttgart 1949

Ders.: »Ernst Jünger in Selbstzeugnissen und Bilddokumenten.« Reinbek bei Hamburg 1962

Plard, Henri: Beitrag in: »Wandlung und Wiederkehr«. Festschr. zum 70. Geburtstag Ernst Jüngers. Aachen 1965, S. 29f.

Prümm, Karl: »Die Literatur des Soldatischen Nationalismus der 20er Jahre (1918–1933). Gruppenideologie und Epochenproblematik. 2 Bd. Cronberg/Taunus 1974

Schelle, Hansjörg: »Ernst Jüngers ›Marmor-Klippen‹«. E. krit. Interpretation. Leiden 1970

Schiller, Friedrich: Sämtl. Werke. Luzern 1970

Schlaffer, Heinz: »Der Bürger als Held«. Sozialgesch. Auflösungen literar. Widersprüche. ed. Suhrkamp 624. Frankfurt/M 1973

Schmiele, Walter: »Vom Dandy zum Provokateur«. In: Zeitalter d. Fragments. Lit. in unserer Zeit. Herrenalb/Schwarzw. S. 57–76

Schwarz, Hans Peter: »Der konservative Anarchist«. Politik u. Zeitkr. Ernst Jüngers. Freiburg 1962

Stollmann, Rainer: »Ästhetisierung der Politik«. Literaturstudien z. subjekt. Faschismus. Stuttgart 1973

Wallach, Jehuda L.: »Das Dogma der Vernichtungsschlacht«. dtv München 1970

3. Erzählliteratur

Barbusse, Henri: »Das Feuer«. Tageb. einer Korporalsch. Zürich 1918

Céline, Louis-Ferdinand: »Voyage au bout de la nuit«. Paris 1952

Hartlaub, Felix: Das Gesamtwerk. Frankfurt/M 1950

Ke = Kriegsdichter erzählen. Hrsg. August Friedrich Velmede. München 1937

Poe, Edgar Allan: Erzählungen I-III. München 1965

Renn, Ludwig: »Krieg«. Frankfurt/M 1930

Anmerkung: Die Zitate im Text beschränken sich auf die Namen der Autoren. Nähere Angaben sind Jahreszahlen, Band- und Seitenzahlen.

Literaturverzeichnis

1. Werke Ernst Jüngers

a) Buchveröffentlichungen

1920

In Stahlgewittern. Aus dem Tagebuch eines Stoßtruppführers v. Ernst Jünger, Kriegsfreiwilliger, dann Leutnant und Kompanie-Führer im Füs.-Regt. Prinz Albrecht v. Preußen (Hannov. Nr. 73). Hannover: Selbstverl. des Verf.

In Stahlgewittern. Aus dem Tagebuch eines Stoßtruppführers v. Ernst Jünger, Kriegsfreiwilliger, dann Leutnant und Kompanieführer im Füs.-Regt. Prinz Albrecht v. Preußen (Hann. Nr. 73), Leutnant im Reichswehr-Regiment Nr. 16 (Hannover). Berlin: Mittler 1922.

In Stahlgewittern. Aus dem Tagebuch eines Stoßtruppführers. 5., (neubearb. u. veränd.) Aufl. – Berlin: Mittler 1924.

In Stahlgewittern. Ein Kriegstagebuch. 14., (erneut bearb. u. veränd.) Aufl. – Berlin: Mittler 1934.

In Stahlgewittern. Ein Kriegstagebuch. 16., erneut durchges. Aufl. – Berlin: Mittler 1935.

In Stahlgewittern. Ein Kriegstagebuch. Einmalige Ausg. – Hamburg: Deutsche Hausbücherei 1934.

In Stahlgewittern. (26., vom Autor erneut durchges. Aufl. 235.–244. Taus.) – Stuttgart: Klett 1961.

1922

Der Kampf als inneres Erlebnis. – Berlin: Mittler 1922.
Der Kampf als inneres Erlebnis. 2., neubearb. Aufl. – Berlin: Mittler 1926.

1925

Das Wäldchen 125. Eine Chronik aus den Grabenkämpfen 1918. – Berlin:
Mittler 1925.
Das Wäldchen 125. Eine Chronik aus den Grabenkämpfen 1918. – Berlin:
Mittler 1930. 5. Aufl. unverändert.
Das Wäldchen 125. Eine Chronik aus den Grabenkämpfen 1918. Berlin:
Mittler 1935.
Feuer und Blut. Ein kleiner Ausschnitt aus einer großen Schlacht. –
Magdeburg: Stahlhelm-Verl. 1925.
Feuer und Blut. Ein kleiner Ausschnitt aus einer großen Schlacht. 2.
(veränd.) Aufl. – Magdeburg: Frundsberg-Verl. 1926.
Feuer und Blut. Ein kleiner Ausschnitt aus einer großen Schlacht. –
Leipzig: Reclam 1937.

1929

Das abenteuerliche Herz. Aufzeichnungen bei Tag und Nacht. – Berlin
Frundsberg-Verl. 1929.

1931

Die totale Mobilmachung. – Berlin: Verl. für Zeitkritik 1931.
Die totale Mobilmachung. 2. Aufl. – Berlin: Junker & Dünnhaupt 1934.

1932

Der Arbeiter. Herrschaft und Gestalt. – Hamburg: Hanseat. Verl.-Anst.
1932.

1934

Blätter und Steine. – Hamburg: Hanseat. Verl.-Anst. 1934.
Blätter und Steine. (2. Aufl.) – Hamburg: Hanseat. Verl.-Anst. 1941.
Blätter und Steine. – Leipzig: Tauchnitz 1942.
Lob der Vokale. – Hamburg: Hanseat. Verl.-Anst. 1934.
Lob der Vokale. Mainz 1937: Werkstatt für Buchdruck – Albert Egge-
brecht-Presse.
Lob der Vokale und Sizilischer Brief an den Mann im Mond. Mit Einl. u.
Erl. v. H. J. de Vos. – Brüssel: A. Manteau 1943.
Lob der Vokale. (Neuausg. im Einvernehmen mit dem Autor. Umschlag-
zeichnung v. Hans Bächer.) – Zürich: Verl. der Arche 1954.
Geheimnisse der Sprache. 2 Essays. – Hamburg: Hanseat. Verl.-Anst. 1939
(darin: *Lob der Vokale*).

1936

Afrikanische Spiele. – Hamburg: Hanseat. Verl.-Anst. 1936.
Afrikanische Spiele. Hamburg: Deutsche Hausbücherei 1937.
Afrikanische Spiele. Pfullingen: Neske 1951.
Afrikanische Spiele. Gütersloh: Bertelsmann-Lesering 1954.
Afrikanische Spiele. München: List 1955.
Afrikanische Spiele. (120.–122. Taus.) Stuttgart: Klett 1965.

1938

Das abenteuerliche Herz. Figuren und Capriccios. (2. Fassung.) – Hamburg: Hanseat. Verl.-Anst. 1938.
Das abenteuerliche Herz. Figuren und Capriccios. (2. Fassung. Sonderausgabe für das Reichskommissariat Ostland.) – Hamburg: Hanseat. Verl.-Anst. 1944.
Das abenteuerliche Herz. Figuren und Capriccios. (2. Fassung, 8. Aufl.) Frontbuchhandelsausg. für die Wehrmacht. – Hamburg: Hanseat. Verl.-Anst. 1945.
Das abenteuerliche Herz. Figuren und Capriccios. – Erlenbach, Zürich: Rentsch 1942.
Das abenteuerliche Herz. (2. Fassung) – Frankfurt a. M.: Klostermann 1950.

1939

Auf den Marmorklippen. – Hamburg: Hanseat. Verl.-Anst. 1939.
Auf den Marmorklippen. – Wehrmachtsausg. – Paris: Zentrale der Frontbuchhandlungen 1942.
Auf den Marmorklippen. – Erlenbach Zürich: Rentsch 1943.
Auf den Marmorklippen. – Tübingen: Reichl 1949.
Auf den Marmorklippen. (9. Aufl.) – Pfullingen: Neske 1955.
Auf den Marmorklippen. – Stuttgart: Klett 1960.
Auf den Marmorklippen. – Stuttgart: Klett 1967.
Auf den Marmorklippen. – Stuttgart: Klett 1968.

1942

Gärten und Straßen. Aus den Tagebüchern von 1939 und 1940. – Berlin: Mittler 1942.
Gärten und Straßen. Aus den Tagebüchern von 1939 und 1940. Paris: Zentrale der Frontbuchhandlungen 1942.
Gärten und Straßen. (3. durchges. Aufl.) – Tübingen: Heliopolis Verl. 1950.
Gärten und Straßen. (59.–61. Taus.) – Stuttgart: Klett 1958.
Gärten und Straßen. – Reinbek bei Hamburg: Rowohlt 1962. (rororo. Taschenbuch Ausgabe 494)

1943

Myrdun. Briefe aus Norwegen. Einmalige Feldausg. für die Soldaten im Bereich des Wehrmachtbefehlshabers in Norwegen 1943.
Myrdun. Briefe aus Norwegen. Zürich: Verl. der Arche 1948.
Myrdun. Briefe aus Norwegen. Tübingen: Heliopolis-Verl. 1949.

1945

Der Friede. Ein Wort an die Jugend Europas und an die Jugend der Welt. – Hamburg: Hanseat. Verl.-Anst. 1945.
Der Friede! Ein Wort an die Jugend Europas. Ein Wort an die Jugend der Welt. Als Manuskript gedruckt. – Bergisch-Gladbach: Heider 1945.
Der Friede. Ein Wort an die Jugend Europas, ein Wort an die Jugend der Welt. – Marburg 1945–1946.
Der Friede. Ein Wort an die Jugend Europas und an die Jugend der Welt. – Amsterdam: Erasmus 1946.
Der Friede. – Die Aussprache. Blätter eines dem Abendland und der Wahrheit verpflichteten Kreises. Folge 5, Mai 1948. Düsseldorf-Benrath 1948: Tischler & Schäffer.
Der Friede. Ein Wort an die Jugend Europas. Ein Wort an die Jugend der Welt. – Zürich: Verl. der Arche 1949.
Der Friede. Ein Wort an die Jugend Europas. Ein Wort an die Jugend der Welt. – Wien: Amandus-Ed. 1949.
Der Friede. I. Die Saat. Betrachtung zur Zeit. Ein Wort an die Jugend Europas. Ein Wort an die Jugend der Welt. – Tokyo: Ikubundo Verl. 1963.
Der Friede. Stuttgart: Klett 1965.

1947

Atlantische Fahrt. – [London:] Kriegsgefangenenhilfe des Weltbundes der Christlichen Vereine Junger Männer in England (1947).
Atlantische Fahrt. Zürich: Verl. d. Arche 1948.
Atlantische Fahrt. Tübingen: Reichl 1949.
Sprache und Körperbau. Zürich: Verl. d. Arche 1947.
Sprache und Körperbau. – Frankfurt/M: Klostermann 1949.

1948

Ein Inselfrühling. Ein Tagebuch aus Rhodos. Mit. d. sizilianischen Tagebuchblättern »Aus der Goldenen Muschel«. Zürich: Verl. d. Arche 1948.
Ein Inselfrühling. Untertitelg. wie oben. Tübingen: Heliopolis-Verl. 1949.
Ein Inselfrühling. Untertitelg. wie oben. Salzburg, Wien: Diana-Verl. 1951.

1949

Strahlungen. Tübingen: Heliopolis-Verl. 1949.
Strahlungen. Linz, Regensburg, Wien: Schönleitner 1950.
Strahlungen. Tübingen: Heliop.-Verl. 1955.

Heliopolis. Rückblick auf eine Stadt. Tübingen: Heliop.-Verl. 1949.
Heliopolis. Rückblick auf eine Stadt. Salzburg, Wien: Diana-Verl. 1950.
Heliopolis. Rückblick auf eine Stadt. Stuttgart, Zürich, Salzburg: Europ.
  Buch-Klub 1955.

1950

Über die Linie. Frankfurt/M.: Klostermann 1950.
Über die Linie. 3., durchgs. und veränd. Aufl. Frankfurt/M: Klosterm.
  1951.

1951

Das Haus der Briefe. Olten 1951.
Der Waldgang. Frankfurt/M.: Klosterm. 1951.
Am Kieselstrand. Frankfurt/M.: Klosterm. 1951.

1952

Besuch auf Godenholm. Frankfurt/M.: Klosterm. 1952.
Drei Kiesel. Frankfurt/M.: Klosterm. 1952.

1953

Der gordische Knoten. Frankfurt/M.: Klosterm. 1953.

1954

Das Sanduhrbuch. Frankfurt/M.: Klosterm. 1954.
Das Sanduhrbuch. Mit 58 Strichzeichngn. und 33 Bildtaf. Frankfurt/M.:
  Klosterm 1957.

1955

Am Sarazenenturm. Frankfurt/M.: Klosterm. 1955.

1956

Rivarol. Frankfurt/M.: Klosterm. 1956.

1957

Serpentara. Zürich. Bösch-Presse 1957.
San Pietro. Olten 1957.
Gläserne Bienen. Stuttgart: Klett 1957.
Gläserne Bienen. Hamburg: Rowohlt 1960.

1958

Jahre der Okkupation. Stuttgart: Klett 1958.
Mantrana. Einladg. z. e. Spiel. Stuttgart: Klett 1958.
Mantrana. Ein Spiel, geleitet v. Ernst Jünger und Klaus Ulrich Leistikow.
  Stuttgart: Klett 1964.

1959

An der Zeitmauer. Stuttgart: Klett 1959

1960

Ein Vormittag in Antibes (E. J. zum 65. Geburtstag.) Olten 1960.
Sgraffitti. Stuttgart: Klett 1960.
Der Weltstaat. Organismus und Organisation. Stuttgart: Klett 1960.

1962

Das spanische Mondhorn. Olten 1962.

1963

Fassungen. München: Gotteswinter 1963.
Fassungen. Bielefeld: Thomas 1963.
Sturm. Olten 1963.
Typus Name Gestalt. Stuttgart: Klett 1963.
Strahlungen. Stuttgart: Klett 1963.
Geheimnisse der Sprache. Frankfurt/M.: Klosterm. 1963.

1965

Grenzgänge. (Z. 70. Geburtstag d. Autors) Olten 1965.
Neunte Sardinien-Reise. (J. z. 70. Geb.). Stuttgart: Fink 1965.
In Totenhäusern. Stuttgart: Klett 1965.
Ein Inselfrühling. Untertitelg. wie oben. *Myrdun.* Briefe aus Norwegen.
    Berlin, Darmstadt, Wien: Deutsche Buchgem. 1965.

1966

Grenzgänge. Essays – Reden – Träume. Stuttgart: Klett 1966.

1967

Im Granit. (Tageb. d. Korsikareise Mai–Juni 1966) Olten 1967.
Subtile Jagden. Stuttgart: Klett 1967.

1968

Zwei Inseln. Formosa. Ceylon. Olten 1968.
Carabus Rutilans (Tageb. e. Pyrenäenexkursion vom 29. 4.–6. 5. 1967).
    Einm. Aufl. in 7 Ex. Hamburg 1968.
Federbälle. Biberach a. d. Riß: Dr. Karl Thomae 1969.

1970

Lettern und Ideogramme (Japanische Impressionen d. Ostasienreise 1965)
    Olten 1970.
Ad hoc. (Arbeiten aus besonderen Anlässen). Stuttgart: Klett 1970.
Annäherungen. Drogen und Rausch. Stuttgart: Klett 1970.

1971

Sinn und Bedeutung. Ein Figurenspiel. Stuttgart: Klett 1971.

1973

Die Zwille. Stuttgart: Klett 1973.

1974

Zahlen und Götter. Philemon und Baucis. Zwei Essays. Stuttgart: Klett 1974.

1977

Eumeswil. Stuttgart: Klett-Cotta 1977.

1978

Sturm. Stuttgart: Klett-Cotta 1978.

1980

Siebzig verweht. Bd. 1. Stuttgart: Klett-Cotta 1980.

1981

Siebzig verweht. Bd. 2. Stuttgart: Klett-Cotta 1981.

Ohne Jahreszahl

Philemon und Baucis. Der Tod in der mythischen und in der technischen Welt. III. Ausg. m. 7 Gouachen v. Grieshaber. Stuttg. Klett-Cotta.

b) Werkausgaben
Ernst Jünger: *Werke.* Bd. 1–10. Stuttgart: Klett 1960–65.
Ernst Jünger: *Sämtliche Werke.* In achtzehn Bänden. Stuttgart: Klett-Cotta 1978 ff.

Beiträge in Werken anderer Autoren, in Sammelwerken, Zeitungen, Zeitschriften; Vorworte, Herausgeberschaften, Briefe sowie die politische und militärische Publizistik – siehe die vollständige »Bibliographie der Werke Ernst Jüngers« von Hans Peter *des Coudres.* Stuttgart: Klett 1970, der sich auch die obige Bibliographie zum größeren Teil verdankt.

2. Literatur über Jünger

Boehm, Max Hildebert: Der Bürger im Kreuzfeuer. Göttingen 1933.
Müller, Wulf Dieter: Ernst Jünger. Ein Leben im Umbruch der Zeit. Berlin 1934.
Brock, Erich: Ernst Jünger und die Problematik der Gegenwart. Basel 1943.

Decombis, Marcel: Ernst Jünger. L'homme et l'œuvre jusqu'en 1936. Paris 1943.

Brock, Erich: Das Weltbild Ernst Jüngers. Darstellung und Deutung. Zürich 1945.

Becher, Hubert: Gestalt und Wandlung. In: Stimmen der Zeit 72. 1946. S. 199–222.

Paetel, Karl O.: Ernst Jünger. Die Wandlung eines deutschen Dichters und Patrioten. New York 1946.

Groothoft, Hans Hermann: Ansätze zu einer Auseinandersetzung mit Ernst Jünger. Hamburger Akademische Rundschau 1. 1946/47. H. 6. S. 235–248.

Clair, Louis: Ernst Jünger: From nihilism to tradition. In: Partisan Review 14. S. 453–465. 1947.

Loose, Gerhard: On the marble cliffs. In: Furioso 3, S. 40–47, 1947.

Schonauer, Franz: Die zwei Fassungen von Ernst Jüngers »Das abenteuerliche Herz«. Versuch einer Darstellung der Gestaltungsunterschiede mit den Mitteln der Textvergleichung. Diss. Bonn 1947.

Loose, Gerhard: Alfred Kubin und Ernst Jünger. In: Monatshefte 40. S. 205–210. 1948.

Martin, Alfred von: Der heroische Nihilismus und seine Überwindung. Ernst Jüngers Weg durch die Krise. Krefeld 1948.

Nebel, Gerhard: Ernst Jünger und das Schicksal des Menschen. Wuppertal 1948.

Mohler, Armin: Die konservative Revolution in Deutschland 1918–1932. Grundriß ihrer Weltanschauungen. Stuttgart 1950. Basel, Phil. Diss. vom 29. Juni 1949.

Becher, Hubert, S. J.: Ernst Jünger. Mensch und Werk. Warendorf 1949.

Hilsbecher, Walter: Ernst Jünger und die neue Theologie. Fragmente. Frankfurt a. M. 1949.

Hohoff, Curt: Ernst Jünger nach dem zweiten Weltkrieg. In: Hochland 42, S. 380–385, 1949/50.

Nebel, Gerhard: Ernst Jünger. Abenteuer des Geistes. Wuppertal 1949.

Paetel, Karl O.: Ernst Jünger. Weg und Wirkung. Eine Einführung. Stuttgart 1949.

Dvorak, Robert: Die Sprache Ernst Jüngers. Deutsche Beiträge III, 2 u. 3. S. 158–168; S. 235–242. 1949.

Weber, Albrecht: Ernst Jünger und der französische Geist. Diss. Marburg 1949.

Bense, Max: Ptolemäer und Mauretanier oder die theologische Emigration der deutschen Literatur. Köln 1950.

Montesi, Gotthard: Die Ausflucht nach Heliopolis. ₊Zu Ernst Jüngers Evangelium des Geistes. In: Wort und Wahrheit 5. 1950. S. 31–45.

Usinger, Fritz: Abenteuer und Geschichte in Ernst Jüngers »Strahlungen«. In: Die Neue Rundschau 61. 1950. S. 248–266.

Kranz, Gisbert: Ernst Jüngers Symbolik. Phil. Diss. Bonn 1950.

Banine: Rencontres avec Ernst Jünger. Paris 1951.

Müller-Schwefe, Hans Rudolf: Ernst Jünger. Wuppertal Barmen. 1951.

Rausch, Jürgen: Ernst Jünger und die Qual des Bewußtseins. In: Der

Mensch als Märtyrer und Monstrum. Stuttgart 1957. S. 201–223 (Erste Veröffentlichung in: Merkur 4 (1950). S. 1069–1085; dann selbständig: Ernst Jüngers Optik, Stuttgart 1951.

Braunsberger, Hubert: Anarchie und Ordnung bei Ernst Jünger. Phil. Diss. Wien 1951.

Loose, Gerhard: Die Tigerlilie. Ein Beitrag zur Symbolik in Ernst Jüngers Buch vom »Abenteuerlichen Herzen«. Euphorion Folge 3. 46. 1952. S. 202–216.

Schemme, Wolfgang: Autor und Autorschaft in der Moderne, dargestellt am Werk Ernst Jüngers. 1952 (Phil. Diss. Münster).

Grenzmann, Wilhelm: Ernst Jünger: Das Ich und die Welt. In: W. G., Probleme und Gestalten der deutschen Gegenwartsliteratur. Bonn 1952. 2. Aufl.

Gruenter, Rainer: Formen des Dandysmus. Eine problemgeschichtliche Studie über Ernst Jünger. In: Euphorion Folge 3. 46. 1952. S. 170–201.

Hohoff, Curt: Das magische Ich bei Ernst Jünger. In: Hochland 46. S. 81–92, 1953.

Stern, J. P.: Ernst Jünger a writer of our time. Cambridge 1953.

Mendelssohn, Peter de: Der Geist in der Despotie. Versuche über die moralischen Möglichkeiten des Intellektuellen in der totalitären Gesellschaft. Berlin 1953.

Peppard, Murray B.: Ernst Jüngers Heliopolis. In: Symposion 7. 1953. S. 250–261. Berlin 1953.

Lachmann, Eduard: Die Sprache der »Marmorklippen«. Ein Beitrag zu Ernst Jüngers Stil. In: Wirkendes Wort 4. 1953/54. S. 91–101.

Krockow, Christian Graf von: Der Dezisionismus bei Ernst Jünger, Carl Schmitt und Martin Heidegger. Seine soziale Funktion und seine sozial-theoretische Bedeutung. Phil. Diss. Göttingen 1954.

Mohler, Armin (Hrsg.): Die Schleife. Dokumente zum Weg von Ernst Jünger. Zürich 1955.

Mohler, Armin (Hrsg.). Freundschaftliche Begegnungen. Festschrift für Ernst Jünger zum 60. Geburtstag. Frankfurt/Main 1955.

Centis, Adelia: Ernst Jünger, »Auf den Marmorklippen« und »Heliopolis« als Parallelwerke betrachtet. Phil. Diss. o. O. Venezia 1956/57.

Loose, Gerhard: Ernst Jünger. Gestalt und Werk. Frankfurt a. M. 1957.

Schumacher, Hans: Wesen und Form der aphoristischen Sprache und des Essays bei Ernst Jünger. Das Verhältnis von Darstellung und Bekenntnis und Die Gewinnung der Formeinheit. Diss. Heidelberg 1958.

Smet, Yves de: Ernst Jüngers »Heliopolis« als Brennpunkt eines Motivkreises. Diss. Gent 1958.

Otto, Hella: Die Natur im Werke Ernst Jüngers. Diss. Dortmund 1958.

Newton, Robert P.: Ernst Jünger and the »Figure« of the worker. Houston Texas, USA, 1958 (= The Rice Institute Magister Dissertation).

Loose, Gerhard: Zur Entstehungsgeschichte von Ernst Jüngers Schrift »Der Friede«. In MlN 74. 1959. S. 51–58.

Lang, Hermann Josef: Wesen und Funktion des Raumhaften in Ernst Jüngers Werk. Phil. Diss. Freiburg 1960.

Bastian, Klausfrieder: Das Politische bei Ernst Jünger. Nonkonformismus und Kompromiß der Innerlichkeit. Phil. Diss. Heidelberg 1961.

Paetel, Karl O.: Ernst Jünger in Selbstzeugnissen und Bilddokumenten, Hamburg 1962.

Schwarz, Hans Peter: Der konservative Anarchist. Politik und Zeitkritik Ernst Jüngers. Freiburg 1962.

Schafhäutle, Winfried: Die Bedeutung des Irrationalen in Ernst Jüngers Werk. Diss. Freiburg 1962.

Bernhard, Hans-Joachim: Die apologetische Darstellung des imperialistischen Krieges. In: Weimarer Beiträge 1963. S. 321–355.

Baden, Hans Jürgen: Ernst Jüngers christliches Zwischenspiel. In: H. J. B., Der verschwiegene Gott. München 1963. S. 55–84.

Weber, Hans-Erich: Die Weltanschauung Ernst Jüngers in seinen Reisetagebüchern. Bielefeld 1965.

Arnold, Ludwig (Hrsg.): Wandlung und Wiederkehr. Festschrift zum 70. Geburtstag Ernst Jüngers. Aachen 1965.

Gerber, Hans: Die Frage nach Freiheit und Notwendigkeit im Werk Ernst Jüngers. Phil. Diss. Winterthur 1965.

Gracq, Julien: Symbolik bei Ernst Jünger. In: J. G., Entdeckungen. Stuttgart 1965.

Arnold, Heinz Ludwig: Ernst Jünger. Stieglitz 1966.

Baumer, Franz: Ernst Jünger. Berlin 1967.

Auer, Annemarie: Standorte – Erkundungen. Acht kritische Versuche. Halle/Saale 1967.

Kranz, Gisbert: Ernst Jüngers symbolische Weltschau. Düsseldorf 1968.

Günther, Wolfgang: Spiel, Kampf und Arbeit als Formen der Selbstfindung im Frühwerk Ernst Jüngers. Diss. Kiel 1968.

Plard, Henri: Un œuvre retrouvée d'Ernst Jünger: »Sturm« (1923). In: Etudes Germaniques Paris, 23. 1968. S. 606–613.

Bingel, Horst (Hrsg.): Ernst Jünger: Fakten. In: Streit-Zeitschrift 6. 1968.

Mann, Klaus: Ernst Jünger. In: K. M., Prüfungen. S. 157–161. München 1968/69.

Schelle, Hansjörg: Ernst Jüngers »Marmor-Klippen«. Eine kritische Interpretation. Leiden 1970.

Hohoff, C.: Erinnerungen an das *Abenteuerliche Herz* u. e. Interview mit E. J. In: C. H., Gegen die Zeit, 1970, 82/103.

Keller, Ernst, Rückblick auf eine Zeit. E. J. In: E. K., Nationalismus und Literatur, 1970. 218/31.

Keller, Ernst, Das Ja und das Nein zum Kriege. E. J. u. L. Renn. In: E. K., Nation. und Lit. 1970.

Banine: Portrait d' E. J. Lettres, textes et rencontres. Paris: La table ronde, 1971.

Böhme, Ulrich: »Fassungen bei Ernst Jünger«. Deutsche Studien, Hrsg. Willi Flemming, Bd. 14. Meisenheim am Glan 1972.

Lenz, Siegfried: Gepäckerleichterung. E. J. zum 70. Geburtstag. In: S. L., Beziehungen, Ansichten und Bekenntnisse zur Literatur. Dt. Taschenbuchverlag München 1972.

Wood, Veronica Mary: The paradox of E. J. Univ. of Minnesota, Diss. 1972.

Bein, Siegfried: Vom mythischen E. J. In: Welt und Wort 28/73. S. 23/25.

Bondy, François: E. J. vor Augen. Ansprache bei einer Feier. In: Merkur 27/73. S. 968/73.

Kaiser, Joachim: E. J.'s episches Alterswerk. Rez. d. »Zwille«. In: Welt und Wort 28/73, S. 268–71. Und: »Zwille«-Rez in: Frankfurter Hefte 28/73.

Kaempfer, Wolfgang: Eine Seele für zwei Personen. »Zwille«-Rez. in: »Die Zeit« 23/1973.

Mörchen, Helmut: Schriftsteller in der Massengesellschaft, Z. pol. Essayistik Heinrich u. Thomas Manns, Kurt Tucholskys u. Ernst Jüngers während der Zwanziger Jahre. Stuttgart: Metzler 1973.

Kerker, Armin: Ernst Jünger – Klaus Mann. Gemeinsamkeit und Gegensatz in Literatur und Politik. Z. Typologie des liter. Intellektuellen. Bonn: Bouvier 1974.

Prümm, Karl: D. Literatur des Soldatischen Nationalismus der 20er Jahre (1918–1933). Gruppenideologie und Epochenproblematik. Kronberg/Taunus: Scriptor 1974.

Bein, Sigfrid: E. J's neue Stunde. In NDH 22, 1975 H. 1, 21/40.

Fuchs, M.: Das abenteuerliche Herz. Versuch e. Deutung zu den Werken E. J's. In: M. F., Begegnungen mit Menschen u. Werken (1975) 87/97.

Kielinger, Thomas: Der schlafende Logiker. Über E. J's Surrealismus. In: Merkur 29 (1975) 930/46.

Katzmann, Volker: E. J's magischer Realismus, Hildesheim, New York: Olms 1975. Diss. Tübingen.

Hietala, Marjatta: Der neue Nationalismus in der Publizistik E. J's und des Kreises um ihn 1920–33. Helsinki: Suomalainen Tiedeakat. 1975.

Prümm, Karl: »Vom Nationalisten zum Abendländer«. Zur politischen Entwicklung E. J's. In: Basis, Jahrbuch für deutsche Gegenwartsliteratur. Frankfurt/Main 6, 1976.

Kaempfer, Wolfgang: »Der Tod ist ein Meister aus Deutschland« Zu einem Leitmotiv im nihilistischen Schrifttum E. J.'s. In: Recherches Germaniques 1976, S. 137–51.

Hommage à Ernst Jünger. Sous la direction de Georges Laffly. Paris. La table Ronde 1976.

Liebchen, Gerda: Ernst Jünger. Seine literarischen Arbeiten in den zwanziger Jahren. Eine Untersuchung zur gesellschaftlichen Funktion von Literatur. Bouvier Verlag Herbert Grundmann. Bonn 1977.

Kaempfer, Wolfgang: Der Mythos von der Macht und sein Happyend. Zum trivialliterarischen Aspekt in den Schriften E. J's. Frankfurter Hefte 11. 1977, S. 47–61.

Schmidt, A.: Kafka und Jünger – das Kafkaeske. In: Germanistische Mitteilungen, Brüssel 1978.

Plard, Henri: La carrière d' E. J. (1920–29) In: Etudes Germaniques 33/78, Paris, 200/10.

Bohrer, Karl Heinz: Die Ästhetik des Schreckens. Die pessimistische Romantik und Ernst Jüngers Frühwerk. München, Wien 1978.

Rutschky, Michael: Rez. Bohrer. Neue Rundschau 89/78.

Lepenies, Wolf: Rez. Bohrer. Merkur 32/78.

Plard, Henri: Le »style fasciste«. E. j. et Drieu la Rochelle. In: Etudes Germaniques 34, Paris, 1979, 292/300.

Hermand, Jost: Explosionen im Sumpf. Zu E. J's Der Arbeiter (1932). In Sammlung 1, Jahrbuch für antifaschistische Literatur u. Kunst, Frankfurt/Main 1978. 5/11.

Stollmann, Rainer: Ästhetisierung der Politik. Literaturstudien zum subjektiven Faschismus, Metzler: Stuttgart 1978.

Scholdt, Günter: »Gescheitert an den Marmorklippen«. Zur Kritik an E. J's Widerstandsroman. In: Zeitschrift für Deutsche Philologie 98, 1979, 543/77.

Murswiek, Dietr.: Der Anarch und der Anarchist. Die Freiheit d. Einzelnen in E. J's Eumeswil. In: Deutsche Studien 17 (1979) 282/94.

Kittsteiner, Heinz-Dieter, *Lethen*, Helmut: »Jetzt zieht Leutnant Jünger seinen Mantel aus«. Überlegungen zur »Ästhetik des Schreckens«. In: Berliner Hefte (1979) H. 11, 20/50.

Schroers, Rolf: Meine deutsche Frage. Polit. u. literarische Vermessungen 1961/1979. Stuttgart, Deutsche Verlags-Anstalt. 1979 (U. a. zu Ernst Jünger u. zur Gruppe 47).

Baumer, Franz: Ernst Jünger (Köpfe des 20. Jahrhunderts 48). Colloquium/KNO 1980.